Jean-Louis Lascoux

Pratique de la Médiation

Une méthode alternative
à la résolution des conflits

esf
EDITEUR

À mes enfants, Tristan et Héloïse,
À Laure,

Je souhaite adresser également mes remerciements :
– à Stéphane Donadey et Béatrice Bellisa, grâce à qui, dès 1989, j'ai commencé à penser en termes de médiateur ;
– à Marc Lecordier et Henri Sendros-Mila, grâce à qui la notion de « contribution » a pris tout son sens, et Aïcha Malbec, présents depuis maintenant des années et qui m'ont apporté et m'apportent, chacun à leur manière, une contribution si précieuse faite d'amitié et de professionnalisme ;
– aux membres de l'UnaM, Chambre syndicale de la Médiation, dont la compétence, l'implication dans la réflexion et l'action des médiateurs, ainsi que l'amitié, ont maintenu ma motivation lorsqu'elle fléchissait ; aux utilisateurs de l'étude SIC® qui m'ont ouvert à des applications différentes d'un modèle conçu initialement dans le cadre de la prévention des tensions et de la résolution des conflits ;
– à Anny, ma sœur, et à Philippe et Marie-Françoise Combaz…

Division de Elsevier Business Information
2, rue Maurice-Hartmann - 92133 Issy-les-Moulineaux cedex
3e édition 2004
ISBN 2-7101-1657-X
ISSN 0768-2026

Comment se servir de ce manuel de formation

Cet ouvrage est constitué de trois parties :

1 - La première partie, intitulée *Connaissance du problème,* apporte avec ses exposés les informations théoriques et les connaissances intellectuelles indispensables sur le thème proposé.

2 - La deuxième partie, *Applications pratiques*, signalée à droite par une bande verticale, propose des exercices concrets présentés de manière progressive. À la fin de ces exercices, le lecteur trouvera les corrigés correspondants.

3 - Les *Annexes,* en troisième partie, sont constituées d'outils complémentaires très utiles, tels :

- le *plan d'autoformation individuel*, véritable guide pédagogique qui alterne les exercices pratiques et les exposés théoriques de manière à organiser rationnellement l'acquisition des savoirs ;
- le (ou les) *programme(s) de session de formation* qui propose des types de programme sur 2 à 4 jours avec une dizaine de participants ;
- le *lexique* des termes techniques utilisés et, éventuellement, un index ;
- la *bibliographie.*

Nous espérons que cet ouvrage vous rendra les meilleurs services dans vos activités professionnelles et personnelles. N'hésitez pas à nous écrire pour nous faire part de vos remarques, critiques et suggestions :

ESF éditeur - Service Lecteurs
2 rue Maurice-Hartmann
92133 Issy-les-Moulineaux cedex

Collection Formation Permanente
Collection fondée par Roger Mucchielli et dirigée par Lionel Bellenger

Depuis 1966, la collection « Formation Permanente » a publié les contenus de séminaires de formation et de perfectionnement en sciences humaines, avec un succès croissant, puisque les premiers titres parus dépassent aujourd'hui leur 17e édition, et sont traduits dans le monde entier.

Dans le sillage de Roger Mucchielli, tous ceux qui s'intéressent à la psychologie sociale ou qui veulent prévoir eux-mêmes leur formation continue, seront heureux de savoir que la collection s'enrichit constamment de nouveaux auteurs spécialistes du développement personnel et professionnel.

Puisqu'on ne peut suivre toutes les sessions de formation et de recyclage, la formule originale de nos ouvrages permet à chacun de travailler sur leur contenu théorique et pratique et d'effectuer ainsi en permanence son autoperfectionnement.

▶ **Vous trouverez, en fin d'ouvrage, la liste complète des ouvrages parus dans la collection « Formation permanente », également consultable sur notre site www.esf-editeur.fr**

Table des matières

Partie connaissance du problème

Introduction 9

Exposé 1. **La médiation et la pratique de la médiation** 15
Ch. 1. Identifier la médiation 15
Ch. 2. La médiation : une discipline pour les relations humaines . 23
Ch. 3. Le parti pris du médiateur 27

Exposé 2. **La dynamique conflictuelle** 41
Ch. 1. Comprendre les conflits 41
Ch. 2. Les conflits mécaniques 49
Ch. 3. Métaphore des points de vue 56
Ch. 4. Les rapports de force 58
Ch. 5. La fenêtre des humeurs 62
Ch. 6. Le fatalisme fonctionnel 65
Ch. 7. Le lâcher prise 70

Exposé 3. **La position du médiateur** 73
Ch. 1. Philosophe d'hier, médiateur aujourd'hui ? 73
Ch. 2. Philosophie et pédagogie 77

Exposé 4. **La maîtrise d'un modèle non jugeant** 89
Ch. 1. Comprendre le fonctionnement humain 89
Ch. 2. Les stratégies de communication et leurs interactions ... 110
Ch. 3. Le modèle des stratégies et interactions en communication 124

Exposé 5. **Des outils pour agir** 131
Ch. 1. La distanciation 132
Ch. 2. Les clefs du langage : le jeu de Babel 144
Ch. 3. Quatre outils fondamentaux du médiateur 147
Ch. 4. L'éthique 156

Exposé 6. **Un processus de médiation** 159
Ch. 1. Le rituel 160
Ch. 2. les six étapes de la médiation 161

Conclusion 169

Partie Applications pratiques

Exercice 1. **Identifier la médiation** 173
Exercice 2. **Le journal et les médias** 174
Exercice 3. **Les règles de la communication** 175
Exercice 4. **Les habitudes et les conflits** 176
Exercice 5. **Le jeu de l'île** 177
Exercice 6. **Dénouement d'un conflit – le nœud gordien** 178
Exercice 7. **Le fatalisme fonctionnel** 180
Exercice 8. **Fatalisme fonctionnel et enchaînement** 181
Exercice 9. **Liens et compétences** 182
Exercice 10. **Allégorie de la caverne** 183
Exercice 11. **Émotions et manifestations** 184
Exercice 12. **Émotions, attitudes et comportements** 185
Exercice 13. **La réactivité à l'apparence** 186
Exercice 14. **Les stratégies de traitement de l'information** 187
Exercice 15. **Le « Je » et le « Moi »** 188
Exercice 16. **« Jeu de Babel »** 189
Exercice 17. **La négociation contributive** 191

Corrigés des exercices 193

Annexes

Plan d'autoformation 205

Programme de session de formation 207

Lexique 211

Bibliographie 217

Liste des ouvrages de la collection 219

Première partie

Connaissance du problème

Introduction

Comment faire de la médiation ?

Depuis la première édition de cet ouvrage, la médiation, dans son approche systémique présentée ici, est devenue la pratique la plus élaborée et la plus performante qui ait été développée à ce jour pour la prévention et la facilitation du règlement des situations délicates, voire très difficiles.

Identifiée en tant que discipline à part entière, elle est fondée avant tout sur les compétences du médiateur lui-même, et non sur l'a priori angélique de la volonté des parties en conflits. De ce fait, elle permet de dénouer rapidement des situations qui paraissent inextricables. Ainsi, des médiateurs [1] formés à cette approche, ni juridique, ni psychologique, interviennent dans les relations au changement. Leurs interventions peuvent être de différentes natures. Elles peuvent consister en un véritable accompagnement dans le « deuil » des positionnements, dans l'accompagnement de négociations, la réorganisation d'entreprise, le règlement amiable des différends et, plus généralement, dans les prises de décision. Ils ne coachent pas des personnes, ils coachent les interrelations. Ces médiateurs sont efficaces parce qu'ils s'en tiennent aux techniques spécifiques de la médiation. Ils ne se laissent pas *polluer* par des grilles de lecture ou d'analyse qui relèvent d'autres pratiques ou valables dans d'autres contextes. Pour les conseils éventuels, ils renvoient les parties vers les experts compétents. Et, si nécessaire, pour la finalisation des accords, ils renvoient les parties devant les professionnels du droit.

Avec le temps et les expériences multiples, il est devenu clair que **la reconnaissance de la légitimité des points de vue et positions des parties** est l'une des clés fondatrices de la médiation. Ainsi, de même qu'il est légitime pour l'enseignant d'être sûr du savoir qu'il souhaite transmettre, il est légitime que l'apprenant puisse avoir des doutes sur la pertinence de ce qui lui est transmis. En conséquence, dans une relation délicate, voire difficile, il est légitime que chacun perçoive l'autre comme *illégitime* dans ses revendications.

En conséquence, il revient au médiateur de partir de la reconnaissance de cette légitimité de position, non pour départager, comme en arbitrage, non pour soutenir, comme le fait un conseil, non pour réconcilier, comme le fait un conciliateur, mais pour établir une communication qu'il régule au moyen de règles de fonctionnement et d'échange. Ensuite, le déroulement du processus peut faire son œuvre.

---

1. Annuaire de médiateurs sur http://www.lamediation.info, site de l'Union nationale des Médiateurs, Chambre syndicale (interprofessionnelle) de la médiation, où se réunissent, pour l'activité de médiateurs professionnels, des avocats, notaires, experts judiciaires de nombreux domaines, consultants d'entreprise, coachs, conseils en négociation, conseils en gestion de patrimoines, formateurs, médiateurs sociaux et urbains…

Il est devenu également évident que l'association d'idées « médiation » et « différend » est restrictive. Il n'est donc pas étonnant que la médiation se développe dans de multiples contextes. Il peut y avoir médiation dès lors qu'il y a recherche de communication, quelle qu'en soit la qualité, de la sérénité au conflit. En effet, la médiation est avant tout une discipline appliquée à la transmission et à l'échange d'informations au moyen d'un tiers neutre, impartial et indépendant, un facilitateur, un régulateur : **le médiateur professionnel**. La transversalité des compétences d'un médiateur est dès lors évidente. Ce professionnel est avant tout un généraliste de la circulation de l'information entre des personnes. Là où il y a interprétation, il permet la clarification des faits; là où il y a rejet et prêt d'intention, il favorise l'émergence de la qualité; là où il y a esprit de contrainte, il crée le contexte de la créativité. Il reste néanmoins vigilant sur le fait que ce qui est exposé devant lui ne reste que des mots, ainsi ne prend-il jamais parti. Ce faisant, il rend possible ce qui n'était parfois plus du tout imaginable.

Pour que l'accord soit durable, le médiateur permet une **négociation contributive**, sans privilégier la raison plus que le sentiment.

Ainsi, les savoir-faire du médiateur peuvent lui permettent d'intervenir en tant que facilitateur dans les transmissions de savoir, la résolution de problèmes techniques, aussi bien que dans les situations critiques et très conflictuelles.

Si cet ouvrage reste centré sur la découverte et le développement de la médiation en tant que voie différente pour le règlement des conflits, c'est parce que les rapports de force sont exemplaires dans le domaine de la difficulté de communication. En conséquence, il revient au lecteur de savoir transférer ce qui vaut dans les conflits, dans les relations différentes, voire les contextes courants des relations humaines.

Relations professionnelles, économiques, familiales, sociales, politiques et culturelles sont inévitablement concernées :
– dans la transmission de connaissances ou le transfert de compétences (techniques ou comportementales), le pédagogue peut se positionner en médiateur entre l'apprenant et le sujet qu'il propose de découvrir;
– entre deux collègues ou dans les relations hiérarchiques, un médiateur interne ou externe peut intervenir;
– entre des services d'une entreprise qui peuvent être en désaccord sur des procédures, une approche de type médiation est souvent indispensable;
– entre deux personnes morales, qu'il s'agisse d'un différend fondé sur le respect de droits (droit des marques par exemple) ou directement d'un contentieux économiques (impayés...), un médiateur peut permettre d'épargner temps et argent en favorisant l'adoption d'une solution négociée;
– dans le cadre d'une fusion d'entreprises, avec toutes les implications sur les ressources humaines, la réorganisation des organigrammes, la répartition des responsabilités, un médiateur est un acteur de facilitation et d'anticipation;

– dans un contexte conflictuel, familial, professionnel, social ou scolaire, entre deux ou plusieurs personnes, un médiateur est un éminent facilitateur.

Des médiateurs interviennent pour permettre aux parties de discuter la décision d'un juge, soit pour s'approprier la décision soit pour revisiter le jugement et l'adapter à leurs propres manières de concevoir l'équité. Dans un premier temps, le juge a rendu une décision qui a permis aux parties de connaître la sentence arbitrale, et, dans un second temps, le recours au médiateur leur permet d'identifier ce à quoi elles pouvaient *vraiment* adhérer.

Ainsi, la médiation peut être utilisée avant, pendant ou après une procédure.

Nuances de médiateurs différents...

Sur la scène internationale, la médiation est connue comme un *« mode de règlement politique des conflits »*, et le dictionnaire Hachette précise que l'action de médiation peut constituer une action préventive de conflit. Le champ de la médiation est donc plus large que l'on ne l'imagine avant d'aborder le sujet.

En France, elle est déjà utilisée dans le cadre de *« procédure de règlement des différends collectifs de travail »*. Elle se développe sous différentes formes, et c'est ce qui participe à sa richesse, en matière judiciaire[2], dans le droit civil[3], et le droit pénal[4]. On la retrouve dans les assurances, dans la presse écrite, l'audiovisuel et dans de nombreuses entreprises...

En une trentaine d'années, la médiation est devenue une cheville ouvrière de nombreux services publics : « médiateur du cinéma »[5], « médiateur du livre », médiateurs de l'Éducation Nationale, « médiateurs pour l'art contemporain »[6], etc. Le médiateur de la République est certainement le plus connu[7].

La médiation s'est également développée dans le secteur économique. On trouve ainsi une instance de médiation à l'OMPI[8] (l'Organisation mondiale de protection industrielle et des marques). Dans ce cas, le rôle du médiateur est très proche de celui du consultant d'entreprise ou du facilitateur des cercles de qualité des années 1980-1990.

D'une manière générale, l'action du médiateur nécessite une discipline d'accompagnement dans le traitement des informations par les personnes. Toutefois, comme le bricolage, elle peut s'improviser et être tout à fait efficace. Mais la pratique professionnelle

2. Loi n°185, du 11 janvier 1989.
3. Décret n°96-652, du 22 juillet 1996.
4. Loi n°93-2, du 4 janvier 1993.
5. Loi n°82-652, du 29 juillet 1982.
6. *Médiateurs pour l'art contemporain*, La Documentation Française, octobre 2000.
7. Institué sous Georges Pompidou, par la loi du 3 janvier 1973, avec pour mission de « simplifier et d'humaniser la protection et la défense des administrés, sans se substituer aux tribunaux.
8. Sur Internet : http://www.arbiter.wipo.int/

de la médiation, dans les relations interpersonnelles directes, nécessite de la part du médiateur une maîtrise de savoir-faire et de savoir-être qui ne peuvent s'acquérir que dans le cadre d'une formation professionnelle. Cet ouvrage en est un outil de référence depuis plus de trois ans.

« Gagnant-gagnant » : une illusion !

D'une manière générale, avec la médiation, l'idée est *simple*: résoudre les conflits *sans faire de perdant*. Certains disent « gagnant-gagnant ».

Dans cet ouvrage, nous choisissons plutôt la première désignation : « sans perdant » et plus précisément l'expression plus réaliste « le moins perdant possible », dans un état d'esprit « contributif »...

L'idée très positive de « gagnant-gagnant » est séduisante, mais dans un conflit, certaines parties n'ont pas le sentiment d'avoir quelque chose à gagner.

Certes, la paix retrouvée pourrait être considérée comme un gain, mais gagner ce que l'on avait avant, est-ce *gagner*?

L'expérience nous a fait abandonner « gagnant-gagnant », pour lui préférer « sans perdant » et parfois même, comme nous aurons l'occasion de le voir, compte tenu de certaines circonstances, « le moins perdant possible ».

Pour comprendre ce choix dans les nuances, imaginons que nous allions au casino pour jouer. Pour jouer, nous disposons d'un montant, lequel représente le maximum que nous sommes prêts à perdre.

Si nous perdons notre mise et qu'ensuite nous la regagnons, comment vivons-nous cela? Comme si nous avions gagné ou comme si nous n'avions rien perdu? Nous vivons plutôt cela comme si nous n'avions rien perdu, bien sûr, non comme si nous avions gagné.

Lorsque nous avons retrouvé le montant initial, nous disons que nous avons re-gagné. En d'autres termes, nous disons que nous ne sommes pas perdants, non que nous sommes gagnants...

La paix retrouvée est du même ordre.

Par ailleurs, il existe une certaine facilité de langage à vouloir opposer le conflit affectif, subjectif, le conflit chargé d'émotions, au conflit objectif en apparence, tel un conflit de compétences, de qualifications ou de lois. La dichotomie est illusoire, car dès lors qu'une opposition s'élève, si un conflit se noue, c'est que ses acteurs n'ont pu taire leurs émotions, leurs affections, leurs douleurs.

Tout cela fait la toile de fond de la médiation : le contentieux, les litiges, les mécontentements, les querelles, les disputes, les désaccords, les guerres, les divorces...

Autant de professionnels concernés par une compétence que l'on retrouve à différents degrés d'expertise dans toutes les activités de communication et de relations humaines. Ce qui souligne d'ailleurs que la médiation ne révèle pas que le côté négatif des choses.

Au cours de ces pages, après avoir identifié la médiation, nous examinerons son environnement, ses contextes, le comportement de ses acteurs, puis les mécanismes des conflits et les relations aux enjeux qui nous motivent.

Le terrain de la médiation est celui de la reconnaissance, de la qualité de la communication, de la compréhension de soi et des autres, de l'ouverture à la différence, de la créativité et de l'inventivité… Une médiation réussie est une médiation dont la solution trouvée est tournée vers le futur. Une solution contributive au succès de l'accord et des parties concernées.

Les outils du médiateur professionnel

Pour concevoir l'intervention d'un médiateur, il faut reconnaître que dans une situation nouvelle et, plus spécifiquement, les situations difficiles, nous avons nos propres limites d'acceptation. Nous pouvons être confrontés à des processus personnels de surenchères, d'interprétation, de rejet sur lesquels nous avons beaucoup de mal à intervenir. La maladresse règne !

Ainsi, le rôle d'un médiateur porte sur la gestion des comportements et des processus internes. En cela, le médiateur fait du *coaching* des parties. Il permet l'instauration d'un climat favorable à une confiance renouvelée ; il favorise un échange avec de nouvelles conditions relationnelles. C'est ici qu'interviennent les règles de la médiation qui en font le cadre. Dans ce cadre, un processus est déroulé. Et le médiateur permet un échange parfois devenu inconcevable. Il conduit ce que j'appelle **l'inimaginable discussion**. Inimaginable, parce qu'il est souvent devenu inimaginable de pouvoir discuter avec une personne qui manifestement ne comprend pas ce qu'on veut lui faire comprendre. Le fait-elle exprès ? Veut-elle imposer son point de vue ? Déforme-t-elle la réalité ? Tout est possible mais ce qui vaut pour cette personne ne vaut-il pas pour soi ?

Alors le médiateur régule cette inimaginable discussion. Il n'anime pas un débat. Il favorise les échanges en restant centré sur chacun. Il fait (re) vivre une relation, c'est-à-dire l'alternance du centrage sur chacun des sujets. Pour cela, il doit être discipliné dans l'utilisation de techniques relationnelles, notamment **d'altero-centrage**, concept nouveau qui a émergé de ce qui est efficace en entretien de médiation. Il doit avoir acquis des savoir-faire et savoir-être et développé des aptitudes que l'Union nationale des Médiateurs [9], Chambre syndicale de la médiation, a identifié et sanctionne désormais par le Certificat d'aptitude à la Profession de Médiateur (CAP'M) [10]. Ce diplôme, interprofessionnel, est garant de la qualité de formation du médiateur et de sa réflexion sur ses engagements déontologiques (dans l'exercice de son activité professionnelle) et éthiques (dans ses relations avec les autres dans la société civile).

9. En 2004, la Chambre professionnelle de Médiateurs a créé un collège consultatif d'associations de médiateurs, favorisant les échanges sur les contextes d'application : familiaux, professionnels, économiques, judiciaires, sociaux… Informations sur le site : http://www.lamediation.info

10. Ce diplôme interprofessionnel est de la qualité de la formation du médiateur – en tant qu'il exerce de manière indépendante, neutre et impartial – quelle que soit son éventuelle activité parallèle.

Comme nous l'avons vu, un médiateur ne fait pas prévaloir une approche psychologique, juridique, ou thérapeutique, pas plus que sociologique. C'est d'ailleurs l'erreur de formation dans laquelle s'est fourvoyée le Ministère de la Famille, début 2004, avec le diplôme labellisateur tendant à faire de la médiation familiale une spécialisation. L'étude sur la médiation familiale conduite par Évelyne Séverin, chercheur au CNRS[11], démontre que ces approches mélangeant droit, psychologie et médiation conduise à « l'échec de la médiation familiale ». En effet, les techniques pertinentes des médiateurs résident dans des connaissances précises et pratiques des techniques de conduite d'entretien et d'animation de groupes, non dans des connaissances juridiques ou un accompagnement de type psychologique[12].

Si ce livre ne peut répondre à toutes les questions sur l'appropriation des techniques évoquées ici, il reste ce qu'il a été dès sa première édition : un outil pour ceux qui font une pratique quotidienne ou occasionnelle de la médiation.

Dès lors que l'on a choisi la **démarche contributive de réussite des accords**, les champs d'application de la médiation sont ouverts. Charge à chacun d'en faire ses propres applications.

Il reste encore que la médiation se heurte à la pensée des hommes qui, attribuant une certaine noblesse aux rapports de force, ne sont pas prêts culturellement à comprendre les multiples avantages de la médiation. Tout le monde ne comprend pas son intérêt à faire réussir les autres; c'est la raison pour laquelle la médiation ne peut s'appliquer à tous les conflits. En termes clairs, la médiation ouvre largement des portes, mais se heurte à l'étroitesse d'esprit qui fait confondre l'affirmation de soi avec des rapports à l'autorité et au pouvoir. Pour beaucoup de personnes qui sont en position d'autorité, l'idée même que des personnes puissent décider par elles-mêmes revient à abandonner ce qui justifierait leur fonction.

En conclusion, la progression de l'esprit de médiation est certaine et les personnes sont de plus en plus nombreuses à être réceptives à ces idées qui passent de l'utopie à la réalité. C'est pourquoi cet ouvrage est voulu comme une contribution à la formation de ceux qui, par leur professionnalisme, vont s'approprier cette **discipline**.

Ainsi, la discipline du médiateur est identifiable. Cet ouvrage a pour objet sa formalisation. Mais, si lire permet de comprendre, suivre une formation est indispensable pour apprendre et intégrer.

Bonne découverte!

Jean-Louis Lascoux

http://www.lesmediateurs.com – août 2004.

11. *L'Express* du 26 avril 2004.

12. Article en réponse diffusé sur http://www.lesmediateurs.com/echec-cnrs.html

exposé 1

La médiation et la pratique de la médiation

1. Identifier la médiation

Comme les bustes de Mercure[1], le dieu des intermédiaires, étaient aux croisements des routes de l'Empire romain, la médiation est au point de rencontre de l'enseignement (pédagogie), de la créativité (résolution de problème), du *coaching* (accompagnement), et du droit (déontologie et équité). C'est cette situation peu ordinaire qui fait la richesse de l'activité des médiateurs.

Depuis la première édition de cet ouvrage, la médiation est devenue une activité professionnelle. Désormais, les médiateurs compétents ont une Chambre syndicale, l'Union nationale des Médiateurs, laquelle délivre le CAP'M, Certificat d'aptitude à la profession de Médiateur. Outre la qualité de leur formation, les médiateurs doivent attester d'une assurance responsabilité civile professionnelle, ce qui n'est pas le cas chez beaucoup d'intervenants en médiation.

En dix ans, la médiation, héritière des recherches sur les causes des conflits et leurs résolutions[2], a pris un réel essor. Aujourd'hui le développement de la médiation l'inscrit dans la continuité. Issue de pratiques très diverses, elle constitue un ensemble cohérent.

Un nouveau métier a surgi de cette lente évolution, un métier de faiseurs de paix, d'adoucisseurs de vie : les médiateurs.

L'enthousiasme philosophique pourrait nous faire voir dans l'avènement de ce métier le témoignage d'un changement dans les mentalités.

Plus largement, nous serions tenté d'y voir la marque d'une évolution culturelle dans la manière de régir les rapports humains ? Parce qu'il est évident que si le monde judiciaire s'est emparé

1. Hermès dans la mythologie grecque.
2. Nous ne pourrions oublier les recherches de l'Institut de Polémologie dans ce domaine, avec le célèbre auteur Gaston Bouthoul qui a notamment publié aux Éditions Denoël *Essais de Polémologie* dans la collection « Médiation ».

d'une certaine notion de la médiation, dont nous comprenons l'intérêt, il est tout aussi évident que le monde de l'entreprise est concerné, à la fois sur le plan économique et dans sa pratique managériale au quotidien.

En réalité, nous devons voir dans cette émergence de la médiation une recherche d'accélération dans le règlement des contentieux : les rapports de force, finalement, sont plus onéreux que bénéfiques. Un autre aspect explique ce phénomène : la médiation, qui laisse aux parties la maîtrise totale de la procédure à laquelle elles soumettent leur différend, et de son issue, commence à avoir un cadre, une pratique et une expérience.

De là à dire que la paix pourrait être plus rentable que la guerre, il n'y a qu'un pas.

Dans l'immédiat, nous pouvons observer que des professions de secteurs différents s'intéressent au sujet. Les avocats, les notaires, les experts judiciaires, les huissiers ne sont pas les seuls à voir dans la médiation une ouverture sur de nouvelles activités, ce qui ouvre la voie à une diversification de services et un renouveau économique.

Sur les chemins de la médiation, on rencontre des psychologues, des sociologues, des enseignants et de nombreux consultants et formateurs.

Cet engouement pour la médiation est certes nouveau, mais la médiation est une pratique ancienne, où les aînés et les mondes divins jouaient un rôle dans les problèmes familiaux et de voisinage. Et si l'on s'en tient à la notion elle-même, elle concerne une multitude d'activités que toutes les professions que je viens de citer ne représentent pas dans leur totalité. Pour faire bref, nous pouvons dire que la médiation touche à tous les domaines.

Nous l'avons vu, la médiation est par définition la position intermédiaire[3]. Clairement, nous pouvons affirmer que sans médiation, la relation n'existe pas : il n'y a pas de communication.

La médiation établit les liens, elle les crée, elle les renoue, les rétablit. La médiation désigne ce que fait le medium et les media. Elle est le fil entre une personne qui a quelque chose à transmettre et celle à qui elle veut le communiquer. Elle est le véhicule de l'information et avec elle le médiateur est en position de copilote.

À titre d'exemple, entre l'auteur et le lecteur de ces lignes, ce livre est l'outil de la médiation. Et le médiateur ? Le médiateur, lui, serait un tiers. Dans cette situation de communication au moyen d'un livre, le médiateur serait un lecteur qui, à haute voix, donnerait des explications à un public, en créant une interaction entre ses auditeurs et le sujet de ce volume. Parce que, ainsi que

3. Dans la mythologie grecque, le dieu qui officie dans ce domaine est Hermès – le Mercure des Romains. Les attributions de cette divinité sont multiples : négociation, échange, écriture, parole... Hermès est bienfaiteur des hommes. Il intervient comme messager, notamment pour prévenir et résoudre les conflits entre les Olympiens. Il est le dieu de l'attention et de l'écoute (on lui parle à l'oreille). Il porte à la main le caducée, emblème de la conciliation et de la paix, *Mythologie Grecque et Romaine*, P. Commelin, Paris, classiques Garnier, 1948.

nous le verrons très précisément, la neutralité du médiateur n'est pas à confondre avec une passivité quelconque.

Théorie générale de la communication et de la médiation

Le médiateur a une pratique d'accompagnement, de facilitateur. Il est un acteur dans une mise en relation, voire simplement dans une relation existante. Il intervient très concrètement pour établir, préserver ou rétablir la qualité d'une communication. C'est pourquoi, à notre époque du développement planétaire de la communication tous azimuts, cette activité de médiation en arrive à concerner un grand nombre d'activités et se professionnalise.

La médiation est un outil devenu indispensable en raison de l'évolution, des changements multiples, de l'augmentation de la population, de la multiplicité des sources d'information, de l'augmentation des savoirs et des accès plus importants aux moyens de faire reconnaître et respecter les droits de chacun. Ainsi, dans ce contexte de progrès, je dirais que la médiation s'impose *tout naturellement.*

La définition de la médiation peut ainsi paraître très floue. Toutefois, lorsque l'on parle des relations humaines, la médiation est très localisable et sa signification s'éclaircit.

Nous pourrons d'ailleurs constater que le concept de médiation est unificateur pour promouvoir la qualité de la communication et de l'ensemble des savoir-faire et savoir-être qui lui sont rattachés. Il est donc légitime de retrouver ce concept de médiation relié au social, au politique, à l'économique, au management, comme à l'enseignement.

Pour reprendre le schéma de la communication, la médiation se situe entre un émetteur et un récepteur de message.

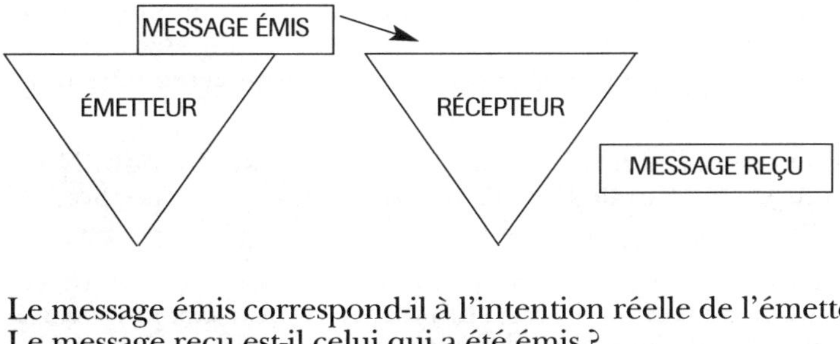

Le message émis correspond-il à l'intention réelle de l'émetteur ? Le message reçu est-il celui qui a été émis ?

Pour les professionnels des techniques de communication et des relations humaines, ce schéma est un classique [4]. Mais il peut nécessiter quelques clarifications qui seront utiles.

---

4. Représentation fondée sur le modèle cybernéticien, selon Norbert Wiener (1896-1982).

Lorsqu'une personne transmet un message, nous dirons qu'elle le code ; ce codage témoigne-t-il de la manière dont son auteur a perçu et interprété l'information ?

Probablement, mais ce codage témoigne aussi et d'abord de la manière dont l'émetteur s'exprime. Toutefois, comme nous le verrons, il est tout aussi illusoire de réduire les stratégies de communication d'une personne au décodage de ses stratégies d'expression.

Ici, nous verrons que le médiateur devra avoir acquis des compétences précises, notamment pour accompagner le message de l'intention essentielle de son émetteur, c'est-à-dire faire un lien permanent avec la motivation.

Lorsqu'une personne reçoit un message, nous dirons qu'elle le décode ; c'est-à-dire qu'elle le passe spontanément au crible de ses manières de percevoir les choses et de traiter les informations.

Ce décodage témoigne de la manière de sélectionner les informations émises. Il traduit une prédominance dans l'utilisation des sens et, secondairement, de son style de traitement des informations.

Là, nous verrons que le médiateur devra avoir intégré des savoir-faire très efficaces en matière de traitement de l'information, c'est-à-dire sur les risques de l'interprétation, l'attention réelle de la personne qui reçoit, sa disponibilité…

En matière de codage et de décodage, la première chose à identifier est certainement le rôle des « connecteurs » avec la réalité : les sens.

Prenons un exemple *a contrario* : un sourd et un aveugle ne peuvent pas avoir la même perception du monde. Dans un autre ordre d'idées, un droitier et un gaucher ne peuvent pas avoir la même relation avec les choses.

De manière purement mécanique, au-delà de ce qui peut faire la différence entre deux personnalités, le système personnel de codage-décodage est essentiel pour comprendre la manière dont chacun est en relation avec la réalité.

Nous avons ici l'identification des écarts de perception. Nous pointons les critères de la grille d'interprétation des situations et des événements.

Nous pouvons observer ainsi qu'à la source des écarts de représentation de la réalité, il y a les différences d'outils, et leur utilisation contextuelle, mais aussi l'enchaînement des expériences personnelles qui découlent de ces outils et de leur usage.

Prenant en compte que certaines personnes sont plutôt affectives et impliquées dans les événements, tandis que d'autres ont des attitudes plutôt distantes et rationnelles, par exemple, on tire la conséquence qu'une même information n'est pas interprétée de la même manière selon que le récepteur est sourd et plutôt émotionnel, et un autre aveugle et plutôt rationnel.

Si Juliette avait été sourde, Roméo n'aurait certainement pas eu le succès qu'on lui connaît auprès de sa dulcinée ou alors il aurait dû témoigner du talent de Michael Ange, c'est-à-dire, et en tout cas, passer du discours verbal à la représentation visuelle pour donner à son message le plus de chances d'être perçu par sa destinataire…

Une approche efficace de la médiation implique l'intégration de ces aspects de la communication, sur l'émetteur et le récepteur et leurs moyens d'échanger. Le médiateur doit en maîtriser les principes. Nous y reviendrons donc plus longuement.

Une chose est certaine, depuis longtemps la médiation est partout, mais elle n'est pas forcément formalisée. C'est ce qui fait la différence entre une communication qui peut être facilitée, grâce à un état d'esprit de médiation et une communication à l'état sauvage ; c'est-à-dire entre des attitudes et des comportements d'ouverture et une communication qui se heurte aux crises et aux rapports de force et à ce que nous pouvons appeler la « conscience passive » du fatalisme fonctionnel.

Mode alternatif de résolution des conflits

Nous verrons ainsi que la médiation, lorsqu'elle est formalisée, peut être définie comme une méthode de facilitation de la communication et plus spécifiquement, un mode alternatif de résolution des conflits (MARC) et surtout à leur prévention.

Dans un premier temps, il nous semble plus judicieux de mettre l'accent sur l'esprit que nécessite la médiation, plutôt que de développer un processus dont l'appropriation ne peut se faire qu'après l'intégration des éléments à la fois techniques et philosophiques qui est à la base même de la médiation. Parce que la médiation implique une certaine manière de considérer le monde et les relations interpersonnelles ; sinon la pratique ancestrale des rapports de force n'aurait rien de plus à lui envier.

La médiation est une approche globale qui prend en compte la situation présente et qui, ouverte à l'expression des causes de l'antagonisme, conduit sur les chemins de l'anticipation pour favoriser le maintien d'un lien qualitatif de communication.

Lorsque j'utilise le terme *qualitatif*, je souhaite faire comprendre qu'il s'agit d'un lien qui soit d'entente cordiale, fondé sur du *vrai*. La médiation implique donc une culture et c'est là qu'interviennent les formateurs en relations humaines. En fait, c'est là qu'intervient la qualité pédagogique que le médiateur doit développer et entretenir.

Le cordonnier doit-il se soucier de ses pieds ?

Nous verrons, comme je le disais précédemment, en quoi consiste la pratique de la médiation, mais ne serait-il pas illusoire de prétendre réparer le toit de la maison des autres sans savoir le faire pour soi ?

La démarche de médiation (en matière de résolution des conflits, qu'ils soient déclarés en entreprise, en famille, dans la vie sociale ou politique, ou inscrits dans une procédure judiciaire) supporte mal une prétention à la médiation qui ne se fonde pas sur une pratique personnelle.

Nous verrons donc également en quoi le médiateur qui intervient dans le domaine des conflits interpersonnels est nécessairement un praticien des savoir-faire et savoir-être qu'il est conduit à mettre en œuvre dans sa pratique professionnelle. Il doit témoigner d'une qualité comportementale et ne pas alimenter le discours des *cordonniers les plus mal chaussés.*

Sans négliger les discussions relatives au désintéressement du médiateur dans le résultat de ses interventions, aux enjeux économiques de la professionnalisation de la médiation ou à la prédestination de corporations qui revendiquent le titre de médiateurs, ce qui nous intéresse ici est le tronc commun de la formation des médiateurs.

Quels que soient le secteur d'intervention et le problème abordé, il existe des attitudes et des comportements caractéristiques du médiateur.

Ces traits constituent un creuset culturel dans lequel se développent des valeurs philosophiques. Celles-ci témoignent d'une volonté d'améliorer en permanence la qualité de vie et des relations humaines. C'est pourquoi, d'ailleurs, nous pourrons également nous interroger sur la dimension pédagogique du médiateur.

La médiation, un retour à la valeur de la parole donnée ?

De nombreuses questions se posent quant à la finalité de la mission du médiateur.

Par exemple, la mission du médiateur doit-elle rétablir la confiance dans la parole donnée ? La médiation est-elle un moyen de donner du sens à l'idée même de la parole donnée ? Doit-elle restructurer, voire structurer, chez les parties la notion d'engagement ? Doit-elle aller jusqu'à la signature d'un accord entre les parties ? Doit-elle être considérée comme un processus en dehors de la démarche impliquant l'engagement formalisé ?

Autrement dit, la médiation peut-elle se satisfaire d'un échange verbal ?

La mission du médiateur est-elle un investissement pédagogique qui irait jusqu'à apporter aux acteurs de la médiation des nouvelles connaissances, au moins pour prévenir le type de conflits dans lesquels elles se sont enfermées ?

La médiation doit-elle fournir à ses acteurs des outils de prévention ?

Il convient également de savoir à quoi l'on se forme avec la médiation, et de situer notre sujet dans le cadre des différentes pratiques et théories. Ce point est important : que fait-on avec la médiation ? Nous avons vu que nous ne devions ni arbitrer, ni chercher à réconcilier. Aurait-elle néanmoins des rapports avec quelques démarches issues des thérapies brèves, à la négociation ou à la morale ? Les liens ne sont-ils pas plus étroits entre la médiation et la pédagogie ?

Une discipline associée à la pédagogie

La médiation est d'évidence à la croisée de nombreux chemins. Au siècle dernier, l'enseignement de la rhétorique y aurait occupé une place prépondérante. L'éristique[5] revue et corrigée par Schopenhauer y aurait été dispensée.

Or, depuis une cinquantaine d'années, avec le développement de la psychologie, la conception thérapeutique est plus répandue. Mais les théories sur la communication et les découvertes en neurosciences ont relancé l'approche pédagogique.

Désormais, pour envisager la résolution d'un même problème, deux courants de pensée sont identifiables. Pour faire rapide, je dirai qu'il y a celui des dispensateurs de savoir et celui des accompagnateurs.

Le premier est le plus pratiqué. Il est de type autoritaire, ce qui n'empêche pas le côté sympathique – souvent manipulateur. Il consiste à décider, prendre en charge, éventuellement contraindre et sanctionner. C'est celui des professionnels qui s'affirment en position de savoir ce qui est nécessaire à l'autre. Ne pas les écouter, c'est enfreindre. Lorsque ce professionnel veut que son message passe, il accuse, réprimande, admoneste, punit, moralise, se moque, analyse, justifie, donne des explications, rationalise… La pratique est connue. Lorsqu'on l'énonce, elle paraît aussi évidente que peu efficace. C'est pourquoi je reviendrai sur ces stratégies de communication qui ne peuvent avoir cours en médiation, en tout cas de la part du médiateur.

Quoiqu'encore utopique, le deuxième est le plus proche de la médiation. Le professionnel est un accompagnateur de la personne vers les savoirs. Cette idée se retrouve dans la lignée de la maïeutique jusqu'à la pratique de l'enseignement de Célestin Freinet[6]. Ne pas les écouter, c'est être plus attentif à autre chose ; si l'accompagnateur veut faire passer son message, il doit le rendre plus attrayant.

5. Art de la controverse.

6. Henry Peyronie, Célestin Freinet, *Pédagogie et émancipation*, Éd. Hachette, 1999.

Je pense qu'il peut être utile au médiateur de connaître cet environnement.

Selon que l'on adopte les grilles de la thérapie ou les préceptes de la pédagogie, la position du médiateur est très différente et sa pratique s'en ressent inévitablement : soit il intervient comme un expert qui détient la connaissance et le savoir-faire, soit il intervient comme un accompagnateur.

Dans le premier courant de pensée de tout à l'heure, les praticiens formés à la psychologie et aux approches de psychothérapies abandonnent aux entretiens de face à face les grilles et méthodes lourdes de la psychanalyse et utilisent les techniques des *thérapies brèves,* issues des observations et réflexions de l'école de Palo Alto[7]. Mais les résultats ne sont pas ceux visés par la médiation, laquelle doit assurer la prise en charge du problème par ses acteurs. Or, même en thérapie brève de type systémique, la pratique thérapeutique se fonde sur l'autorité de compétence du professionnel, non sur l'autonomie des personnes impliquées.

Dans le second, les accompagnateurs sont des enseignants qui agissent selon l'observation que les conflits sont les conséquences de l'ignorance humaine, en l'occurrence celle de ne pas savoir gérer ses émotions, généralement liées à la notion d'urgence des choses, ses attitudes et ses comportements.

Cette ignorance ne se guérit pas au sens médical du terme ; la punir a un caractère aussi injuste que l'intervention psychothérapeutique est une preuve d'incompétence. Cette ignorance est contrecarrée par la découverte de savoir-faire comportementaux et de savoir penser autrement. C'est ce que nous allons examiner dans le deuxième exposé, au moyen de plusieurs métaphores qui mettent en scène les parties de situations conflictuelles et le médiateur.

Michel Bénichou, avocat et ancien bâtonnier du barreau de Grenoble, souligne quant à lui le risque de confusion avec des pratiques qui s'apparentent *au rappel à la loi ou à l'injonction thérapeutique et, peu souvent, à la véritable recherche d'une solution négociée entre les partis sous l'égide d'un tiers, solution acceptée sans contrainte extérieure*[8].

Ceux-là affirment que la résolution *pacifique des conflits s'apprend comme les maths ou le français*[9]. Force est de constater que la méthode de l'enseignement est la plus fondée, surtout dans un cadre préventif, mais lorsqu'il s'agit d'intervenir dans un contexte conflictuel, lors d'un licenciement, d'un divorce ou d'un litige économique ou de voisinage, la place n'est pas a priori à l'enseignement : il s'agit d'abord d'éteindre le feu…

7. Deux livres à ce sujet, aux Editions Retz : *Les thérapies brèves*, Dr Dominique Megglé et *L'école de Palo Alto*, d'Edmond Marc et Dominique Picard.

8. Colloque du 5 février 1999 ibid.

9. Association Génération Médiateurs, 114, rue de Vaugirard 75006 Paris. E-mail gemedia@clubinternet. fr

Mais ce rôle de pompier, le médiateur ne peut l'assurer tant que les parties n'ont pas décidé de recourir à sa présence.

Toutefois, lors de la médiation, le médiateur doit maîtriser ces techniques et être dans cette observation très fine des foyers à risque. Il doit être vigilant sur ces étincelles qui signalent les brasiers, de sorte qu'il va aider les parties à se maîtriser dans leur volonté déclarée de trouver une solution en commun qui les satisfasse autant l'une que l'autre.

Ainsi, la médiation constitue un lieu d'apprentissage et de perfectionnement qui peut s'associer à la formation permanente.

En milieu professionnel tout particulièrement, elle apporte aux personnes des moyens de se perfectionner « en situation » dans la gestion de leur propre communication. C'est pourquoi la médiation est au service de l'entreprise apprenante.

2. La médiation : une discipline pour les relations humaines

Aussi, dirions-nous désormais qu'un bon dirigeant d'entreprise est avant tout un bon médiateur ? Dirions-nous la même chose d'un responsable d'équipe ? D'un formateur ? D'un consultant ? Et d'un avocat, d'un expert judiciaire ou d'un magistrat ? D'un éducateur, d'un enseignant ou d'un parent ?

Ne jouons-nous pas parfois, voire très souvent, des rôles qui mériteraient de mieux s'inspirer de l'esprit de médiation ?

Nous aurons maintes fois l'occasion d'illustrer que si le médiateur a nécessairement un rôle défini, une position précise, une durée dans sa mission, l'esprit de médiation doit être largement partagé pour que la démarche aboutisse…

Nous verrons aussi qu'il existe d'inévitables incompatibilités culturelles.

Pour reprendre le schéma précédent, nous pouvons donc représenter la fonction du médiateur de la manière suivante :

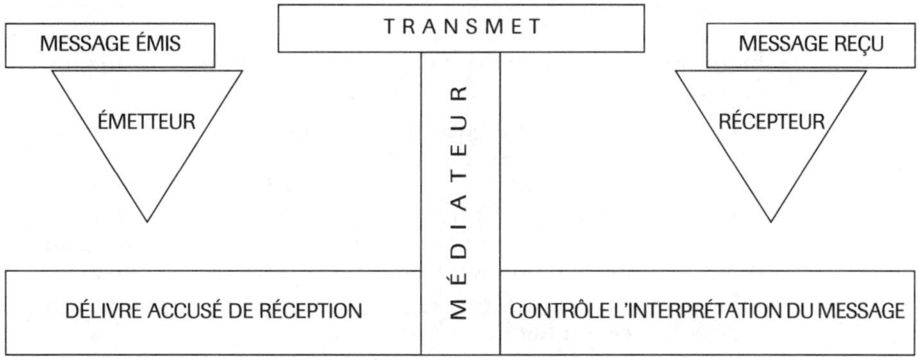

Ce dessin très sommaire est une représentation néanmoins suffisante pour cette première approche de la médiation. Nous verrons par la suite qu'il convient de prendre en compte plusieurs autres paramètres dans la communication humaine. Dans l'exposé 4, je présenterai le modèle des stratégies et interactions en communication qui complète ce modèle de l'aspect essentiel de la réflexion. Le modèle SIC® permet au professionnel de la médiation d'envisager la relation selon les composantes de la communication individuelle. Grâce à ce modèle, il peut se positionner, prévoir et mieux adapter son action de communicant.

En attendant, nous pouvons tenter d'appliquer ce premier modèle dans les multiples domaines de la communication et des relations humaines. Avant que la médiation soit envisagée comme une discipline ou même un secteur d'activité économique, ce rôle était assuré par des personnes de l'entourage proche. Les plus anciens avaient généralement ce rôle de médiateur. Parfois, c'était en effet les plus sages, mais souvent le droit d'aînesse conférait cette autorité qui, en réalité, relevait le plus souvent du rôle de conciliateur, d'arbitre, de juge ou à la rigueur de conseiller.

Dans les conflits familiaux, les plus anciens intervenaient souvent comme médiateurs, malgré leur pratique très chargée de morale et de rappel aux conventions ; en réalité, si l'on souhaitait un médiateur qui nous aide à nous exprimer, le tiers qui intervenait se comportait le plus souvent en arbitre, et c'est le sentiment d'impuissance à faire mieux qui faisait le plus souvent accepter la décision ou la solution proposée pour conclure le départage.

Il sera donc important d'étudier très finement les conditions de transmission des messages, parce que la médiation est là et nulle part ailleurs.

L'application de ce modèle théorique en matière d'accompagnement dans la résolution des conflits est évidente : on imagine bien deux parties opposées et un médiateur. Celui-ci assure la transmission des messages en étant attentif à ce qu'ils soient acceptables par l'un et l'autre.

En observant les relations en entreprise, en pédagogie, et partout où les hommes et leurs structures interagissent, on peut également voir l'intérêt de la médiation et du comportement de médiateur en matière de transmission de toute information, dans la gestion de l'interactivité des comportements et stratégies en communication.

Pour l'approche d'une entreprise, un modèle un peu plus complexe est à développer. Sans avoir besoin d'y regarder de très près, la médiation est partout où l'on parle de management, de projet et de décision. Cette conception des relations humaines s'applique aux différents points de rencontre des trois grands pôles traditionnels qui définissent une entreprise. Je cite :

– la structure : son statut, ses règlements, son organisation…, c'est-à-dire **ce qui fait** l'entreprise ;

– la production : ses services, ses outils, ses produits… ; c'est-à-dire **ce que fait** l'entreprise ;
– le corps social : ses hommes, ses acteurs, l'encadrement, les salariés, les prestataires, fournisseurs, clients… ; c'est-à-dire **ceux qui font** l'entreprise.

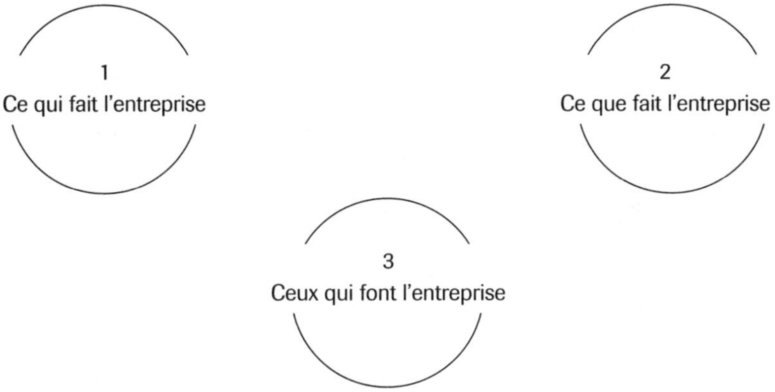

a médiation se retrouve clairement aux points de rencontre de ces trois pôles. Partout où il y a communication et management, il y a nécessairement *émission, réception et réflexion*, et par conséquent, médiation. Faute de prendre cet aspect en considération, les conflits sont à considérer comme le lot commun de la vie des hommes. Et c'est précisément parce qu'il n'y a pas d'esprit de médiation dans la plupart des entreprise que le discours fataliste sur le caractère inévitable des conflits trouve écho dans la culture managériale.

En effet, les conflits peuvent avoir pour causes des changements structurels de l'entreprise, liés à *ce qui fait l'entreprise*, des changements de choix de production, liés *à ce que fait l'entreprise*, ou des conflits relationnels ou des interactions, liés à *ceux qui font l'entreprise…*

Pour faire évoluer cette culture de la fatalité, l'entreprise doit d'abord identifier ses processus de communication et de médiation, ce qui permet de les valoriser, puis de les optimiser en introduisant les nouvelles pratiques que je présente dans cet ouvrage.

Dans un article que j'ai écrit pour l'*Enjeu Humain de l'entreprise* paru en 1989, lorsque j'étais consultant à Gordon Management [10], je racontais la naissance de multiples conflits d'entreprises, notamment

10. Cabinet de conseil et de formation qui développe la méthode de Thomas Gordon, sur le « win-win management » - *Voir Cadres et Dirigeants efficaces*, de Thomas Gordon, Belfond.

lors de changements structurels, lors de la fusion de sociétés concurrentes.

■ L'opération avait été menée rondement. Financièrement, l'opération était excellente, mais en l'absence de dialogue social les gains allaient devenir illusoires. Les cadres des deux entreprises avaient maintenu la pression jusqu'aux dernières heures. Les dirigeants avaient toujours un discours offensif.

Nous étions loin alors de tout esprit de médiation. Lorsque les directives de collaboration arrivèrent dans les services des deux sociétés, une nouvelle concurrence prit forme : blocage d'information, non-communication de contrats dans les délais, commande égarée, et le plus grand nombre de messages restaient affichés sur le tableau de la résistance passive.

Qui avait commencé ? Si la discorde régnait et que les avis étaient très différents, cette fois, la réponse témoignait d'une certaine entente pour rejeter la responsabilité : c'était toujours l'autre. Concrètement, « tous les moyens sont bons pour combattre l'envahisseur. » L'enjeu était le maintien dans les fonctions, la position hiérarchique, l'intérêt des responsabilités et la rentabilité des secteurs à se répartir.

Chacun voulait montrer que l'autre était moins compétent, non par une compétition positive, qui aurait consisté à tirer tout le monde vers le haut, mais par une compétition négative qui consistait à saboter le travail de l'autre à la première occasion aux dépens même de ses propres résultats.

Cet exemple met en évidence que tout le monde n'a pas l'esprit de médiation. C'est le fossé culturel qui séparait Athènes de Sparte : l'une et l'autre recherchaient la paix ; la première par la recherche et l'apprentissage de la philosophie, l'autre par le culte et la pratique des rapports de force.

Le médiateur ne peut négliger cela : dans un environnement où la pratique de la contrainte est quotidienne, la médiation peut être perçue comme une tentative révolutionnaire, voire illusoire, trompeuse et manipulatrice.

Cet exemple montre a contrario que la médiation est un outil de management. Toutefois, pour les applications managériales, elle restera longtemps encore réservée à des entreprises qui évoluent en prenant en considération les changements culturels et la nécessité de s'adapter à la diffusion des connaissances.

Ainsi, pour peu que l'on mette en pratique les témoignages de bonne volonté d'améliorer les choses, de faire progresser dans un esprit d'équité, la médiation peut devenir un outil culturel de management.

Dans cette perspective, le concept de médiation peut être avantageusement présent dans les formations professionnelles. Et nous sommes nombreux à savoir que dans ce domaine, la répétition pédagogique est souvent l'occasion d'une saine et utile révision.

En attendant, pour l'ensemble des conflits domestiques et pour un grand nombre de conflits économiques, la médiation offre son large éventail de solutions.

3 . Le parti pris du médiateur

Existe-t-il des règles pour ne pas provoquer de conflit ou subir des tensions ? Quel comportement permet de sortir d'un rapport de force ? Le sujet lui-même peut engendrer une polémique. « *Mais depuis fort longtemps, depuis Platon dit-on, il faut que ceux qui ont des griefs les uns contre les autres commencent par aller trouver leurs voisins, leurs amis…* [11] ».

C'est dire que depuis que la famille humaine s'est penchée sur la cause des conflits, elle en a identifié certaines, comme : le manque d'affirmation de soi, les a priori sur l'autre, les non-dits, les contraintes, les prêts d'intention, les interprétations…

Dès lors, le nombre de causes des conflits étant important, le nombre de solutions peut l'être tout autant. Tout l'art de la médiation est de ne pas restreindre le champ de la recherche d'idées pour résoudre des conflits d'apparence semblable.

Nous aurons l'occasion de revenir sur le fait que pour sortir de la dynamique conflictuelle, l'imagination et l'esprit d'ouverture sont des atouts majeurs. Mais en attendant, nous pouvons examiner certaines attitudes et des comportements qui sont des obstacles, comme la solution imposée. La personne qui choisit d'imposer une solution a elle-même souvent le sentiment de ne pas avoir d'autre choix, autrement dit d'être elle-même contrainte.

Face aux solutions qui s'imposent

Habituellement, les solutions « qui s'imposent » correspondent plus à des stratégies individuelles de fonctionnement qu'à une résolution équitable du conflit. Chacun a plus tendance à résoudre un conflit par rapport à sa propre vision d'une situation. Ce faisant, il néglige la vision de l'autre partie par incapacité de faire autrement plus que par mépris ou réelle indifférence. Ainsi, le manque de savoir-faire en management, pour ne pas dire l'incompétence managériale, est la cause d'un grand nombre de conflits qui arrivent devant les magistrats.

■ Une expérience d'Yves Chamussy, créateur d'un réseau de médiateurs d'entreprise, concernant un conflit dans une station de radio, peut illustrer l'intervention du médiateur dans le contexte d'une dynamique de contrainte de part et d'autre.

La situation : la direction d'une radio avait décidé de recourir à des jeunes en contrat de qualification. Lors d'une permanence de week-end, de mauvaises manipulations provoquent des protestations catastrophées d'auditeurs. Le lundi, l'auteur des cafouillages est convoqué par la direction. La solution qui vient immédiatement à l'esprit du dirigeant est le licenciement. Sans la concertation qu'il a d'ailleurs dû accepter, il aurait pris cette décision aux conséquences désagréables pour la jeune personne sous contrat de qualif' et évidemment préjudiciable pour l'ambiance, voire pour les intérêts de l'entreprise [12].

---

11. Jacques Floch, député maire de Rezè. Actes du Colloque « La Médiation judiciaire dans les conflits individuels du travail », Grenoble 5, février 1999. Chambre sociale - Cour d'Appel de Grenoble - ENM.

12. Article paru dans *Personnel,* n° 64 - 02-03 1999. Cité par *NVA,* n° 245, mai 2000, p. 6.

La direction était centrée sur l'action. Pour elle, de toute évidence, la solution qui s'imposait était le licenciement. Dans ce style de management, on se sépare des choses et des gens comme on ampute une jambe malade. Les mots violents des auditeurs avaient grossi les erreurs de manipulation. Pouvait-on couvrir une quelconque légèreté ? Un sentiment d'urgence pesait sur la décision. Logiquement, le licenciement allait tomber pour « faute professionnelle préjudiciable à la radio ».

Dans ce genre de situation, tout un contexte mental est créé. Lorsqu'un espace est réservé à la créativité, il est consacré à un seul type de solution : celui de l'exclusion. Comme souvent dans un contexte de ce type, c'est la manière d'Alexandre face au nœud gordien qui prime : on tranche. On peut même trancher en prétendant ne pas avoir d'état d'âme, alors que la crainte de manquer d'efficacité anime le geste vengeur, même s'il est réalisé avec méthode. Dans tout abus d'autorité, on n'est jamais à une contradiction près.

Dans la situation rapportée par Y. Chamussy, la situation s'est rapidement améliorée pour une raison : le conflit a été pris avant qu'il se répande. La réaction immédiate des autres jeunes sous contrat en alternance a tout d'abord enrayé le processus de la solution « qui s'imposait ». Ensuite, les protagonistes ont eu recours au médiateur.

Après plusieurs rencontres, la médiation s'est déroulée. Y. Chamussy a rapporté des indications essentielles sur le comportement du médiateur dans les entretiens : *« J'ai dû rester vigilant sur la manière dont ils communiquaient entre eux, éviter toute reformulation intempestive sur le contenu. Il ne s'agit pas de rester en retrait, mais de bien montrer l'importance de la restauration (ici de l'instauration) des relations sociales »*, entre les différents acteurs de la radio.

En deux phrases, quatre idées essentielles sont présentées :
- la qualité de présence du médiateur,
- la connaissance des ingrédients d'une mauvaise communication,
- la connaissance des ingrédients d'une bonne communication,
- et enfin, cette neutralité sur laquelle je reviendrai souvent qui est une neutralité active.

Deux autres idées sont également constantes : la maîtrise des techniques de communication et la présence des parties.

Nous aurons l'occasion de revenir sur tous ces aspects. Pour l'instant, ce qui est clair c'est qu'un problème qui implique des personnes n'est vraiment résolu que si les personnes concernées participent à sa résolution[13].

13. À noter que cette participation n'a rien à voir avec la préoccupation du « contradictoire » qui est propre à l'art de la controverse. La médiation n'est pas un lieu de « contradictoire », puisque c'est un lieu de communication et de recherche de compréhension pour résoudre.

Nous retrouvons ce constat dans tous les témoignages de l'évolution culturelle. Voici plus de dix ans maintenant que j'entends dans les entreprises les cadres revenir de formation avec cette phrase qui me paraît une évidence : *« C'est vrai, on ne dirige plus maintenant comme il y a cinquante ans. »*

Nostalgie ? Non, mais l'expression d'un besoin de se perfectionner aux relations humaines qui remettent constamment en cause nos certitudes et croyances les plus légères, lesquelles ont toujours tendance à semer des a priori et à s'enfoncer plus profondément dans nos convictions.

La conséquence directe de ce changement de style de commandement est que l'on ne peut pas résoudre durablement les problèmes sans les intéressés. On ne peut pas imposer une solution lors d'un conflit sans provoquer des réactions de rébellion ou d'attente de vengeance. L'a-t-on jamais pu, d'ailleurs ? Le mépris des risques réels inhérents à la contrainte est désormais une erreur de management. La conséquence est que la médiation se présente comme un enrichissement culturel. Inévitablement, cette évolution touche tous les rouages de notre société : l'appareil judiciaire en fait partie.

Parfois, quand bien même la solution imposée serait la plus réaliste et finalement celle qui sera acceptée, un conflit ne peut être résolu en l'absence d'une partie, ou sans son agrément, parce qu'il comporte un aspect essentiel : *l'élément humain*... C'est-à-dire que la meilleure solution technique, si elle est imposée, n'est pas appréciée, parce que la manière est primordiale dans des relations humaines équitables.

L'absence de dialogue est parfois la seule cause du refus d'une solution technique plus opérationnelle. Et sous la contrainte, sa mise en œuvre relève encore d'un autre défi. L'exercice de ce genre d'autorité – par la contrainte – est finalement épuisant.

En tout cas, le rejet de la solution la mieux adaptée montre une autre chose : l'autorité créative n'est pas satisfaisante. Autrement dit, on ne compense pas le manque de dialogue par la créativité.

■ M. Songaz dirige une PME. Il est reconnu par tous ses interlocuteurs comme un créatif. Il anticipe très souvent. *Attentif à tout problème*, selon sa propre expression, il fait *une affaire personnelle* des cas d'insatisfaction client. De ce fait, il a établi des relations de confiance très fortes avec la clientèle de son entreprise. Mais pendant longtemps, au sein de sa propre entreprise, il a placé *la délégation sous surveillance*.

Les critiques de son personnel ne portaient pas sur l'ingéniosité du dirigeant, mais sur ses comportements et le manque de marge de manœuvre du personnel. Tout le monde se sentait à l'étroit. Les meilleurs commerciaux ne restaient pas. Pendant plusieurs années, ce dirigeant s'est périodiquement interrogé et révolté : il ne trouvait pas de personnel *vraiment motivé* et son contentieux prud'homal était relativement élevé... jusqu'au jour où, lors d'une présentation de la médiation, il a identifié ses comportements générateurs de démotivation.

Par exemple, à tout problème, il avait plusieurs solutions. À peine son interlocuteur avait-il commencé à présenter une difficulté, qu'il était déjà sur la piste d'au moins deux idées pour y remédier. Dans son entreprise, la créativité était sous sa coupe. Par spontanéité, il résolvait et les autres se sentaient toujours dépassés, de là se sentir inutiles, voire dévalorisés, il n'y avait qu'un pas qui était franchi au moindre propos ou « bon mot » maladroit... qui ne manquait pas de venir et de se répéter. Par habitude, il contraignait et par négligence, il méprisait. Lorsqu'un conflit éclatait, il avait un grand nombre d'arguments sur les fautes et erreurs qui justifiaient une décision. Lorsqu'il a identifié que les ingrédients principaux de ses conflits étaient systématiquement les mêmes : ses solutions toutes faites et son écoute sélective, les choses ont changé. Il a commencé à imaginer qu'un style de management intégrant l'esprit de médiation pouvait au moins faire économiser à son entreprise le temps consacré en procédures devant les tribunaux.

Le médiateur ne peut que s'inspirer de cette situation : il pourrait se dire qu'il bouillonne de créativité et désirer la mettre au service de son prochain. Erreur : il devra faire preuve de patience et surtout de beaucoup d'écoute.

À l'évidence, la contrainte est la solution la plus souvent retenue. Ceux qui sont en position de force n'imaginent pas autrement la résolution des problèmes qui leur semblent trop complexes.

Faute de savoir mieux faire, ces personnes utilisent tout argument pour justifier leurs décisions contraignantes (habitude, réflexe, obligation, position dominante, contexte spécifique, intérêt général, cas particulier, conditions incontournables, droit d'aînesse, choix divin, légitimité, tradition, juste sort : c'est une véritable table de radotage...). Enfin, comme on essaierait de retenir le temps avec un élastique, elles bornent le tout avec un peu ou beaucoup d'espoir – espoir qu'une stabilité émerge.

Mais d'où provient cette dynamique conflictuelle ?

Le phénomène du rapport de force, qui engendre les comportements de sournoiserie, d'hypocrisie, de vengeance, de rejet, trouve ses fondements dans le fonctionnement personnel. Ainsi, une personne qui a l'habitude de fonctionner dans l'analyse des situations et des problèmes sera plus satisfaite par une solution de type rationnel ; une personne très émotive ne considérera un conflit résolu que si elle se sent revalorisée ; une personne plutôt fantaisiste aura besoin de pouvoir démontrer sa capacité créative pour que le conflit soit éteint.

Cet aspect de reconnaissance des personnes dans la résolution *effective* des conflits est essentiel, parce que la résolution des conflits est très souvent plus affective que l'on veut bien le reconnaître.

Comme nous aurons l'occasion de le clarifier, tout cela se complique lorsque les conflits opposent des groupes de personnes qui ne fonctionnent pas selon les mêmes valeurs et surtout qui n'ont pas d'intérêt commun ni de stratégie commune...

Le choix professionnel et philosophique

La neutralité du médiateur n'est assurée que s'il parvient à ne pas s'impliquer dans le conflit. Ne pas s'impliquer, c'est ne pas prendre parti ; c'est-à-dire que ses interventions ne doivent pas aller dans le sens d'un soutien de l'une des parties, un soutien qui aurait pour effet de faire prévaloir une solution plutôt qu'une autre.

L'indépendance économique du médiateur ne résout pas le problème de sa neutralité, parce que sa neutralité est une question de qualité professionnelle, plus que de source de financement.

La neutralité peut tout à fait dépendre du contexte et nous verrons dans les deux prochains exposés que la position neutre du médiateur doit être à la fois active et sans ambiguïté. Ce qui n'est pas gagné d'avance en dépit des meilleures formations initiales, c'est aussi une question d'intégration de l'expérience personnelle.

L'objet d'un conflit peut éveiller chez le médiateur des questions qui le touchent personnellement et *troubler l'eau du bocal.* C'est pourquoi, préalablement à la mise en place de la médiation, le médiateur doit vérifier sa capacité à accompagner les personnes dans l'exploration des tenants et aboutissants du conflit. Nous en tirons la conséquence que le médiateur doit avoir une expérience déjà assez longue des relations humaines.

Les théories et les meilleurs enseignements pratiques de formation professionnelle ne sauraient suffire à lui faire intégrer l'expérience de l'impact émotionnel et la compréhension, je dirais : métabolisée, des difficultés de leur gestion.

Statut du médiateur

Le médiateur peut être un salarié ou travailleur indépendant. Il peut exercer la profession d'avocat ou de consultant, comme membre bénévole ou salarié d'une association subventionnée par l'État, ou toute autre bonne volonté [14].

La seule restriction est que s'il ne sait pas gérer sa sympathie, la contrôler, dominer ses sentiments ou être un égal facilitateur pour chacune des parties (pour des raisons qui lui échappent ou qu'il a identifiées), il risque d'avoir des comportements contraires à l'intérêt de la médiation.

Comme nous le verrons plus loin, le plus délicat est la gestion des sentiments que l'on peut éprouver à l'égard d'une personne. La création d'un courant de sympathie avec l'une des parties est un risque. En être conscient est une chose, mais savoir prévenir et gérer les inévitables interactions en est une autre.

Le médiateur doit savoir ne pas s'identifier aux causes défendues (ou représentées) par l'une ou l'autre des parties.

Il faut, dit-on, *savoir faire la part des choses* : le médiateur, acteur du sens, plus que tout autre. Et lors d'une médiation, les parts ne résultent pas forcément d'un calcul selon des mesures d'égalité matérielle.

---

14. Voir d'un point de vue contraire et plus tranché *Dynamique de la Médiation*, Jean-François Six, éd. Desclée de Brouwer, 1998.

Aujourd'hui, la médiation étant très proche de l'environnement judiciaire, et certainement sous l'influence des professions juridiques (experts, avocats, notaires, huissiers…), le principe d'un code déontologique est retenu par les professionnels qui exercent déjà[15].

La neutralité est une préoccupation essentielle, c'est pourquoi elle est traitée à chaque fois qu'il s'agit de l'intervention d'un médiateur. Le parcours de formation que je propose ici est l'occasion de vérifier que le mot est associé à des comportements précis et des attitudes morales qu'il est possible d'identifier tout aussi clairement.

La philosophie de la neutralité n'est pas une neutralité philosophique

La neutralité du médiateur est l'expression d'un choix philosophique et se vérifie par sa maîtrise des techniques de communication.

Lorsqu'il est sollicité pour intervenir et qu'il observe un conflit, ce qui est la première phase de son intervention, le médiateur fait le choix d'intervenir ou non en tant que tiers facilitateur.

À tout moment, il reste neutre quant à l'idée même que le conflit soit résolu, à ses yeux, aux dépens de l'une ou de l'autre des parties. Cette attitude n'est pas des plus simples.

Le médiateur ne doit pas faire intervenir son jugement dans ce domaine, il doit s'assurer que les parties s'expriment le plus complètement possible et que leur choix est éclairé.

Il ne juge pas s'il y a gain ou perte : il s'assure de la satisfaction des personnes quant au déroulement de la médiation et de leur anticipation quant à la solution qu'elles ont adoptée, élaborée, choisie ou inventée ensemble. Une omission ou une négligence dans ce domaine et l'engagement des parties pourrait être remis en cause.

À ce propos, Idries Shah raconte cette histoire :

■ Un homme très pieux avait l'esprit tourmenté.

Il jura de vendre sa maison et d'en donner l'argent aux pauvres s'il trouvait une solution à ses tourments. Ce jour arriva. Mais il ne put se résoudre à s'appauvrir, alors il imagina une solution.

Il mit la maison en vente pour une petite pièce d'argent. Mais elle était vendue avec un chat et le prix du petit animal était de mille pièces d'or.

Notre homme se débarrassa de son serment en donnant la pièce d'argent aux pauvres.

---

15. La Chambre nationale d'arbitrage et de médiation (http://www.cnam-mediation.org) qui regroupe en plusieurs collèges, notamment des avocats, des notaires, des huissiers, des magistrats, des experts judiciaires et des consultants, a élaboré son propre code déontologique.

Comme à l'habitude, les histoires persanes sont riches d'enseignement. La créativité semble ici à l'honneur.

Pour ce qui nous intéresse, ce conte illustre l'importance de la vigilance du médiateur. Il ne doit pas lésiner sur la qualité de l'anticipation des parties. Il doit les accompagner dans la réflexion sur les conséquences de leurs choix. Il peut être de son devoir d'attirer leur attention sur un point resté flou. Mais sa tâche s'arrête là : il ne doit pas s'impliquer dans la rédaction de l'accord ni s'engager sur la validité de la solution. C'est pourquoi, nous en reparlerons, la présence des avocats peut s'avérer indispensable.

Le médiateur fournit un moyen, pas une garantie de résultat.

De surcroît, je soulignerai qu'en médiation, *le juste milieu* prend en compte la mesure toute relative de l'univers émotionnel. La mesure de ce juste milieu ne peut s'effectuer avec un instrument classique. L'équité dans les relations humaines est une affaire très individualisée. Le rôle du médiateur est de favoriser l'établissement de cet équilibre spécifique.

Comme je l'ai indiqué ci-dessus, le médiateur peut suggérer pour faire avancer la réflexion des parties, mais il doit bien maîtriser ce type de prise de parole et surtout ne pas user de sa position d'autorité pour faire passer la solution qu'il estimerait la meilleure. Il doit à tout moment se centrer sur son rôle de lever les obstacles et les non-dits. Son appréciation sur la solution retenue n'est jamais opportune, quand bien même l'une des parties la demande. Il peut ne pas répondre ou reformuler les choses. Ainsi, ces deux premières phrases d'un dialogue très courant :

■ La personne interroge : *Vous trouvez que c'est bien ce qu'on a mis au point ?*

Le médiateur dit : *Vous avez besoin de mon avis pour en être certain...*

Jusqu'au bout, le médiateur est le garant de la résolution « sans perdant ». Si l'une des partie l'interroge, il relance.

Une solution parfois gagnant-gagnant...

Gagnant-gagnant, c'est possible, mais dans certaines circonstances seulement.

C'est possible lorsqu'un conflit peut trouver un règlement par une démarche créative.

Dans leur ouvrage sur les cercles de qualité, Didier Noyé et Christie Ravenne[16] proposent deux listes relatives aux problèmes courants que l'on rencontre dans la vie professionnelle. Nous pouvons parfaitement faire quelques extrapolations et les adapter à la vie quotidienne, politique et internationale.

16. Didier Noyé et Christie Ravenne, *Animer un cercle de qualité*, INSEP Éditions, 1985.

La première liste est un tableau synthétique des problèmes qui peuvent être résolus par le biais d'une démarche créative :

Problèmes souvent étudiés par les Cercles de Qualité.
Qualité des produits
• Amélioration du produit • Amélioration du service client • Amélioration de l'emballage • Diminution des déchets, des défauts • Simplification des moyens de contrôle.
Productivité
• Économie de temps • Économie d'énergie • Économie de matière première • Diminution des arrêts machines • Amélioration des approvisionnements • Amélioration des outils • Amélioration du planning et des postes de travail • Simplification des méthodes • Mise au point des tableaux de bord • Entretien préventif des machines
Sécurité
• Diminution des risques d'accident • Campagnes de prévention • Amélioration de l'hygiène, de la santé et des postures
Conditions de travail
• Meilleure ambiance de travail • Relations hiérarchiques plus faciles • Environnement plus agréable • Aménagement des horaires • Organisation du travail

On saura utiliser les techniques absolument magiques, comme le « remue-méninges » *(brainstorming)*, le diagramme de Pareto ou le QQOQCP[17] pour améliorer, changer quelque chose ou mettre un terme à une situation insatisfaisante.

Les problèmes courants de l'entreprise ne sont pas tous listés, néanmoins cette synthèse fournit de quoi faire.

17. *Ibid.*, QQOQCP = Qui Quoi Où Quand Combien Pourquoi.

Les mêmes auteurs précisent qu'ils déconseillent le traitement de certains problèmes dans les cercles de qualité :

- Revendication de salaire
- Contrat de travail
- Régime de retraite, protection sociale
- Règlement intérieur
- Politique du personnel
- Stratégies de l'entreprise
- Cas individuels
- Problèmes interservices
- Problèmes trop vastes.

Ce que les thèmes du premier tableau ont en commun, c'est la possibilité d'une solution « gagnant-gagnant» : une idée et tout le monde peut gagner une amélioration, un plus de rentabilité, de confort, de simplicité…

Une solution « gagnant-gagnant » est l'idéal de la résolution des conflits. Mais dans ce cas, le médiateur doit montrer ses aptitudes de facilitateur de cercle de qualité en plus de ses compétences de médiation.

La seconde liste comporte d'autres types d'éléments. Les revendications salariales dépassent parfois l'entreprise même.

■ Ainsi, l'un des directeurs d'un grand groupe industriel se déclarait impuissant « *lorsque les délégués syndicaux débarquent dans mon bureau et me demandent de téléphoner au Premier ministre concernant le régime de retraite, je ne peux rien négocier, je n'ai qu'à attendre que ça se passe. Aurais-je quelque chose à négocier que le conflit dépasse géographiquement et politiquement mes usines* ».

Il arrive cependant qu'après « *une période de bras de fer qu'il ne s'agit pas de faire durer* », des médiateurs extérieurs soient souvent désignés (Air France, RATP, la Poste…).

…et parfois le moins perdant possible

La médiation sous-tend une logique d'intégration sociale des individus. … Le droit sépare, alors que la médiation rapproche[18].

Contrairement à une idée euphorique assez répandue, la créativité ne résout pas les situations conflictuelles. Ce n'est pas la panacée.

Dans les situations où l'affectivité est à vif, l'esprit créatif ne peut apporter une solution idéale. Il en est ainsi lors de divorces douloureux.

18. M. Louis Fouletier, procureur général près la cour d'appel de Grenoble.

Dans une séparation subie par l'un, voire les deux, si le conflit peut se résorber, le problème peut rester irrésolu pendant longtemps, puisque la solution, la vraie, la solution réparatrice, aurait été de changer le cours de l'histoire...

Cette solution aurait été un « retour dans le futur» : que les mots des conflits n'aient jamais été prononcés, ni entendus, ni interprétés ou surenchéris, que les douleurs n'aient jamais été subies ni les coups portés, que les colères ne soient pas vécues...

Mais la médiation n'efface pas, elle permet seulement d'amener les parties à comprendre, à se comprendre, à parler, à se reparler, voire à se parler pour la première fois.

■ Dans un couple marié depuis un peu plus de dix ans, le mari a demandé le divorce.

Pourtant, avec une situation économique stable, deux enfants et la construction de la maison achevée, ils avaient créé ce dont ils avaient rêvé lors de leur rencontre.

Classique : le couple n'a pas résisté à une multitude de non-dits, de très mal-dits et des tracasseries quotidiennes de la construction. Il s'est renfermé, elle s'est aigrie, il a commencé une psychothérapie, elle lui a reproché cette évasion.

Finalement, l'épouse n'a pas été surprise quand il lui a annoncé sa volonté de divorcer. Pour elle aussi le couple était sur une « pente où l'on ne retient plus rien ».

Des mots pénibles étaient jetés par l'un et par l'autre. Les silences aussi étaient perçus comme des injures.

La médiation arrive sur le conseil de l'avocat de la jeune femme. Le mari est favorable à cette idée. Tout semble se présenter idéalement. Il est demandeur d'une discussion et d'un engagement sur la qualité de la communication pour que leurs enfants *subissent le moins possible*. Son avocat l'y encourage aussi. Dans cette situation, le travail de médiateur consiste à rétablir des règles de communication pour qu'un accord puisse se conclure.

Avec la médiation, les deux époux comprennent de plus en plus l'importance de bien définir les règles des comportements et des échanges. Progressivement, et parfois douloureusement, le couple construit sa séparation, se parle de l'éducation des enfants, des mots sur les parents et de leur désamour. Avec des enfants qu'il aime, le couple reste uni dans son divorce.

Et soudain, le conflit s'exprime : la jeune femme a peur d'être critiquée, désavouée par son mari. Elle affirme parfois ne pas vouloir partager la garde des enfants. Elle veut tout, qu'il paie tout, puisque c'est lui qui veut le divorce, qu'il paie.

En dehors du contexte de la médiation, s'il avait suivi la voie normale du divorce, il est certain que ce couple se serait déchiré. Dans ce contexte, les phrases parfois blessantes ont été reformulées, retournées à la conscience de leur auteur.

Finalement, à la fin du cinquième entretien, l'avocat de la jeune femme a proposé de passer aux aspects très concrets du divorce : la garde des enfants, la répartition des biens... Tout cela n'était plus un problème. L'un et l'autre ont pensé en termes d'équité.

Les moyens de la médiation seraient-ils aussi importants que la fin ? Tout dépend du moment, des circonstances, de la situation particulière, des besoins et des attentes de chacune des parties.

Le médiateur leur facilite l'expression, il ne juge pas et s'il propose une interprétation, il vérifie bien que son acceptation ne corresponde pas à une soumission à l'autorité qu'il pourrait représenter aux yeux de l'une ou l'autre des parties.

Ce choix philosophique, il l'affirme : entre un rapport de force et une démarche réfléchie, il choisit ce qui fait grandir la qualité relationnelle. Il rappelle les règles qui excluent des comportements mais pas les hommes. Il crée le contexte de l'écoute et n'est pas là pour contribuer à l'art d'avoir toujours raison. Il déclare sa réticence à la solution contraignante, son refus de la soumission de l'une des parties par lassitude et abandon ou par la prise de pouvoir de l'un sur l'autre. Mais il n'est pas là pour interdire ou rappeler à la loi. Il n'est pas là non plus pour arbitrer, choisir ou conclure.

En revanche, c'est le choix de la médiation que de favoriser l'extériorisation de chacun.

Ce choix est philosophique. En effet, la médiation d'un point de vue politique n'est pas sans conséquence. Son processus valorise le respect des autres. Il inscrit la qualité de la communication dans les relations comme principe de base. L'écoute des opinions et la prise en compte effective des besoins deviennent avec l'esprit de médiation les fondements de toute décision. L'évolution de nos civilisations semble bien aller dans ce sens, même si le chemin à parcourir est encore très long pour les uns et encore plus long pour d'autres. En conséquence, la médiation est bien une source d'inspiration pour tous ceux qui veulent progresser avec leur temps.

D'ici là, les médiateurs auront à gérer ce qu'ils vivent eux-mêmes en écoutant les autres. La médiation peut faire rêver, mais à la différence du rêve merveilleux de Martin Luther King, elle fournit des outils très concrets pour intervenir efficacement.

S'il est important de penser aux résultats de la médiation, il me semble tout aussi important de penser aux effets de la médiation sur le médiateur.

Dans l'exposé suivant, avec la réflexion de Descartes, nous verrons comment le médiateur pourra conduire une réflexion qui lui permette de prendre une distance suffisante avec la teneur des différents entretiens de médiation. Aussi, nous reviendrons longuement sur cette idée fondamentale *« ne pas prendre pour soi ce qui n'est pas soi. »* Car c'est un devoir envers soi-même que de savoir se protéger des conflits auxquels on s'expose. Comme le pompier se protège du feu, le médiateur doit savoir protéger des émotions, des humeurs et des passions. Le troisième exposé, sur l'allégorie de la caverne, me donnera l'occasion de revenir sur cette nécessaire protection de soi, notamment par l'apprentissage de l'humilité, puis dans l'exposé suivant, avec cette notion fondamentale de ne pas prendre pour soi ce qui ne l'est pas, que m'a inspiré la lecture, que je vous conseille aussi, des méditations métaphysiques de René Descartes.

La présence des conseils et avocats

Les avocats sont nombreux à se sentir concernés par la médiation parce que d'un point de vue juridique, la médiation est un mode de règlement des litiges parmi d'autres.

Dans le cas de divorce que j'ai cité plus haut, les avocats des deux parties ont joué un rôle de conseils. L'un des deux seulement a suivi la médiation jusqu'à la signature. Cet exemple est intéressant à plusieurs titres.

En l'occurrence, l'avocat qui a proposé la médiation a assisté à tous les entretiens, mais son investissement en temps et en argent n'a pu se faire qu'en raison du caractère expérimental de la médiation. Il est peu probable que toutes les parties aient les moyens financiers de supporter le coût de la présence d'un tel aréopage : médiateur et avocats à toutes les séances. Mais le médiateur ne doit pas s'habiliter de lui-même lorsque vient le moment de conclure un accord : les avocats doivent prendre la suite.

La parole donnée et l'écrit…

Lorsqu'un acte conclut la médiation, il est rédigé par les parties, lesquelles ont intérêt à se faire assister d'un avocat pour en garantir la validité. Cette démarche conventionnelle est souvent faite dans le cadre des médiations préjudiciaires.

Notons cependant que la présence des avocats des parties n'est pas nécessaire au cours de toute la médiation. Elle devient indispensable si la rédaction d'un engagement est utile. C'est le cas pour les aspects pratiques et matériels du règlement d'un conflit, comme la définition d'échéanciers de règlement, les variations de taux, les tours de garde d'enfants, etc.

Le document signé par les parties est la mémoire de la parole donnée. Il devient également un contrat qui lie les parties sur le terrain du droit. On comprend que le déroulement de la médiation implique le respect d'une éthique rigoureuse de la part du médiateur. Et pourtant les règles sont peu nombreuses, quoiqu'en les étudiant de près l'on s'aperçoit que la quantité ne signifie pas l'absence de difficulté.

Cadre déontologique de l'activité de médiateur

Je vous propose un extrait du Code déontologique de l'Union nationale des médiateurs. Les règles de même type sont définies par d'autres structures de médiation et d'arbitrage.

Avec cet extrait, nous pourrons constater que la formation du médiateur doit lui permettre de maîtriser un savoir-faire peu commun : ne pas juger, par exemple.

Qui ne se laisse pas aller à quelques jugements hâtifs ? Comment prétendre que l'on ne jugera pas dans un contexte de médiation alors que l'on porte des jugements sur toutes choses au quotidien ?

Comment imaginer ne pas produire des jugements par inadvertance alors que l'on se juge soi-même lorsque l'on commet une maladresse ?

Et concernant la confidentialité, la règle est simple. Nous pourrions l'écrire sous la forme d'un commandement : tu n'en parleras point. Mais cette règle de confidentialité est enfreinte déjà par un grand nombre de structures associatives qui font de la médiation judiciaire.

– Le médiateur s'assure de la capacité de juger des parties.

– Le médiateur préserve la confidentialité selon la volonté des parties.

– Le médiateur n'est ni conseil, ni juge, ni arbitre.

– Le médiateur peut intervenir à la demande des parties à tout moment d'un conflit, qu'il y ait procédure judiciaire ou non, charge aux avocats de procéder aux démarches nécessaires pour préserver les droits des parties, notamment en ce qui concerne les délais de prescription.

L'expérience de l'entreprise permet de clarifier les points fondamentaux du comportement des médiateurs. On retrouve ces points dans ceux énoncés par Jacques Salzer, maître de conférence à l'université de Paris-Dauphine :

– discernement des priorités de chaque partie ;

– non-confusion entre les valeurs et les choix de culture des parties, d'une part et du médiateur d'autre part (le médiateur prône une culture de médiation, tandis que certaines personnes ont une culture de punition, de vérité...) ; certaines entreprises sont dans ce cas : elles ont une culture trop éloignée des valeurs morales de la médiation pour que des actions de formation à l'esprit même de médiation soient pertinentes ;

– le rôle du médiateur est de véhiculer la reconnaissance de chaque personne dans son expérience propre ;

– le médiateur est un interprète : il permet aux parties d'avoir un reflet respectueux de leurs motivations et de leurs passions ;

– le médiateur est un accoucheur : accoucheur des motivations et des solutions ;

– le médiateur doit être capable d'animer des séances de créativité, de favoriser l'imagination et de préconiser des solutions interactives ;

– le médiateur doit maîtriser son processus.

Un code déontologique est indispensable. Des repères de ce type sont évidemment nécessaires. Le médiateur doit être capable de se concentrer sur les propos des personnes, en préservant sa neutralité, c'est ainsi qu'il conduira efficacement sa mission.

Pour préserver et entretenir la qualité de ses interventions, le médiateur doit apprendre à diriger sa pensée. C'est ce que nous allons étudier dans les prochaines parties. Outre une connaissance précise de la dynamique conflictuelle, il doit savoir se positionner face aux jeux de pouvoir, aux rapports de force et aux phénomènes et stratégies d'influence qui sont des techniques utilisées dans les négociations mais qui sont hors contexte en médiation.

La dynamique conflictuelle

exposé 2

Les problèmes des individus sont comme les pelures d'oignons : ils se présentent en couches successives et c'est seulement lorsqu'on a retiré les couches extérieures que l'on plonge vraiment au cœur du problème. [1]

1. Comprendre les conflits

L'exposé précédent dépeint l'environnement de la médiation. J'y ai présenté l'étendue du champ d'application de ce concept, qui va de la prévention des tensions jusqu'au règlement des conflits, en remontant jusqu'aux bases de notre éducation.

Nous avons pu constater que l'esprit de médiation est très subtilement lié à l'esprit des relations, c'est pourquoi il s'intègre aussi naturellement dans la culture des entreprises qui suivent les mouvements et s'adaptent aux changements. Nous avons abordé l'importance de la philosophie et de la formation déontologique du médiateur et nous reviendrons plus longuement sur ce point lors du troisième exposé.

Dans les pages qui suivent, je vais utiliser des métaphores pour faciliter l'observation de la dynamique conflictuelle dès les premiers moments, et découvrir la médiation en tant qu'outil de création de liens ou de leur rétablissement.

Avoir conscience de soi

C'est parce que, selon les contextes et les enjeux, le médiateur doit s'adapter, que le présent exposé contient plusieurs manières d'aborder les mêmes sujets.

---

1. Thomas Gordon, *Cadres et dirigeants efficaces*, éd. Belfond, juin 1983, p. 96.

Il vaut mieux ne pas s'arrêter à l'apparence de la redondance de certaines métaphores : elles permettent chacune d'éveiller des consciences différentes. Tandis qu'à une partie je présente la médiation avec la métaphore des points de vue, avec l'autre j'obtiens un résultat immédiat avec une présentation du lâcher prise.

Chaque anecdote entraîne les parties hors de leurs problèmes. Elle leur en propose un regard nouveau.

Les outils rhétoriques que j'apporte ici peuvent permettre l'indispensable répétition d'explications attendues par certains protagonistes sur ce qui a pu provoquer l'escalade du conflit qui perturbe leur vie.

Le médiateur trouvera donc dans cette partie une matière à réflexion personnelle qu'il utilisera par la suite, notamment lorsqu'il présentera les objectifs de cette première partie de la médiation : une communication sereine et sans fard.

S'il atteint le premier objectif de créer le possible d'une communication renouvelée, il aura le plaisir d'entendre de la part de ses interlocuteurs des propos qui témoigneront d'une meilleure compréhension de soi et de l'autre et du désir d'améliorer la relation. Ainsi, selon que les personnes se sentent enfermées, barricadées ou emmurées, elles évaluent cette première séance en disant :

« J'ai des portes qui s'ouvrent… C'est comme si j'avais poussé les volets… J'ai passé la tête au-dessus du mur… »

« Je ne me rendais pas vraiment compte que je portais le poids du qu'en dira-t-on. Après le premier entretien, j'ai constaté que j'avais lâché prise… »

Lorsque ce genre de phrases clos le premier entretien, le médiateur a un indice de réussite de sa performance, car s'il n'a aucune obligation de résultat, il a celle de la qualité de son investissement. Il doit néanmoins être attentif à ne pas dépasser le cadre de sa mission. La médiation, en tant que processus de résolution d'un conflit, n'est pas un lieu de reconstruction, mais seulement de rétablissement d'un lien suffisant pour permettre de réengager le dialogue.

Les fables, les allégories, les métaphores, tous les outils du langage qui utilisent l'image sont les mieux adaptés pour rendre audible la dynamique des conflits par des personnes impliquées. Elles facilitent la représentation d'un grand nombre de situations conflictuelles. Cette forme du langage n'est pas la seule à maîtriser pour conduire une médiation. Le médiateur doit surtout être conscient de ce qu'il dit et des implications de son propos. Mais ici encore la conscience ne suffit pas : le médiateur doit utiliser ce qu'il observe pour agir. La conscience du médiateur doit être active.

L'indispensable clarification de la dynamique des conflits

Mon propos ici est d'examiner les mécanismes qui donnent parfois au conflit cette apparence de nœud que seule l'intervention d'un juge peut démêler. Néanmoins, je n'éviterai pas les questions liées à l'intention et à la conscience, car j'ai pu constater que le médiateur doit se montrer subtil lorsque l'une des parties aborde ce sujet avec lui. Et j'ai pu constater que ce sujet est abordé dans tous les cas où le conflit est particulièrement chargé d'affectivité.

Tout le monde éprouve le besoin de comprendre pour s'engager dans une démarche.

■ Je ne comprends pas pourquoi, me disait une personne au cours d'un entretien, des gens peuvent se comporter avec tant de méchanceté, alors qu'elles ont montré beaucoup d'amour pendant plus de vingt ans.

Faute de clarifier la dynamique du conflit avec les parties, la médiation a peu d'avenir et il reste aux parties à reprendre la voie judiciaire. Or, on le sait, la procédure judiciaire renvoie dos-à-dos. Elle valide dans son entier la rupture de la relation et de la communication. Et ce n'est pas ce que souhaitent affectivement la plupart des acteurs d'un conflit. Rares sont ceux, mais ils existent, qui sont pour une rupture *ad vitam æternam* de la relation et qui viennent en médiation, laquelle repose sur le volontariat.

Pour avancer, cet exposé doit être considéré selon deux axes :

– celle du médiateur par rapport aux parties d'un conflit, à sa cause et à son objet;

– celle du médiateur par rapport à lui-même.

Premier axe : il s'agit du perfectionnement du médiateur, de son propre apprentissage. L'exposé a pour but de permettre au médiateur de réfléchir aux ingrédients des conflits, à leurs mécanismes, à leur logique (ou plutôt à leurs logiques), à leur progression et à la manière d'introduire efficacement la médiation.

Deuxième axe : cet exposé permet d'observer sa propre dynamique conflictuelle, car il ne serait guère lucide d'aller en médiation sans avoir soi-même fait ce point personnel.

Globalement, cette démarche débouche sur une meilleure compréhension de soi, des autres et des mécanismes de tensions, de crise et de conflit.

Elle aboutit à une authentique *« com – préhension »*, une *prise en main* de soi : un acquis pour la conscience pour simplement ne pas se laisser envahir par ses projections sur l'autre, ses sympathies ou ses antipathies, ce qui n'est pas le plus facile en médiation. En bref, cet exposé contient de multiples ressources pour travailler le contrôle de soi que doit posséder tout médiateur.

La recherche du tort et de la raison

Lorsque l'on pense conflit, il est courant de penser :

– *« qui a tort ? qui a raison »?*

– *« qui va gagner ? y aura-t-il une justice, finalement ? »*

Nos valeurs morales, nos expériences personnelles et nos façons de vivre, nous fournissent autant de grilles de lecture du bien et du mal, du bon et du mauvais. C'est avec ces grilles que nous jugeons.

Dans la balance de l'équité, c'est en fonction de ce qui pèse le plus dans un plateau que nous estimons qui a tort ou raison. Si les plateaux sont en équilibre, faute de pouvoir départager, nous attendons un changement ou nous renvoyons les parties dos-à-dos. Ainsi fonctionne très souvent encore l'appareil judiciaire.

Dans cette quête du départage, lorsque nous voulons très bien faire, nous cherchons à remonter à la source du problème, là où ne coulent plus que les souvenirs de la réalité et de nombreuses suppositions. Tout cela est trompeur pour résoudre un conflit de manière satisfaisante pour les parties, mais il est important d'en suivre le courant.

Savoir comment ou par quoi un conflit a commencé est souvent très difficile. Faut-il considérer le mot ou l'acte, l'attitude ou le comportement ? Faut-il partir de ce qui est dit ou interprété, de ce qui a été fait ou de ce qui a été compris ? Faut-il prendre en considération ce qui a été suggéré ? La médiation doit permettre de faire ce travail.

Une réaction, même a priori disproportionnée, est-elle moins injustifiée et inacceptable que le propos badin qui l'a provoquée ? À qui attribuer le plus de conscience des conséquences ? À qui prêter le plus de responsabilité ? Au plus fort ? Au plus cultivé ? Au premier qui a provoqué ? À celui qui a répondu ? Au plus riche ?

Quel est le moment le plus important dans un conflit ? Est-ce celui où l'on a mis « le feu aux poudres ». Ne serait-ce pas plutôt tout le temps passé à remplir le baril, puis à laisser couler le soufre tout autour de la relation, dans les différentes valses de la vengeance, des jeux de l'indifférence et *du prêté pour le rendu* ?

Les réponses sont multiples. Une certitude cependant, c'est que toutes ces querelles intestines entachent l'image que l'on se fait de la relation aussi sûrement qu'elles la détruisent.

Le conflit : un nœud dans une relation

Lorsque nous établissons une relation, nous « nouons un lien ». Prise au pied de la lettre, cette image peut se concrétiser et devient très intéressante à développer. Prenez une ficelle et nouez-la en boucle : voici le lien. Il suffit de se figurer deux interlocuteurs qui font connaissance. Lorsque tout va bien, pas de nœud.

Un non-dit = un nœud. Un mal-dit = un nœud. Est-il possible de dénouer ? Comment refaire la boucle ? Est-il possible de revenir à des bases plus saines ? La ficelle est parfois si emmêlée, la relation devenue si complexe qu'il semble que tout soit définitivement compromis.

Le travail du médiateur est là : il accompagne le dénouement des conflits et tandis qu'il le fait, il montre comment la chose est devenue possible. Il éclaire le cheminement et permet aux personnes d'apprendre à dénouer elles-mêmes pour que cette expérience leur permette d'être vigilantes.

Les questions sur le moment précis où le conflit se déclenche sont courantes. Ce questionnement me renvoie à l'énoncé d'un célèbre paradoxe, celui de la transformation du têtard en grenouille. Je mets cela en parallèle avec la relation qui devient insensiblement tendue pour se transformer soudain en conflit ouvert. À quel moment se produit le changement déterminant ?

■ Le problème est simple, il s'agit de prendre en photo ce moment de la métamorphose de la larve en tétrapode, c'est-à-dire de la transformation de la relation sereine en tension ou en conflit. En effet, imaginez un instant le scoop : détenir l'image cruciale où l'animal aquatique à respiration branchiale, devient adulte, cousin du reptile et pulmoné.

Pour photographier le moment où l'on change de nom pour désigner le même animal, on imagine des experts avec leurs appareils photo : ils mitraillent en vain le berceau de l'amphibien.

À la réflexion, ils conviennent que le moment de la mutation est insaisissable. En étudiant chaque cliché du film, ici l'animal ressemble plus à un têtard et là un peu plus à une grenouille. Le cliché recherché est systématiquement intermédiaire : l'instant est entre deux.

J'aurais beau jeu de dire que c'est dans cet espace infime que l'esprit de médiation réside. Mais la chose est claire : pour qu'une agression ou qu'un sentiment d'agression se transforme en conflit, il faut être deux.

Le rejet de responsabilité et l'accusation

Dans un conflit, il en va de même : le moment précis où le conflit se noue est tout aussi indéfinissable que celui du comportement effectivement fautif.

Pourtant, ce moment-là fait souvent l'objet de nouvelles disputes :
– « *C'est toi qui a commencé* », dit l'un.
– « *Non, toi* », affirme l'autre.

Et dans cette querelle, l'un et l'autre cherchent à recouvrer la raison et la perdent encore plus.

De finesse en finesse, dans l'archéologie d'un conflit, lorsqu'on regarde de près chaque instant, on remonte d'insolence en soumission, d'arrogance en démission, de rejet de responsabilité en accusation, dans l'histoire de la relation, ce qui l'a favorisé, puis dans l'histoire personnelle et la vie intérieure de chacune des parties.

Alors on s'égare dans cette vaine recherche. Comme la grenouille, le conflit résulte d'une évolution. À quoi bon remonter dans l'histoire de la larve ?

Le médiateur doit être particulièrement vigilant sur ce point. Il ne devra pas s'aventurer sur les voies controversées de l'analyse des causes et des effets. Et quant à lui, il doit s'assurer qu'il ne rentre pas dans un conflit.

Des scénarios conflictuels en chacun

Le monde mental travaille arbitrairement
S'érigeant pour soi-même
Quand on le laisse seul
Le monde mental
Ment
Monumentalement.[2]

Il n'est cependant pas question de faire une généralité de cette histoire de grenouilles.

Un conflit n'a pas systématiquement deux responsables immédiats. Certaines personnes véhiculent leurs conflits intérieurs et les jettent comme de l'huile bouillante à la face des autres. Difficile de rester calme.

Ces personnes affichent parfois une grande audace, présentent une affirmation de soi inébranlable en apparence, mais le doute existentiel les assaille. Leurs conflits intérieurs débordent comme une casserole de lait sur le feu.

L'attention du médiateur à la mécanique du conflit lui permet d'orienter son action. Pour cela, il doit savoir prendre la température émotionnelle dans le conflit et être attentif à ne pas se laisser embarquer dans une humeur qui n'était pas la sienne. Mais qu'il ne se leurre pas : la personne à écouter n'est pas moins celle qui véhicule ses conflits que celle qui a subi les multiples agressions.

Pour en rester sur la dynamique même des conflits, comme Eric Berne[3] l'a théorisé, nous avons des habitudes qui scénarisent notre existence, au point que nous risquons de répéter les mêmes mécaniques conflictuelles. C'est ce que font certaines personnes.

Les conséquences de ce fonctionnement sont quotidiennes. Le sens que nous donnons à un mot peut nous mettre en colère, alors nous attribuons à son auteur la volonté de nous heurter.

Il peut aussi nous arriver qu'un regard ou un geste nous dérange, voire nous agresse.

Dans toutes ces situations, nous prêtons des intentions aux autres qu'ils n'ont (probablement) pas. En tout cas, ce n'est que spéculation et ce mécanisme de l'interprétation systématique est une cause majeure des conflits aux ramifications multiples.

2. Jacques Prévert, *Paroles*, Gallimard Folio, 1974, poème « Il ne faut pas… », p. 216.

3. Eric Berne, *Que dites-vous après avoir dit bonjour*, Edition Tchou.

■ Dans le métro parisien, une personne regarde devant elle, les yeux dans le vague. Un voyageur se redresse soudain et lui jette : « Qu'est-ce que t'as à me regarder comme ça ? »

Seul celui qui interpelle violemment pourrait savoir ce que lui évoquait ce regard. Il projetait sur l'autre l'agressivité qu'il avait en lui. Ainsi, nous pouvons observer que souvent avec ce mécanisme nous attribuons aux autres des pensées que nous avons.

Je rappelle ici la belle phrase de Luigi Pirandello : *« Chacun de nous projette un univers dans lequel il s'enferme et les autres avec lui. »*

Nous le verrons, cette projection est contrôlable, mais pour cela, il convient d'abord d'avoir conscience de la projection même.

Le conflit est d'abord en nous, mais comme nous n'avons pas appris à nous regarder avant de regarder les autres, nous conservons ce pli et attribuons facilement aux autres les pensées qui nous habitent.

Nous voyons les autres comme nous les créons en nous-mêmes, bien ou mal, amoureux ou haïssables. Toujours nous trouvons de bonnes explications pour justifier notre préférence, mais la justification ne sert à rien. Elle n'est ni réparatrice ni constructive.

Dans ce cercle de l'agressivité, la dénégation de celui que l'on accuse paraîtrait comme une hypocrisie, donc une intention fautive bien identifiée. L'approbation vaut une déclaration d'hostilité. Le cercle est infernal.

■ La réplique que j'entendis à l'agression citée plus haut fut cinglante et resta sans suite : « *C'est à moi que vous parlez,* dit le voyageur, *excusez-moi, mais je n'avais pas vu que vous existiez.* »

Le paradoxe provoqua le mutisme.

Pour l'essentiel, nous en retiendrons que les prêts d'intention sont de vrais obstacles à la communication. Lorsqu'ils sont attribués aux autres, c'est rarement avec une connotation positive.

Les scénarios de nos conflits sont-ils prédéfinis ?

Pour en revenir à nos scénarios conflictuels, ils ne sont pas forcément précis. Ils suivent néanmoins une trame. L'imprécision ne facilite d'ailleurs pas la prise de conscience de notre asservissement à nos mécanismes. Selon les personnes, les situations, notre humeur, des comportements ou mots provoquent en nous une réaction immédiate, d'autres nous font bouillir.

Parfois, nous supportons plus longuement, anormalement, estimant que « ce n'est pas grave », parfois notre réaction arrive tardivement et paraît ainsi injustifiée.

Que ce soit en entreprise, dans la vie sociale ou la vie familiale, parfois, nous accumulons des ressentiments sans rien dire. Certaines personnes sont de cette *nature,* plus que d'autres.

Pour expliquer leur soumission, elles évoquent des raisons très variables. Elles parlent de la peur, d'un profond respect, d'une grande admiration, d'habitude ou d'un intérêt matériel. Souvent, il s'agit d'un tout.

Lors de la médiation, le médiateur aide les parties à exprimer les états émotionnels qui ont provoqué leur réaction ou les ont bloqués.

Dès le premier entretien individuel, le médiateur aura pris soin d'identifier ces émotions, de les avoir clarifiées avec les parties, pour qu'elles se sentent plus libres pour en parler.

Mais il devra éviter de jouer des étiquettes (notamment de la paranoïa ou de la schizophrénie ou de toute nosographie classique dans de nombreux discours). Elles sont inopérantes et ne fournissent pas de moyen d'intervention au médiateur, en tout cas pas plus que s'il avait un marteau et un burin sur son bureau pour aider les parties à sortir de l'ornière conflictuelle.

■ Bernard Leblanc-Halmos, auteur d'un savoureux guide pratique à l'usage de soi-même, met lui aussi en évidence le caractère mécanique des rapports de force. Il écrit sous le titre Conflit[4] :

La joute des doutes

- Lorsque je fais attention à des détails, les détails m'ensevelissent sous une avalanche de détails.
- Lorsque je ne vois qu'un aspect des choses, cet aspect des choses m'aveugle et me heurte profondément.
- Lorsque je refuse ce qui m'arrive, cela s'arrange pour m'arriver quand même.
- Lorsque je dis du mal, le mal, à coup sûr, me revient.
- Lorsque je me nourris de reproches, les reproches se nourrissent de moi et me bouffent la vie.
- Lorsque je prends les autres pour des cons, ils me le rendent bien.
- Lorsque je bavarde sur le dos des autres, je peux être certain qu'on bavarde sur mon dos.
- Si je m'accroche avec une personne, celle-ci s'accroche à moi jusque dans mes rêves.
- Si je n'écoute pas mon cœur, personne ne m'écoute.

Encore faut-il être conscient de tout cela et que cette conscience soit opérationnelle, non comme cette conscience impuissante qui nous fait dire : *« Je suis comme ça, c'est ma nature. »*

Nombre de personnes sont persuadées que ces choses se passent en elles sans qu'elles puissent y faire quoi que ce soit. Elles se sentent impuissantes face à elles-mêmes.
C'est ce que j'appelle le *fatalisme fonctionnel.* Dans ce fatalisme fonctionnel, la conscience existe, mais elle est passive. Dans le corps mental, elle a les bras ballants d'impuissance.

Nous trouvons dans ce texte de Bernard Leblanc-Halmos beaucoup de choses sur lesquelles je devrai revenir et qui, au cours de la formation des médiateurs, fait la toile de fond pour comprendre les fonctionnements individuels.

4. Bernard Leblanc-Halmos, *Gêne-Aise de la Conscience.* éd. L'Être-Image, 1989, p. 38.

Le fatalisme fonctionnel fait partie de ces choses importantes à comprendre, parce qu'il explique la logique des conflits, comme il explique la logique des constructions mentales et des enchaînements de notre communication qui se font parfois avec le désaccord de notre propre conscience.

Un enchaînement conflictuel et sa chaîne paradoxale

Voici un exercice à ce sujet que j'ai nommé *« Les enchaînements »*. Le choix du titre est porteur de sens : il s'agit des enchaînements logiques. Cet exercice permet de se faire une représentation de nos habitudes fonctionnelles et de percevoir tout ce qui peut être implicite dans une affirmation dont nous banalisons le sens.

Par exemple, lorsque pour « ne pas faire d'histoire » (et créer de conflit) j'affirme que : *« Je traite tout le monde de la même manière. »*, suis-je en mesure de me rendre compte des risques d'interprétations négatives que présente cette phrase et des conséquences du « traitement » en question ?

À l'analyse, il est évident que j'affirme que les autres doivent percevoir mon comportement comme homogène. S'ils perçoivent les choses autrement, c'est qu'il y a un décalage entre mon intention et mon action. Nous verrons ce phénomène plus loin.

Pour en revenir à mon sujet, si je m'adapte aux différences, cela implique que je ne traite pas les gens de la même manière... En conséquence, mon affirmation est aussi inexacte et paradoxale que la phrase qui affirme « Ceci ne signifie rien. »

Faisons abstraction de ce raisonnement et enchaînons quand même : si je traite tout le monde de la même manière, par égard et volonté de justice, je finis par traiter les autres sans égard pour leur personnalité et mon action est encore une fois contraire à mon intention, puisque je voudrais traiter les autres de manière à ce qu'ils ne perçoivent pas de favoritisme ou de négligence.

Nous pouvons en tirer la conséquence que traiter tout le monde de la même manière est une source de conflit, puisque cela revient à dire que je traiterai chacun différemment...

2. Les conflits mécaniques

Il existe bien une logique dans les conflits que nous pouvons observer dans les comportements, et dont nous retrouvons les principes dans le fonctionnement cérébral. Leur dynamique est rationnelle, ce qui les rend prévisibles. On ne passe pas d'un calme olympien à l'explosion nucléaire.

Notre cerveau est le grand acteur de ces mécanismes. Il retire et rajoute selon des lois qui ressemblent à celles de l'homéostasie. À ce sujet , je reviendrai plus tard sur les trois recherches essentielles qui fondent notre motivation, autour de notre recherche de bonheur : la recherche d'harmonie en soi, la recherche d'équilibre dans les relations et la recherche de satisfaction des besoins.

Les stratégies que notre cerveau élabore sont parfois déroutantes pour notre conscience, mais elles sont mises en place pour répondre à cette dynamique naturelle. Si le cerveau est laissé en roue libre, s'il n'y a pas de conscience volontaire aux commandes, le système électrochimique assure comme il peut, quand il peut. Il crée les évidences et les liens lorsqu'il en a besoin pour fonctionner. Beaucoup de choses se passent ainsi en nous à l'insu de notre conscience.

De ce point de vue, et sans que cela retire quoi que ce soit au caractère fabuleux de notre nature, Descartes avait raison : celui qui ne maîtrise pas sa pensée est une marionnette aux mains de la Nature.

Pourquoi notre cerveau rajoute et retire des informations

Ainsi, notre cerveau comble les manques d'information, avec – probablement – ce qu'il a dans les connexions neuronales les plus proches ; il tire des conclusions, comme il tire des lignes pour construire des figures géométriques qui n'existent pas.

On peut se tromper quand on regarde de près

L'hypothèse passe du probable au possible et aussi rapidement affirmée comme *la* vérité, *la* réalité, comme lorsque l'on bâtit avec nos souvenirs la cause véritable d'un conflit.

En voici la démonstration. Quelles sont les formes que vous observez ci-dessous[5]?

Ce genre de dessins est révélateur du mécanisme cérébral de l'interprétation, où le cerveau trace des lignes, fait des liens, ajoute et parfois retire, où il fait abstraction de certaines données parce qu'elles ne lui permettent pas de construire ou de reconstituer quelque chose qu'il connaît déjà.

5. Ces vues ont été créées sur le modèle du professeur Gaetano Kanizsa, Université de Trieste (1976). On trouve d'autres formes de ce type dans l'ouvrage de Jacques Ninio, *L'empreinte des sens*, Éd. Odile Jacob, 1989, p. 134.

Au centre de ces deux profils, que j'interprète comme une sorte de caducée de la paix, le cerveau perçoit un vase ou une amphore.

Comme dans les deux cas ci-dessus, nous ne pouvons que constater que nous sommes abusés par ce que l'*organe de nos sens*, comme le nommait Socrate, nous fait imaginer. Vous pourrez retrouver ce dessin dans les exercices.

Pour le moment, revenons à la figure de gauche. Nous avons l'impression de voir un triangle blanc dont les deux angles du bas sont arrondis. Il nous faut reconnaître que les lignes du triangle blanc sont imaginaires, de même qu'un grand nombre de liens qui nous font interpréter les choses et les situations.

Par ailleurs, la figure blanche apparaît légèrement contrastée. En y regardant de plus près, c'est à s'y méprendre et pourtant, pas du tout. Le papier est ici de la même couleur qu'ailleurs.

Pourquoi donc le cerveau nous envoie cette information totalement inexistante ? L'explication est qu'il a une tendance à l'autonomie et qu'en l'absence de la conscience, il fait ce qu'il veut comme il peut...

Attention, mon propos n'est pas de dire que nous nous trompons systématiquement, mais d'attirer l'attention sur des mécanismes.

L'objectif de ce propos est de mettre de la conscience là où il n'y a que de l'habitude et de la routine fonctionnelle. Il est globalement de permettre au médiateur d'identifier le moment où il sort du réel (ce qu'il perçoit par ses sens) pour entrer dans le virtuel et l'imaginaire (ce qu'il ressent de l'intérieur, interprète, etc.).

... et se tromper encore quand on regarde de loin

Avec la figure de droite, nous révisons ce que nous venons de voir. Vous avez probablement distingué un cœur. Non ? Regardez encore. En vous éloignant de la page, vous aurez l'impression de le voir encore plus clairement, comme si la page était plus contrastée, légèrement ombrée, comme dans le cas précédent.

Tromperie ! Le recul que nous pensons prendre dans les situations conflictuelles est tout aussi trompeur. Il renforce notre conviction initiale, mais il nous faut nous rendre à cette réalité : le contraste n'existe pas. Encore une fois, nous sommes trompés par notre fonctionnement cérébral. Les formes dessinées sont noires, il n'y a pas de gris, et nous tirons des traits et des conclusions dans le vide !

Ne soyons pas désespérés.

Ces vues adaptées des triangles Kanizsa sont des illustrations du phénomène d'interprétation qui est, quant à lui, tout à fait nécessaire à notre fonctionnement. Grâce à lui, nous allons vite à l'essentiel. Grâce à lui, nous avons de bonnes intuitions. Mais comme lorsque nous allons à cent à l'heure, si nous nous ne sommes pas vigilants, nous augmentons le risque de gravité en cas d'accident. Dans ce cas, attention au dérapage incontrôlé.

Notre cerveau crée des lignes là où il n'y en a manifestement pas. Il fabrique un ensemble (un cœur), là où il n'y a rien que du blanc. Autant nous pouvons jouer de cette faculté de notre cerveau, autant elle peut se jouer de nous.

C'est ce même processus qui nous fait déduire les choses, parfois d'une manière trop rapide, et qui nous fait établir des rapprochements abusifs.

Nous imaginons la réalité et cette fiction interfère parfois tant avec la réalité elle-même qu'il devient illusoire de démêler le vrai de l'imaginé. Des actes n'auraient pas été commis si l'imagination n'avait pas joué.

En médiation, pour créer un contexte favorable à une bonne communication, il peut s'avérer indispensable d'évoquer les mécanismes où la pensée invente les choses et les imbrique pour constituer le fondement de notre motivation à agir.

Ce comportement inventif, d'interprétation, d'association d'idées, voire d'amalgames, semble incontrôlable, parce que nous ne le faisons pas volontairement. En fait, avec l'outil que nous appelons « conscience », il est gérable. Mais il faut que cette conscience ne soit pas seulement un système oculaire, il faut qu'elle soit active.

Le médiateur doit maîtriser ce sujet pour l'aborder et le développer si c'est nécessaire, lors de la première rencontre individuelle.

Cette manière d'aborder le sujet détend l'atmosphère et rend l'échange plus fluide, en dehors des critiques, des regrets, des jugements sur soi et sur les autres.

Grâce à cette approche pédagogique, la médiation devient l'occasion de progresser, de quitter le terrain où l'on échange les coups et où l'on subit et l'autre et soi-même.

Si le médiateur observe que la personne est préoccupée par ce qu'elle a compris, il doit favoriser l'expression de la personne à ce sujet. Il saura dire par exemple cette phrase magique : « *Vous pensez à certaines conséquences de ce que nous venons d'évoquer...* » et immédiatement il lui cédera la parole.

Grâce à ce travail conduit parallèlement, les parties auront plus tard des points de repère communs. Elles sauront parler des mécanismes conflictuels, ce qui leur permettra d'élever leur discussion au niveau supérieur de la communication sur la communication.

Les parasites de la pensée et risques des inférences

Les risques de conflits pour cause d'inférence sont multiples.

Peut-être vous a-t-on déjà posé la question de savoir si les Belges ont un 14 juillet ?

Lorsque vous répondez « non » ou je ne sais pas, c'est par rapport à l'Histoire de France. La réponse « oui » peut avoir deux causes : « Oui, les Belges ont un jour de référence à leur révolution » ou « Oui, leur mois de juillet est comme le nôtre, aussi complet du 1er au 31. »

Concrètement, nous interprétons, nous introduisons des informations qui ne sont pas forcément dans les énoncés.

Nombre de blagues utilisent cette tendance de notre cerveau. L'histoire de l'automobiliste qui arrive dans une ville où tout est éteint s'est répandue dans le milieu de la formation.

■ Une automobile arrive à vive allure dans une ville. Aucune lumière n'est allumée. L'automobiliste fonce tous feux éteints. Pourtant, lorsqu'un homme traverse juste devant la voiture, l'automobiliste s'arrête. Comment est-ce possible ? [6]

Dans son ouvrage sur la sémantique générale, Michel Saucet[7] présente l'exemple suivant, en demandant à ses lecteurs de faire des commentaires :

■ Une ambulance est garée près du trottoir, face au numéro 22 où habitent les Durand.

Nous pouvons dire par exemple :
- une ambulance est arrêtée devant le numéro 22
- cette ambulance est vide
- quelqu'un est malade chez les Durand
- l'ambulancier est un ami des Durand
- l'ambulance est en panne
- c'était la seule place disponible pour se garer
- l'ambulancier est l'amant de Mme Durand
- etc.

Les remarques peuvent être classées en deux groupes :
- celui des énoncés factuels qui résultent de l'observation ;
- celui des énoncés inférentiels qui ne sont pas liés à des observations. Ce sont des déductions possibles de nos observations qui, sur l'échelle des hypothèses, nous font courir du très improbable au très probable.

Nous noterons au passage que les énoncés inférentiels fournissent le terreau de nos désaccords.

Nos interprétations parasitent notre communication, elles transparaissent souvent ; elles compromettent la qualité de notre écoute, parce que nous avons un avis sur ce qui a été dit, et ce que nous nous disons en nous-même nous empêche d'être attentif à ce qui se dit de nouveau : la voix de notre pensée, quoique n'utilisant pas les mêmes signaux de communication, est plus forte que la voix de notre interlocuteur.

N'est-ce pas pour couvrir les deux voix que nous crions ?

Quant à lui, le médiateur doit être particulièrement attentif à sa manière de gérer ses propres parasites : ses interprétations, ses

---

6. Réponse : vous l'avez devinée, bien sûr, la scène se passe de jour.
7. Michel Saucet, *La sémantique générale aujourd'hui*, éd. Le Courrier du livre, 1987.

prêts d'intention, sa manière de résoudre les problèmes. Il doit être prudent sur sa réceptivité, sa manière de réfléchir et sa manière de communiquer, puis à la manière des autres de les présenter comme autant d'observations de bonne foi.

■ Qui, à propos d'interprétations et d'inférences, ne connaît pas l'histoire des aveugles et de l'éléphant du maître soufi Hakim Sanai (XIIe siècle)[8]? La voici :

Autrefois il existait une ville où tous les habitants étaient aveugles. Un roi en voyage s'arrêta à proximité. Il possédait un éléphant. Personne dans la cité n'avait jamais entendu parler de cet animal.

Certains habitants se précipitèrent, tâtant chacun la partie qu'il pouvait. Aucun n'imaginait se tromper par sa manière d'apprendre. Vite de retour, chacun était immédiatement sollicité. Tout le monde voulait savoir ce que leurs concitoyens ne sauraient même pas leur expliquer correctement. Ils questionnaient sur l'apparence de l'éléphant, sa taille, sa forme, son contact, son odeur...

On entendit la réponse de l'homme qui avait touché l'oreille concernant le contact. Il dit que l'animal était rugueux, le poil dru, et sa forme était celle d'un très large tapis.

Alors celui qui avait touché la trompe parla avec effroi d'un terrible tuyau, mobile comme un serpent.

Celui qui avait touché les pattes s'exclama que tout cela n'était que baliverne, l'éléphant était plutôt rond, comme une colonne d'un temple, et solide, impressionnant, et certainement très lourd...

Chacun avait touché l'animal, mais une partie seulement et ne pouvait l'avoir correctement perçu. Aucun n'avait la connaissance de l'ensemble.

L'imagination avait comblé les manques d'information aussi sûrement que la nature déteste le vide, et retiré les informations qui témoignaient d'une ignorance certaine. Finalement, aucune représentation ne correspondait à la réalité.

Avec le temps, les autres habitants qui n'avaient rien touché choisirent leur camp parmi les orateurs. Chacun se fiait à celui qui lui paraissait le plus convaincant et son intime conviction emportait ses doutes.

Dans cette fable, comme dans la réalité, les personnages sont proches les uns des autres et pourtant n'ont pas vécu les mêmes choses. N'est-ce pas ce qui arrive dans de nombreuses situations, de la famille à l'entreprise, en passant par l'école et la vie politique : nous vivons proches de personnes et nous ne percevons pas les mêmes événements, nous avons des appréciations opposées quant à leur importance... Toutes ces différences sont des sources de conflits.

Par ailleurs, comme ils manquent de communication, les acteurs de la fable n'ont pas une vue d'ensemble.

Mais ne nous y trompons pas, le fait d'avoir une vue d'ensemble n'est pas non plus la panacée, comme nous pourrons le voir tout à l'heure. Il y a là, tout autant, des causes d'interprétation et donc de discorde.

8. Idries Shah, *Contes Derviches*, éd. le Courrier du livre, 1988, p. 23.

Déduire le tout de la partie, exagérer, aggraver...

N'avons-nous pas cette propension à déduire le tout d'une partie ? Nous le faisons lorsque nous généralisons. Nous le faisons lorsque nous affirmons que c'est *toujours* comme ça ou *jamais* autrement.

Ces deux adverbes supportent d'ailleurs aisément d'être remplacés par leurs cousins : *quelquefois, souvent, rarement,* ou d'être accompagnés d'expression de relativisation du point de vue exprimé.

La généralisation est donc un ingrédient des conflits : c'est le processus du grossissement d'une chose, de l'aggravation d'un comportement.

L'inverse fait autant de ravage : la minimisation et la banalisation, par exemple. Notre esprit peut nous tromper sur l'importance d'une chose et en toute bonne foi nous la disproportionnons.

Regardez ces deux rectangles noirs. Sont-ils de la même taille ?

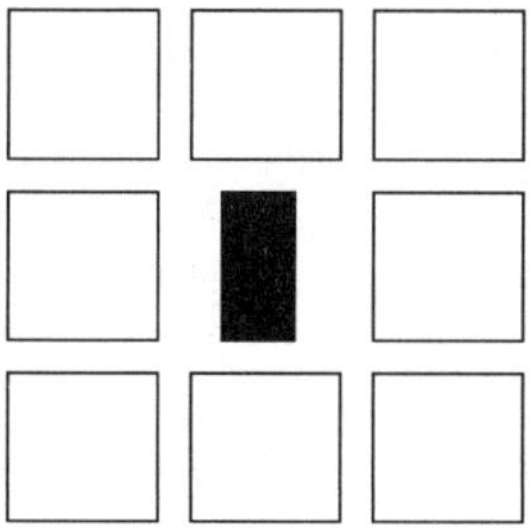

Figure 1

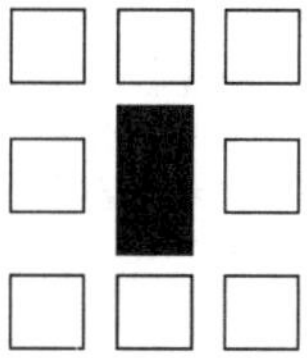

Figure 2

Celui de gauche, entouré de gros éléments, semble plus petit que celui de droit qui est entouré de plus petits éléments.

Lorsque je fais remarquer que les rectangles noirs sont identiques, certaines personnes disent qu'elles ont été leurrées par le nombre de carrés qui est plus important d'un côté que de l'autre...

Il faut bien nous convaincre au moins de cela : le cerveau, *notre* cerveau, n'apprécie pas d'être trompé. Certains moins que d'autres ! Le cerveau fait tout pour avoir raison et certains plus que d'autres.

Faut-il en déduire que certaines personnes sont moins conscientes que d'autres ?

Le cerveau cherche dans ses ramifications toutes les explications possibles, prêt à passer de la raison à l'affabulation, et seule notre conscience peut nous protéger de sa tendance conflictuelle lorsqu'il est pris en défaut.

3. Métaphore des points de vue

Sur les montagnes, le chemin le plus court va d'un sommet à l'autre : mais pour le prendre il faut que tu aies de bonnes jambes[9].

J'utilise la métaphore des points de vue en formation depuis plus de dix ans. Elle a l'avantage d'être d'une grande clarté. À partir d'une expression courante, elle propose une représentation visuelle. Elle permet d'avoir une vision topologique des conflits.

Chacun a sa perception des choses, dit-on, comme si la chose dite, toute conversation devenait inutile. Un fossé est creusé entre les deux (comme celui des générations et leur perpétuel conflit)... Dans le même ordre d'idée, on ne discuterait pas plus les points de vue que les goûts et les couleurs. N'est-ce pas justement ce genre de propos fermés qui prépare le terrain des conflits ?

En lisant l'agréable ouvrage de Bernard Leblanc-Halmos que je citerai encore, l'idée m'est venue de dessiner les points de vue de chacun[10]. Certaines de mes formations ayant eu lieu dans un théâtre, je demandais à deux volontaires de monter sur la scène chacun sur deux cubes superposés. Dans le dos de l'un, un projecteur jetait sa lumière et créait une ombre visible par l'autre resté dans l'obscurité. La situation devenait claire : chacun était monté sur un *point de vue*, avec une expérience propre, ici matérialisée par l'éclairage, et des considérations pas nécessairement partagées.

C'est la base : la perception que nous avons du monde est une chose, la réalité en est une autre.

9. Nietzsche, *Ainsi parlait Zarathoustra*, éd. 10-18, p. 38, 1994.

10. Bernard Leblanc-Halmos, *ibid.*, p. 10 : un personnage attaché à un sommet dit « Moi, je m'attache à mon point de vue. »

L'esprit de médiation est à cette image ce que les points de vue sont à la métaphore : une question d'association d'idées qui peut dégénérer en conflit. L'esprit de médiation peut ainsi s'enraciner au pied de chaque point de vue pour s'élever avec lui et permettre les échanges.

Revenons-en à nos deux personnages, l'un et l'autre perchés sur un point de vue. Ils regardent chacun la même réalité, le monde et la vie. Cependant, l'un voit l'autre et réciproquement, mais se voient-ils ?

Chacun observe que l'autre est *« perché sur son point de vue »* sans se rendre compte nécessairement qu'il l'est lui-même.

– *« Tu exagères, dit l'un, comment peux-tu affirmer quoi que ce soit sur la réalité, je te vois, tu es est là-haut. »*

– *« Pas plus que toi. Tu prétends savoir plus que moi, mais tu ne sais rien de plus ! »*

Cette métaphore a de multiples applications. Chacun peut retrouver ce qui, *topologiquement* dirais-je, fait ses disputes.

Selon les contextes, chaque point de vue représente une manière de voir son intérêt, les enjeux d'une situation, le développement d'une entreprise.

Mais dans cette représentation, où est le médiateur ? Quel est son rôle ?

Je ne ferai pas ici l'inventaire de ce qui constitue un point de vue, j'observerai simplement que la position du médiateur est nécessairement en bas.

Le principe même de la médiation entraîne les deux parties à venir le voir. Parfois, elles viennent d'elles-mêmes, parfois sur le conseil de leur avocat, de leur société comptable, d'un huissier, de leur notaire parfois, c'est le juge qui rend une ordonnance de référé dans ce sens.

Dès que le formateur s'est approprié cette métaphore, elle devient limpide et très dynamique.

On voit chaque partie qui regrimpe sur son point de vue lorsqu'elle se sent mise en cause, critiquée, jugée. On la voit qui se cache lorsqu'elle a peur, qui menace de jeter des cailloux pour se défendre.

Le premier pas

On peut mettre en scène l'idée du « premier pas » pour résoudre le conflit : l'une des parties a un pied dans le vide, elle a fait le premier pas, mais le vertige est fort. Comment faire le second ?

À l'autre partie donc de faire le pas suivant !

Impossible, le système des pas dans le vide, de la main tendue est une solution illusoire dans ce genre de position. On s'expose, on a le vertige. Lorsque les points de vue sont éloignés, le premier pas que fait une partie pour rejoindre l'autre est le dernier.

À la manière de Sisyphe, grimper et descendre

On imagine les personnes monter de plus en plus haut sur leur point de vue et au lieu d'en retirer des ressources pour mieux communiquer, elles se sentent plus instables, plus menacées encore et elles accusent, menacent et agressent.

Plus je grimpe sur mon point de vue, plus je me sens en insécurité. Je ne me rends pas forcément compte de l'escalade en question. Je grimpe poussé par la colère, hissé par la peur.

En situation extrême, me voilà là-haut, sur la pointe la plus fragile, dans une indéfendable position, à court d'argument, ayant épuisé toute la logique jusqu'à l'absurde. Que puis-je faire ?

Je tourne en rond, bien sûr, j'accuse, je culpabilise, je jure, je repousse : je trouve encore de quoi faire.

Si l'une descend sans prévenir et commence à grimper, on imagine encore la personne restée là-haut avoir peur et se sentir menacée. Elle ment probablement en affirmant ne pas avoir peur. D'ailleurs, sait-elle vraiment ce qu'elle ressent ? Tout est confus, tout est grossi, aggravé. L'essentiel est perdu dans le fatras des autres choses qui soudain paraissent primordiales.

Voici donc une métaphore au service du médiateur pour introduire la médiation.

Le médiateur indique sa position et peut définir que d'ici, il écoute, facilite l'expression des parties et les aide à reconstruire la communication suffisante pour résoudre le problème principal. Il précise que sa démarche n'est pas de reconstruire ce qu'il n'y a plus ou ce qui est désormais très compromis : il limite son action à faciliter la sortie de l'impasse actuelle.

4. Les rapports de force

Plus et mieux que les théories, pour illustrer les rapports de force, il est préférable d'avoir plusieurs métaphores de réserve.

Les fables fournissent beaucoup de moyens pour faire passer certains messages assez directs concernant les mécanismes conflictuels. Le médiateur peut opportunément utiliser l'une ou l'autre des métaphores qui suivent. Il peut en garder en réserve pour certains moments de la médiation qui pourraient nécessiter la prise d'un certain recul par les protagonistes.

Je vais commencer par une métaphore qui va à la source des conflits : la relation à soi. Je poursuivrai par des métaphores qui illustrent de multiples façons les relations avec les autres.

Le verre à soi

Pendant plusieurs siècles jusqu'à une époque encore récente, des populations entières ont consommé de la farine de seigle sans savoir que les petits ergots qui apparaissent parfois dans la barbe des épis ont de terribles conséquences sur la santé. La plante ne paraît pas malade et le méchant petit ascomycète qui est la cause des maladies est quasiment invisible...

Imaginons maintenant que chaque jour vous mettiez du poison dans votre verre et que vous buviez ce breuvage de sorcière.

Pourquoi feriez-vous cela ? Admettons que ce soit une tradition dans votre civilisation, lorsque l'on veut se punir soi-même, ou se corriger, s'améliorer.

Une auto-insatisfaction = un peu de poison... *Pour se punir et c'est normal, il faut être dur avec soi.*

Pourriez-vous croire celui qui vous dirait qu'au contraire, le traitement n'a que de mauvais effets, qu'il est très dangereux et qu'il explique que vous ne puissiez pas contrôler vos colères, que vous subissiez le trac, que vous ayez souvent un sentiment d'impuissance face à des expressions émotionnelles ? Le croyez-vous ?

Croyez-vous que ce poison que vous vous administrez pour vous faire du bien, comme l'on mangeait du pain empoisonné de l'ergot de seigle, puisse être la cause principale de votre réactivité et de vos comportements conflictuels ?

Et pourtant, chaque fois que vous vous dites des choses désagréables sur vous-même, c'est du poison que vous versez dans votre verre, chaque jour un peu plus. Chaque jour, vous consommez ce poison traditionnel.

De génération en génération, l'auto-flagellation a été considérée comme un moyen pour se « dresser » de l'intérieur. Résultat, cette pédagogie violente est considérée comme *normale.*

Comment une personne qui se maltraite de l'intérieur pourrait avoir un comportement de *bien-traitance* à l'extérieur ? Il existe des invariants dans les conflits et leur caractère identique en soi et avec les autres en fait partie.

Le précédent d'Alexandre

Le manque d'imagination et la violence ont le plus souvent régi la résolution des problèmes. On se souvient de la célèbre histoire du nœud gordien.

■ Le roi Gordias (± 325 av. J. C.) avait attaché la charrue qu'il utilisait, avant d'être appelé sur le trône de Phrygie, au mur d'un temple par une corde passée dans une boucle. Alexandre le Grand arrive, cherche en vain à défaire le nœud, sort son épée et frappe en disant : « *Voilà la meilleure des solutions pour obtenir ce que l'on désire.* »[11].

---

11. Voir à ce sujet le problème reposé par Samuel Loyd, inventeur de divertissement (1841-1911), *Les casse-tête mathématiques,* présenté par Martin Gartner, éd. Dunod, 1977, p. 117 et que j'ai repris dans les exercices.

L'objectif était d'inciter les prétendants au trône à faire preuve d'intelligence et d'imagination pour dénouer le lien.

En agissant de cette manière, Alexandre a créé un précédent. Incapable de trouver la solution, il se sent mis en cause. Il dénature le problème et impose sa solution.

Depuis, l'expression *trancher le nœud gordien* illustre le discours de nombreux hommes politiques qui se vantent ainsi d'avoir résolu par la violence un problème qui défiait leur intelligence.

L'esprit de médiation est tout autre. Il permet aux personnes de raisonner autrement que dans la dynamique des rapports de force, où l'un doit nécessairement perdre pour que l'autre gagne.

L'utilisation de cette métaphore nécessite une dimension pédagogique et ludique qu'il faut maîtriser dans ses entretiens.

Les deux métaphores qui suivent sont très performantes pour faire parler une personne sur le conflit.

Les deux métaphores peuvent être utilisées dans le même entretien, certaines personnes préfèrent, en effet, plus la ressource de l'image de l'une ou de l'autre.

La balance de l'équilibre relationnel

Il faut imaginer qu'une relation est représentée par une balance. Chaque personne a son plateau qui s'alourdit au gré des tensions, des non-dits, des contraintes, des silences anxieux ou de pure convention, de tolérance, etc.

On peut tout imaginer : équilibre de bons, de mauvais sentiments ou de mélanges très curieux.

Le temps passe, les plateaux se garnissent d'un peu de tout. Un plateau monte, l'autre descend.

Dans chaque plateau, n'importe quoi peut prendre du poids, même le cumul de *petits trois fois rien.*

Si les plateaux débordent, tout le monde est au courant de la raison du débordement.

Tout peut basculer et dans ce cas, c'est la relation qui bascule.

Sur les plateaux, chacun peut mettre des choses qui lui semblent agréables et que l'autre considérera autrement.

Si je mets un sous-entendu sur mon plateau et que mon partenaire met un non-dit qui pèse plus lourd, je me sens généralement contraint de rajouter quelque chose. Si je ne rajoute rien, mon partenaire peut décider de retirer un peu de poids de son côté, mais il garde son retrait en réserve… Ces mécanismes peuvent aussi être les miens.

Les hypothèses sont nombreuses. Si j'essaie de donner une explication, que je me montre maladroit, que mon partenaire préfère ne pas en rajouter et à ce titre répond par un autre non-dit, l'équilibre peut se rétablir. Toutefois, on peut imaginer que ce nouvel équilibre n'est pas de bon augure…

En utilisant cette métaphore, le médiateur est attentif aux réactions de son interlocuteur. Il lui cédera facilement la parole. La métaphore suivante sera à utiliser dans le même esprit.

Le bateau

Cette métaphore apporte un brin de poésie au service du médiateur.

■ Lors d'un entretien de présentation de la médiation, je sors une feuille de papier vierge, je prends un feutre et je dessine une barque. Puis, sous l'embarcation, je trace quelques vagues. Dans le ciel, deux V symbolisent des mouettes.

Enfin, je hisse une voile et je dis à mon interlocuteur qui promène entre ma feuille et mon visage un œil interrogatif : « *Le voyage commence.* » D'un côté et de l'autre du voilier, je dessine deux silhouettes.

Perdu dans un océan quelconque, le bateau et ses deux navigateurs semblent maintenir à la fois un équilibre et un cap. Tout va bien.

« Hein, il ne faudrait pas que l'un d'eux coupe sa corde », observe le client.

Je croyais devoir expliquer la mise en scène, mais mon interlocuteur avait compris le rapport avec sa situation.

Je ne pouvais cependant pas me contenter de cette observation et je lui demandai de me raconter ce qui pourrait provoqué cette décision de l'un des deux protagonistes. *« Petit à petit, à force de tirer sur la corde la décision n'est pas arrivée tout de suite. C'est sur vingt-deux ans, et surtout les sept dernière années ! »*

Puis, il me raconta les tiraillements de sa relation avec X. Il dit les mots désagréables qui faisaient pencher le bateau dans un sens. Il fit un résumé des petites vengeances qui semblaient rétablir un équilibre sans cesse bouleversé. Il décrivit comment chacun tirait de plus en plus fort sur la corde pour maintenir cet équilibre qui avait nécessité très peu d'efforts au début de la collaboration et qui en avait nécessité de plus en plus avec le temps, la méfiance, les non-dits et les conflits. « *Parfois, on se disputait et, à la fin, on ne savait même plus par quoi notre dispute avait commencé. On partait chacun de son côté à bout d'arguments dont on ne savait plus ce qu'ils étaient censés avoir défendu.* »

Après un silence il sourit et dit : « *Il y a aussi les éléments qui pourraient représenter les interventions extérieures : le vent, le froid et tout le reste, c'est les commentaires des personnes sur ce que l'on vivait et au lieu de nous aider, certaines aggravaient les choses. Mais quand même, certaines soufflaient dans le bon sens... Globalement, c'est allé de travers.* »

Cette compréhension immédiate n'est pas systématique. Le médiateur peut avoir à présenter la métaphore, pas à pas.

Dans ce cas, lorsque la personne ne comprend pas clairement l'image, le médiateur fera une description de la situation métaphorique : le bateau dans la vaste étendue, la rencontre des deux personnes qui font un bout de chemin ensemble, l'équilibre assuré par le fait que les deux passagers sont inclinés chacun d'un côté, une tension accompagnée d'un non-dit qui fait que le bateau penche plus d'un côté... Il trace un « + » ici puis la réaction de l'autre côté, faite de non-dits : il trace deux signes « + ». Il raconte en imageant le voyage, le manque de savoir-faire dans les échanges. Il peut rapidement expliquer à cette occasion la théorie générale de la communication, avec l'émetteur et le récepteur qui alternent leur position.

Au cours du cinquième exposé, je reviendrai sur la nécessité de développer la métaphore et la manière de l'utiliser.

5. La fenêtre des humeurs

Bonnes et mauvaises humeurs : les passions déforment la réalité

Le philosophe Alain (1868-1961) a exposé ce terrible mécanisme qui déforme la réalité, qui fait tout passer sous la loupe de nos passions. Elles grossissent les choses et les événements ou les réduisent, selon la logique et l'argumentation du moment. Elles nous prédisposent et, avec leurs conséquences physiques que nous négligeons souvent d'identifier, elles contribuent à développer en nous la bonne ou mauvaise humeur.

Dans son recueil *Propos sur le bonheur* [12] Alain écrivait :

■ « Un homme en colère se joue à lui-même une tragédie bien frappante, où se présentent tous les torts de son ennemi, ses ruses, ses préparations, ses mépris, ses projets pour l'avenir ; tout est interprété selon la colère, et la colère en est augmentée ; on dirait un peintre qui peindrait les furies et qui se ferait peur à lui-même. Voilà par quel mécanisme une colère finit souvent en tempête, et pour de faibles causes, grossies seulement par l'orage du cœur et des muscles. »

À l'époque de sa publication, on a dit de cet ouvrage qu'il a sauvé beaucoup de lecteurs du désespoir. Il mettait aussi déjà ses contemporains sur la piste de la résolution de ce conflit. Voici comment l'auteur poursuivait :

« Il est pourtant clair que le moyen de calmer toute cette agitation n'est pas du tout de penser en historien et de faire la revue des insultes, des griefs et des revendications ; car tout cela est faussement éclairé, comme dans un délire. Ici encore il faut, par réflexion, deviner l'éloquence des passions et refuser d'y croire. Au lieu de dire : « Ce faux ami m'a toujours méprisé», dire : « Dans cette agitation je vois mal, je juge mal ; je ne suis qu'un acteur tragique qui déclame pour lui-même.» Alors vous verrez le théâtre éteindre ses lumières faute de public ; et les brillants décors ne seront plus que des barbouillages. »

Nous avons évoqué plusieurs mécanismes conflictuels. Nous avons observé que certains conflits n'ont pas forcément deux sources : il y a parfois et clairement une personne qui subit et l'autre qui est conflictuelle. Donc pas un peu de chaque, mais parfois beaucoup de l'un et parfois tout de l'un.

La métaphore de la fenêtre des humeurs est très proche de celle de la balance et rappelle celle que Thomas Gordon utilise [13].

12. *Propos sur le bonheur,* Alain, NRF Idées, 1962, p. 140.

13. Thomas Gordon a développé une méthode sur l'efficacité en relation. Il a conçu l'une des premières approches complètes en médiation. Il est l'auteur de *Cadres et Dirigeants Efficaces, Parents efficaces, Enseignants efficaces,* aux éd. P. Belfond et Le Jour.

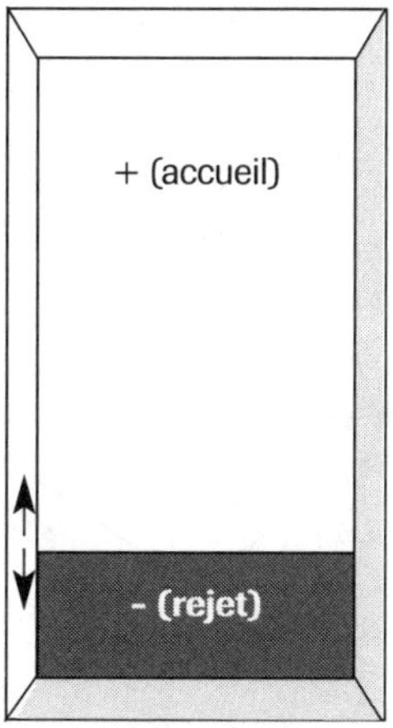

Lorsqu'une relation commence, une fenêtre s'ouvre dans le monde mental de chacun des interlocuteurs. Il y a immédiatement des comportements plus acceptables que d'autres. Les *atomes crochus*, c'est « + », au contraire si je ne *« sens pas la personne »*, c'est « – ».

Lorsque nous rencontrons une nouvelle personne, nous avons notre histoire relationnelle, faite de confiance et de doutes, de craintes et de quêtes qui nous sont propres et la nouvelle relation, avec ses apparences, ses circonstances, ses comportements, l'humeur et l'ambiance du moment, est ainsi préconditionnée.

Il y a fort à faire pour lever la « première impression », ne serait-ce parce que nous avons cette forte tendance à chercher à avoir la meilleure raison et qu'en tout cas nous n'aimons pas avoir tort…

Que je ne m'y trompe pas : si je n'attends rien d'une personne, j'ai cependant des limites dans mon acceptation. J'ai déjà mes propres règles : c'est ce que je propose d'appeler la barre d'accueil.

Le principe qu'il faut retenir est que si la barre est en bas, la zone « + » est ouverte : accueil important, bonne humeur, amabilité, sourire. Tout va bien, la relation s'amorce dans un climat de confiance, ce que fait la personne est dans le positif, ou en tout cas ne me pose pas de problème. Les causes de ma prédisposition favorable peuvent être le climat, mon bien-être physique, une histoire que je me raconte concernant cette personne, un trait physique ou un comportement que j'associe sans m'en rendre compte à une personne que j'aime bien ou que j'ai bien aimée…

Dans la position « – », j'y suis tout autant pour quelque chose. L'histoire que j'ai projetée, ma prédisposition personnelle…

Au tout départ, ne partant jamais totalement vierge dans une relation, mon cerveau crée un contexte qui s'imposera par la suite à ma conscience comme une évidence.

Le tour de force est de faire en sorte que ma conscience devienne maîtresse chez elle.

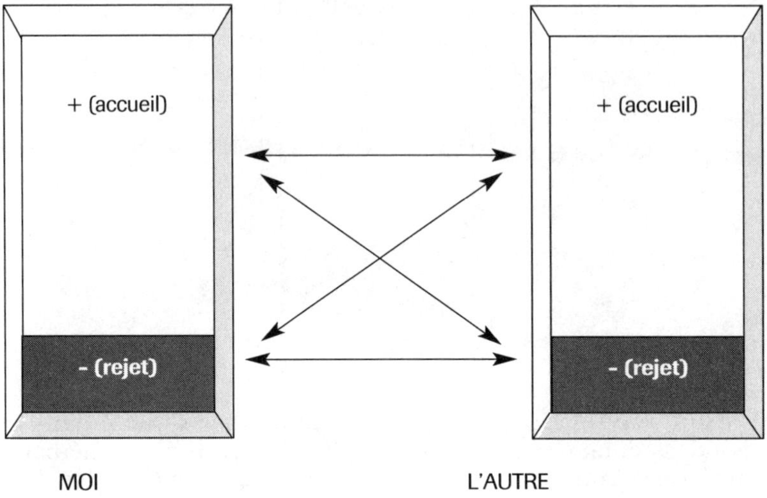

Dans ce domaine, la conscience de nos mécanismes cérébraux peut nous aider à être vigilant sur les conséquences de cette spontanéité physiologique.

La fenêtre des humeurs est un support pour la conscience. Les deux fenêtres permettent de se représenter les interactions.

Lorsque je rencontre quelqu'un avec qui tout va bien : je suis dans ma zone favorable ; si l'autre est dans la même prédisposition, la communication a toutes les chances de nous être agréable.

A contrario, si je rencontre quelqu'un et que j'ai été préalablement contrarié, ma zone de rejet « – » est plus étendue. Mon humeur peut être à la limite du seuil d'accueil, voire dans le rejet. Si la personne se comporte de manière qui ne m'est pas agréable, la relation risque fort de basculer rapidement dans le conflit.

Ainsi, je peux me dire que chaque matin en ouvrant les yeux sur la vie, j'ouvre une fenêtre sur le monde, avec une zone d'accueil (le +) et une zone de rejet (le –).

Dans la première zone, je suis plutôt de bonne humeur et dans l'autre plutôt de mauvaise humeur.

Comme je l'indiquais en introduction à cette métaphore, c'est un bon outil pour permettre au médiateur d'interroger les parties sur leur prédisposition à la médiation. Après une présentation de l'outil, la question est très pertinente : « *Comment vous sentez-vous prédisposé ? Vous êtes plutôt ici ou là ce matin ? Et concernant l'autre personne ? Pouvez-vous m'en parler ?* » Ainsi, l'échange est lancé très rapidement sur l'essentiel.

L'ensemble des métaphores que je viens de développer permet d'illustrer les conflits, et aux protagonistes d'en parler avec plus de détachement, d'un point de vue purement mécanique. Très rapidement, chacun, par son acquis en conscience, a envie de reprendre du pouvoir sur le système qui s'est déclenché.

Soit on se laisse envahir par la mauvaise humeur de l'autre, soit on parvient à envahir l'autre de sa bonne humeur : le plus faible cède à ce rapport de force...

Le médiateur doit être fort dans cet exercice : sa bonne humeur doit être contagieuse et il ne doit pas se faire contaminer par la mauvaise humeur des autres.

6. Le fatalisme fonctionnel

L'attitude passive : le « fatalisme fonctionnel»

La question principale pour intégrer l'esprit de médiation réside dans cette idée : puis-je en toute conscience accepter de me subir ?

Le fatalisme fonctionnel a différents énoncés :
– *C'est dans ma nature*
– *C'est dans mon éducation*
– *C'est dans ma manière de vivre les choses*

Ces trois énoncés sont caractéristiques. Ils peuvent servir de grands titres pour regrouper les autres qui vont dans le même sens : *« C'est dans ma manière de penser, dans la logique des choses, etc. »*
Voici quelques autres de ces affirmations fatalistes :
– *C'est ma personnalité*
– *C'est mon caractère*
– *C'est ma manière d'être... De faire... De dire...*
– *C'est mon éducation, mes principes*
– *C'est plus fort que moi*
– *C'est mon fonctionnement*

Un certain nombre de ces messages sont à la première personne et associés à la validation de l'action :
– *Je suis comme ça*
– *J'agis comme ça*
– *Je pense comme ça*

Il existe de nombreuses variantes, notamment celles en « on », très usitées : « on est comme ça... etc. ».

Avez-vous fait le point sur vos propres énoncés fatalistes ? En surveillant votre langage, vous pouvez les identifier. Vous verrez ensuite que le fatalisme fonctionnel est sournoisement installé en vous comme dans un canapé.

Ces énoncés sous-entendent à la fois de l'inné et de l'acquis. Ils font référence au fonctionnement biologique, à des systèmes de valeurs (morales, spirituelles...), et à ce qui constitue l'expérience personnelle.

Au travers de ces énoncés, la personne cherche à affirmer son identité, sa spécificité, son caractère, son originalité, sa relation unique aux choses, etc.

Mais en même temps qu'elle utilise ce type d'énoncés dans ce sens, n'est-elle pas précisément dans une relation de soumission à « quelque chose » qui dépasse son indépendance ?

Simultanément à cette affirmation très revendicative d'une connaissance de soi, ne présente-elle pas de cette manière les aspects de sa « personnalité », comme des marques frontalières au-delà desquelles elle indique à autrui qu'elle aura des difficultés à aller ?

Cette indication peut ressembler à une sommation à « ne pas (la) pousser plus loin » : Jusqu'ici, je connais, au-delà, j'ignore.

La personne se trouve prise dans une dynamique paradoxale. Elle affirme que son attitude fait partie d'elle-même, de manière culturelle ou naturelle, et définit consciemment une limite, mais revendique inconsciemment une sorte de programmation[14].

Une relation « maître-esclave » de soi

L'expression « maître de soi-même » n'est-elle pas ridicule ? Celui qui est maître de lui-même est aussi esclave de lui-même et réciproquement...[15]

Nous pouvons comprendre la chose suivante : « Je suis conscient des limites dans lesquelles je reste maître de moi-même ; au-delà de ces limites, je suis esclave (de ma nature, de mon éducation, de ma manière de penser...). »

Dans ce domaine de médiation, cette relation maître-esclave, conscient-inconscient nous intéresse particulièrement, puisqu'il s'agit de définir ce qui relève de la passivité fonctionnelle et que cette dernière s'articule autour de l'idée que j'ai des limites au-delà desquelles il me semble difficile, voire impossible d'aller.

Nous rencontrons ici la relation au sentiment de responsabilité : si je ne maîtrise pas une réaction, je ne m'en sens pas vraiment responsable, c'est pourquoi j'accuse les autres d'être la cause de ma réactivité, faisant l'impasse quant à moi de son contrôle... « Au delà de “ça”, je ne suis pas vraiment responsable de moi. »[16]

14. *« N'est-ce pas mon cas actuellement, pouvez-vous vous demander, par rapport à une situation que je suis en train de vivre ? N'existe-il pas là une certaine “matière” ? »*

15. Platon, *La République*, Livre IV, éd. Flammarion, 1996, p. 182.

16. Ce qui ne manque pas d'intérêt si l'on met en parallèle les notions juridiques relatives à la responsabilité individuelle.

Le médiateur doit écouter ce genre de propos, parce qu'il doit permettre à certaines personnes de reconnaître leurs propres limites et donc à l'autre partie de s'exprimer et de s'affirmer là où elle a été empêchée par l'autre.

L'idée de « maître de moi » s'applique à ce que je sais de moi ; avec cette idée, je me sens plus ou moins actif dans mon fonctionnement. Tandis que celle « d'esclave de moi » s'applique par rapport à ce que je subis de moi ; avec cette idée, je suis passif par rapport à mon fonctionnement.

J'agis, ou plutôt je réagis avec un sentiment d'incapacité de « contrôle » ; je suis en état de soumission à « ma nature, ma culture, ma pensée ».

Nous retrouvons ici le champ d'explication des relations de dépendance, mais également celui des comportements réactifs, de repliement sur soi, de colère, de surenchère, d'entêtement, de blocages en apprentissage, etc.

Là où la conscience de soi s'associe à la connaissance de soi, celle d'inconscience s'associe nécessairement à l'ignorance de soi.

La passivité fonctionnelle et l'inconscient en soi

En somme, lorsque j'affirme « c'est dans ma nature, mon éducation, ma pensée », j'affirme qu'il est des aspects de mon fonctionnement que je connais, avec conscience, et dont je me sens plus ou moins maître et d'autres que je connais plus ou moins. Ces derniers me rendent esclave, par un défaut de qualité de conscience, de connaissance et de maîtrise.

N'étant plus maître de moi-même, je risque d'avoir des comportements incontrôlés...

Alors qu'en est-il de la notion « d'inconscient » ? Si nous retenions en médiation l'idée d'inconscient, nous pourrions parler d'inconscient biologique (cf. l'héritage génétique...), d'inconscient culturel (faisant référence à l'inconscient collectif, à la mémoire collective, etc.) et dans un autre ordre d'idées, d'inconscient spirituel (dans lequel nous retrouverions la relation au divin, par exemple).

Pour représenter cet aspect de la relation de la personne avec elle-même, nous parlerons de « passivité fonctionnelle », passivité qui peut s'exprimer de manière extrême par un « fatalisme fonctionnel ». Cette passivité fonctionnelle définit par défaut les contours de l'identité.

Fonctionnement neurobiologique et passivité fonctionnelle

Sommes-nous maître de notre fonctionnement biologique et physique ? L'œil voit sans que nous ayons à commander son fonctionnement. L'oreille entend, la langue transmet des goûts, le nez des odeurs, la peau des sensations, dans les mêmes conditions. Le cerveau traite toutes les informations en provenance de nos sens. En cela, aucune conscience.

Le cerveau enregistre, mixe et crée des relations entre les informations sans que nous ayons à intervenir consciemment sur les mises en relation.

Combien de choses se passent en nous et par nous sans que nous choisissions les interconnexions entre nos neurones ?

Nous pouvons avoir en conscience que tout se passe dans notre cerveau sans que nous ayons à intervenir sur les mécanismes. Mais la dynamique biologique répond-elle pleinement aux besoins du cerveau ? Les interconnexions qui se produisent ne vont pas toutes dans le sens d'une harmonie fonctionnelle. Alors le cerveau se serait-il doté d'un moyen supplémentaire, la conscience ?

Le cerveau n'est-il pas le créateur de la notion de conscience et de celle d'identité personnelle ? De telles questions pourraient nous entraîner sur le terrain mouvant des discussions sur l'âme et la conscience. Mais notre propos n'est pas là. Il est d'essayer de comprendre un fonctionnement et sa dynamique d'évolution.

Par-delà la spiritualité

Notre passivité fonctionnelle préexiste. Elle alimente notre inconscience de nous-même...

Nous pourrions nous demander si le cerveau, en tant que structure biologique, ne résiste pas à l'élévation de son produit, la conscience. N'est-il pas l'auteur de cette passivité fonctionnelle qui va parfois jusqu'au fatalisme : *« C'est comme ça, c'est dans ma nature, mon fonctionnement, etc. »* Mais il s'agirait encore d'une autre manière d'entrer dans un débat sur une querelle entre la matière et l'immatériel.

En tout cas, la conscience semble aspirer à une sorte d'autonomie par rapport au fonctionnement biologique. Ne serait-ce pas une carence dans la qualité de conscience qui nuirait à un fonctionnement « sans problème » ?

Notre conscience nous permet d'intervenir sur nous-même et, entre autres, de la développer. En somme, être passif par rapport à notre fonctionnement, laisser faire notre cerveau, n'est-ce pas subir un fonctionnement inconnu ?

Réagir ou subir...

Parfois, il est difficile de comprendre pourquoi une personne s'est montrée aussi docile. Pourquoi n'a-t-elle pas rompu, fui ou simplement réagi plus tôt, dit « stop» ? Il faut bien comprendre qu'un conflit ne se résout pas par la fuite.

Les grenouilles me fournissent une autre métaphore : si l'on plonge une grenouille dans un récipient d'eau bouillante, selon vous que fait-elle ? Par réaction nerveuse, on raconte qu'elle rebondit immédiatement en dehors. Je veux bien le croire. Je comparerai cette réaction à celle d'une personne qui subit une agression frontale : sa réaction est immédiate, qu'elle soit de fuite, de réplique à l'identique ou de repliement sur soi.

En revanche, si l'animal est plongé dans l'eau froide que l'on porte progressivement à ébullition, l'animal se laisse engourdir. D'abord l'eau est tiède, tout doucement elle frémit. Il commence à être trop tard : l'animal a des difficultés à se mouvoir. Il pourrait encore sortir, mais la température de l'eau n'est pas vraiment désagréable. Il reste en bougeant, souhaitant peut-être que ce frémissement cesse. L'eau soudain se met à bouillir.

Dans le domaine du subir, les enseignements de cette métaphore sont nombreux :

– on laisse faire un peu et c'est déjà trop tard ;

– on se laisse engourdir par l'habitude ;

– on retarde le moment de la réaction ;

– on ne parvient pas à estimer le bon moment pour réagir ;

– on ne voit pas, ne sent pas, n'imagine pas plus grave ;

– on espère que ça ne va pas s'aggraver ;

– on attend que ça revienne au temps où c'était très agréable ;

– on passe trop de temps à tergiverser.

Conscience de soi et préméditation

Comme nous interprétons, nous avons tendance à prêter aux autres des intentions (généralement négatives). Qui dit intention, sous-entend souvent une volonté de faire quelque chose (de nuisible), d'atteindre un objectif (contrariant), de créer un impact (désagréable). Ainsi, il nous arrive d'attribuer à l'auteur d'un acte une conscience des choses qu'il n'a peut-être pas.

Et quand bien même, en réfléchissant plus avant, nous pourrions nous rendre compte que ce n'est pas cette intention qui l'animait réellement, mais quelque chose de plus profond, de plus intime, de plus émotionnel, nous ne serions pas plus avancé.

Nous n'hésitons pas à affirmer, a posteriori, comme si nous savions lire dans les pensées :

– il savait ce qu'il disait lorsqu'il a prétendu que… ;

– il connaissait les conséquences de … ;

– il avait tout prévu, dès le premier instant… ;

– Il a toujours su que ça se passerait de cette manière ;

– la préméditation et lui ne font qu'un !

Le médiateur ne peut se permettre ce genre de comportement qui alimente insidieusement les conflits. Il doit être vigilant aux affirmations des parties sur ce sujet. Il doit les reformuler avec précision pour que chaque interlocuteur prenne la mesure de ses paroles. Il ne doit pas se laisser prendre par les affirmations ouvertement belliqueuses des parties.

Lorsque les propos sont émotionnels, nous verrons qu'il doit replacer chacun au centre de son propre discours, resituer les mots dans le cadre d'une recherche personnelle de construction en soi.

L'attitude active : le savoir être acteur de soi

Ce qui découle de la notion « passif-actif » nous fait sortir de la recherche des causes et de leurs hypothétiques liens avec des effets.

Je suis actif par rapport à moi-même dès lors qu'en pleine conscience, je me mets en accord avec moi-même.

Être acteur de soi implique qu'en toute situation, il n'y a aucune recherche de « c'est la faute à qui ? » ; il s'agit d'une démarche de prise de complète responsabilité. Dès lors, surtout dans les situations de tension ou de conflit, « être acteur de soi » consiste à « faire tous les pas » vers l'autre ou l'objectif à atteindre, sans attendre une avancée à petits pas, sans jugement, sans a priori ni solution toute prête.

7. Le lâcher prise

■ Dans la jungle, un piège est accroché au pied d'un arbre : un fruit est placé à l'intérieur d'un cruchon au goulot très étranglé.

Un singe arrive, s'assure de l'absence de danger, plonge la main par le goulot et saisit le fruit. L'instant de plaisir est immédiatement suivi de grands hurlements d'effroi : la main du singe est retenue prisonnière à la gorge du cruchon.

Si l'animal ne lâche pas le fruit, il ne pourra pas sortir la main. Il ne lâche pas, mais il crie. Ses hurlements attirent le chasseur. Le pauvre animal donne lui-même le signal que le piège a fonctionné. La panique agite encore plus le singe qui serre son poing de plus en plus fort en coinçant sa main de plus en plus. Il s'entête, veut le fruit et la liberté. Sait-il encore qu'il voulait le fruit lorsque le chasseur l'attrape ? Dans cette situation éminemment urgente plus que toute, il essaie de tirer sur la corde, il tente de casser le goulot : il se trompe de manière. Il devrait prendre un instant et reconsidérer le problème. Aveuglé par le sentiment d'urgence, il s'acharne contre le cruchon.

Le chasseur lance un filet et le petit animal perd la liberté. Pour lui faire lâcher prise, le chasseur donne une pichenette sur le coude du singe qui, par réflexe, lâche le fruit.

Un instant plus tard le même fruit – en fait un faux fruit, puisqu'il s'agit d'une boule ronde parfumée – a retrouvé sa place, pour appâter un autre singe.

Avec quoi devons-nous lâcher prise ? Avec une émotion, une croyance, une certitude, un mécanisme ?

Les situations que cette histoire racontée par Idries Shah [17], peut illustrer sont variées. C'est un dirigeant d'entreprise qui est indécis et son indécision le coince ; c'est une personne qui ne contient pas sa colère ; c'est un époux qui a engagé une procédure de divorce et qui voudrait revenir sur sa décision, mais qui se trouve pris par l'idée que les choses sont engagées et ce serait ridicule de revenir dessus…

À l'opposé du lâcher prise, certaines personnes ont le sentiment qu'il y a des forces surnaturelles qui les contraignent.

Le lâcher prise a quelques points communs avec l'esprit de relativisation, mais lâcher prise ne consiste pas à banaliser.

Lâcher prise signifie que l'on va élargir son point de vue, prendre tout à la fois de la hauteur, de la distance, de la largeur. Lâcher prise implique que l'on ne reste pas accroché à son point de vue, que l'on relâche la tension qui nous contraint et nous emprisonne. Lâcher prise, c'est se donner de l'air : c'est respirer…

On peut aussi définir le lâcher prise en disant ce en quoi il ne consiste pas : c'est la définition la plus facile.

Ainsi, le lâcher prise ne consiste pas :
- à devenir indifférent,
- à abandonner,
- à concéder,
- ou à baisser les bras.

Ce n'est pas partir, fuir, tout donner, ni se taire ou fermer les yeux.

Qu'est-ce qui fait qu'on ne lâche pas prise : la peur de tout perdre = on perd encore plus.

L'esprit de revanche est une preuve en soi du fait que l'on n'a pas lâché prise. Il maintient l'espoir d'un nouveau changement. Que l'on déserte les lieux, que l'on harcèle les tenants du pouvoir en place, que l'on fasse de la résistance passive ou que l'on attende patiemment le meilleur moment, revient à cette trilogie :

Introduction au lâcher prise par la métaphore

Contrairement à une idée répandue, un conflit ne se construit pas avec méthode et ses acteurs n'en sont pas les habiles architectes.

La méthode est le fruit d'une réflexion intelligente, tandis que le conflit est le résultat d'un mécanisme réactionnel qui nie l'intelligence même.

Notre habileté à gérer la situation ne masque pas notre incapacité à faire autrement. Dans les rapports de force, le fatalisme fait la loi. Chacun se considère contraint et affirme : « Je n'avais pas le choix. » La morale est inopérante, notamment dans ce cas.

---

17. Idries Shah, *ibid.*, p. 27.

Quant au médiateur, la question n'est pas d'évaluer une hypothétique responsabilité des personnes dans leur comportement, mais de leur permettre de prendre effectivement les rênes du convoi de leur vie, fait de repères culturels, de croyances, d'émotions, de perceptions et de projets.

Pour faciliter cette maîtrise, une métaphore est souvent très efficace. Elle peut aider les personnes à dénouer les mécanismes de leurs conflits : conflits en elles et avec les autres, plus sûrement qu'une leçon de morale ou une punition.

Dans cette perspective, le médiateur doit rechercher des *images qui parlent* pour aller le plus vite possible à l'essentiel, soit le rétablissement d'une communication satisfaisante pour favoriser la résolution du conflit entre les parties.

S'il est habile en rhétorique, le médiateur sait d'autant mieux faire passer les idées qui permettent aux parties de relâcher la pression qu'elles exercent à la fois sur elles et sur les autres. Les métaphores et petites histoires dignes des fabulistes ont précisément cette qualité qu'elles amènent les personnes à se détacher de leur problématique pour la considérer autrement.

L'un des intérêts de cet exposé a été de présenter des outils permettant aux parties de s'intéresser plus au fonctionnement de chacun qu'à son comportement. Il s'agit bien de distanciation, mais nous reverrons ce sujet qui intéresse aussi beaucoup le médiateur dans le quatrième exposé.

L'exposé suivant est l'occasion d'approfondir certaines implications philosophiques et les aspects pédagogiques de la médiation.

La position du médiateur

exposé 3

Le positionnement du médiateur doit faire l'objet d'une réflexion approfondie. J'ai déjà abordé ce sujet précédemment. Dans les deux exposés que je viens de faire, nous avons étudié différentes sources d'inspiration de la médiation, son voisinage avec la conciliation et avec la négociation. Nous avons vu les conséquences multiples du fatalisme fonctionnel que Diderot a si merveilleusement illustré avec son *Jacques le fataliste.* Ici, je voudrais vous entraîner sur une réflexion pratique relative au positionnement du médiateur. Nous irons donc à la croisée des chemins de la philosophie et de la pédagogie. Vous ne vous étonnerez pas que je prenne les auteurs grecs comme références, et parmi eux Pythagore, à qui l'on doit le mot de philosophie, Platon et Socrate. Mais je commencerai par René Descartes.

1. Philosophe d'hier, médiateur aujourd'hui ?

Dans son *Discours de la méthode* pour conduire sa pensée, René Descartes attire notre attention sur une certitude largement répandue et qui intéresse tout particulièrement les médiateurs :

« Le bon sens est la chose du monde la mieux partagée. Chacun pense en être si bien pourvu que ceux qui sont les plus difficiles à contenter en toute chose n'en désirent pas davantage. »

Il ajoute à ces deux premières phrases :

« En quoi il n'est pas certain que tous se trompent. Cela témoigne plutôt que la puissance de bien juger et de distinguer le vrai, qui est ce qu'on nomme le bon sens ou la raison, est naturellement égale chez tous les hommes. »

Dans le même ordre d'idée, si l'on en croit les personnes que l'on peut interroger à ce sujet, l'inclination à la médiation est très commune. Bien interroger, à la manière de Socrate, tout le monde s'accorde pour dire qu'il n'aime pas les conflits. Autour de soi, chacun préfère la bonne entente, la sympathie et la non-agression. Mais si tout le monde est certainement médiateur dans l'être, il manque à chacun les compétences.

Médiateur dans l'Être et agir en médiateur

Mais c'est effectivement une chose de se penser médiateur et une autre que d'agir en médiateur. C'est l'éternel fossé entre l'intention et l'action.

Le professionnel de la médiation ne doit pas se satisfaire de son penchant naturel et de sa conviction d'avoir du bon sens. Il ne doit pas faire l'impasse d'une réflexion sur son positionnement philosophique. Faute de conduire cette réflexion et de maîtriser les concepts qui la rendent applicable, il abandonnera vite ce chemin que par incompétence il aura trouvé illusoire.

Par ailleurs, en plus de cette réflexion sur les implications de cette démarche de médiation dans sa propre vie, le médiateur doit maîtriser des techniques pédagogiques, faites de compétences en rhétorique et de subtilités d'enseignement.

Seule la maîtrise des techniques de médiation et un entraînement intensif lui permettront de contrôler le déroulement du processus de médiation.

Le leurre d'un marché très ouvert

Pour les uns[1], la médiation devrait être un service gratuit ou être prise en charge par un système de revenu ou peut-être de taxation, afin d'assurer jusqu'à l'indépendance financière des médiateurs. Pour les autres, la médiation est une prestation qui s'inscrit sur le marché et sa garantie est dans la qualité de la formation des médiateurs.

Le marché est donc très ouvert. Et c'est précisément son ouverture qui fait que ce nouveau marché est trompeur. Il semble d'un accès facile, ouvert à tous. À juste titre, il exerce un fort attrait.

Pourtant, on ne devient pas médiateur avec plus de facilité que l'on devient pilote de ligne ou peintre en bâtiments. En plus d'une formation et d'une pratique, on le verra, il vaut mieux être motivé. Ce ne sont pas les subventions qui vont garantir la qualité du médiateur et de la médiation.

La motivation est ici aussi un critère de sélection : on ne fait pas de la médiation seulement pour gagner de l'argent, pour s'occuper l'esprit ou désennuyer sa retraite.

Pour être médiateur, il ne convient pas non plus de jouer la personnalité effacée ou le bon confesseur. Il ne suffit pas de préférer la paix à la guerre. Il ne convient pas non plus de se positionner comme un maître du jeu ou un médecin des âmes.

Il convient d'avoir appris à être neutre. La neutralité a cependant une limite : il convient aussi de maintenir un engagement, celui

1. Voir Jean-François Six, *Dynamique de la médiation*, éd. Desclée de Brouwer, 1998.

de la médiation. C'est la raison pour laquelle les professionnels qui s'organisent dans ce domaine ont élaboré des chartes déontologiques. En cela, nous pouvons identifier un paradoxe : la neutralité du médiateur s'arrête là où commence le débat sur la philosophie de la médiation. Ici, plus de neutralité, mais un engagement.

Comment imaginer arriver totalement neutre face à une situation conflictuelle, alors que l'idée qui anime le médiateur est que le conflit peut se résoudre autrement que par les rapports de force ? La neutralité, à peine imaginée, n'est-elle pas déjà entamée ?

Ainsi, ce troisième exposé a pour intérêt d'ouvrir des pistes de réflexion sur le rôle philosophique et pédagogique du médiateur. Nous allons examiner ici différentes manières de considérer un conflit et présenter des outils pour approcher la dynamique des conflits.

Paradoxe de la médiation

Le point de vue du médiateur existe. Il est clair et affirmé, ce qui en matière de neutralité, nous venons de l'évoquer, n'est pas évident.

La notion de neutralité est très délicate et nécessite des considérations plus larges. Elle se réfléchit. Elle se mûrit, c'est pourquoi j'y reviendrai plus loin.

La neutralité est malheureusement souvent associée à l'idée du *laisser-faire* : être neutre signifie pour certains ne pas intervenir en cas de conflit ; c'est *ne pas s'impliquer,* ne pas chercher *à départager.* En réalité, c'est encore différent.

Certains imaginent qu'il suffit de laisser les gens parler, et de leur faire baisser le ton quand *c'est nécessaire.* De ce point de vue, la neutralité est négative : elle est un moyen de protection des états émotionnels du tiers prétendument neutre. Elle fait courir le risque d'un échec de la médiation. Ainsi, un expert judiciaire m'a raconté sa première médiation :

■ Une affaire de voisinage. Classique. À un moment donné, j'ai quand même dû hausser le ton pour ramener le calme dans le bureau... Finalement tout s'est bien conclu : un protocole a été signé.

Quelques jours plus tard, le protocole est dénoncé par les parties. L'expert m'avoue alors sa crainte d'avoir sa responsabilité professionnelle engagée, parce qu'il n'avait pas pris soin de conseiller aux parties de se faire assister d'un avocat. Son enthousiasme l'avait précipité dans la faute. Plus grave : il apprend que d'autres parties sont concernées par l'affaire. Le protocole les engage à tort.

Fort heureusement, les parties sont à la recherche d'une solution amiable. Elles déchirent le protocole et restreignent leur accord à ce qui les intéresse en propre. Cette fois, les avocats sont de la partie. Ils rédigent le protocole et le médiateur se dégage de cette partie de la résolution du problème dans laquelle il n'avait pas à s'impliquer.

Ainsi, le médiateur apprend qu'il ne doit pas user de son autorité de fonction pour calmer le débat, mais plutôt favoriser l'expression des parties sur ce qui les met en colère. Il apprend qu'il doit rester neutre, contrairement aux avocats qui ont pour vocation de porter la parole de leur client. Il apprend qu'il doit savoir se gérer lui-même avant de prétendre gérer les autres. S'il avait su faire face à l'expression émotionnelle, alors le médiateur n'aurait pas connu cette mésaventure.

La neutralité que j'évoque est une qualité indissociable de la médiation. Elle constitue l'éthique des interventions du médiateur. C'est pourquoi ce professionnel doit avoir pris soin d'informer les parties du fonctionnement de la médiation, préalablement aux entretiens relatifs au conflit. Il le fait lors du tout premier contact. À cette occasion, il définit son positionnement, en tant qu'accompagnateur de la communication.

En même temps qu'il présente les objectifs de la médiation, le médiateur émet des messages dits de « prévention ».

■ Par exemple :

Parfois, lorsque vous expliquerez l'une de vos réactions ou que vous entendrez un propos qui vous déplaira, vous pourriez être à la recherche d'un soutien : je vous l'apporterai en termes de clarification mais pas en termes d'alliance. La médiation vous sera l'occasion de vous exprimer vous-même, dans le cadre des règles de respect que vous aurez adoptées.

Le médiateur doit ainsi se préparer des phrases à sa propre mesure pour informer et « prévenir » les acteurs de la médiation du déroulement du processus.

C'est aussi lors du tout premier entretien que le médiateur vérifie l'adhésion des parties aux principes de la médiation. Pour cela, il doit expliquer les principes et les règles qui régissent sa mission. Son discours n'est pas seulement fait de mots. Son comportement doit témoigner qu'il ne fait pas partie de ces *« cordonniers les plus mal chaussés »*, que l'on rencontre souvent dans le monde hétéroclite de la pédagogie et des relations humaines.

Le médiateur est donc différent et cette différence est l'expression de sa neutralité, une position voulue, choisie et mûrement réfléchie.

S'il existe un paradoxe de la médiation, il réside précisément dans cette position de neutralité. La médiation, outil économique d'une grande rentabilité, est chargée de sens sur le plan philosophique. Le médiateur accompagne certes les parties vers une solution qui leur sera la plus agréable, mais aussi vers celle qui leur sera la moins coûteuse et la plus facile à tenir.

Comme je l'ai déjà évoqué, neutre ne signifie pas une absence d'engagement : le médiateur s'est engagé dans une démarche. Il doit savoir énoncer que son choix est la résolution des conflits par la médiation. Il est donc neutre vis-à-vis des parties, mais il ne l'est pas vis-à-vis des relations humaines.

Cette observation de lui-même doit lui permettre d'identifier la nature de son propre point de vue. Dès lors qu'il accepte d'intervenir, il s'investit dans sa mission qu'il va mener à bien.

Si un doute s'immisce quant à la pertinence de son intervention, il introduit le ver dans le fruit. Néanmoins, il peut l'annoncer pour attirer l'attention des parties sur la difficulté qu'il ressent.

Cela aussi peut consister en un *aveu stratégique.* En avouant son doute, il peut déclencher chez les parties une motivation à l'aider à les aider.

En tout cas, force lui est de reconnaître qu'il fait partie de ceux qui considèrent que les conflits peuvent trouver des solutions par la discussion, tandis que d'autres ont une pratique constante de la contrainte. Son positionnement est donc un choix réel, un choix de conscience dont la mise en pratique engage également ceux qui font le même choix que lui.

2. Philosophie et pédagogie

Plus on a d'information, plus on est relativement ignorant, et plus on a encore besoin de plus d'information.[2]

L'allégorie de la caverne illustre un nombre considérable de situations.

Tout d'abord, je souhaite faire un point sur le vocabulaire, ce qui, en matière de communication, a son importance : ce n'est pas le *mythe de la caverne,* mais l'*allégorie de la caverne.* À savoir qu'une allégorie est une figure de rhétorique qui nous permet d'apprendre, c'est une image pour l'esprit ; un mythe est un récit légendaire et fabuleux qui met en scène des personnages à qui l'on attribue des origines divines, des pouvoirs spéciaux ou des actions extraordinaires. Cette allégorie est faite pour apprendre des choses très concrètes, certes pour l'esprit, mais néanmoins très applicables dans la vie quotidienne.

À savoir encore que la lecture que je propose de l'allégorie de la caverne, si elle ne correspond pas à ce qu'on en raconte dans les écoles, est très rigoureuse. Je ne m'en tiens qu'au contexte qui est celui de nos attitudes et comportements relativement à l'instruction et à l'ignorance.

Pour s'imprégner de l'allégorie de la caverne, je conseillerai de prendre le texte que je cite plus loin, d'aller se promener dans quelques endroits tranquilles, à l'écart du bruit et des bavardages, et de s'en faire une lecture à haute voix.

De même, je conseillerais au formateur qui l'utiliserait dans son séminaire de faire circuler le texte en lecture publique et à haute

2. Paradoxe de l'information, selon José Ortéga y Gasset, cité par Louis Toupin, *De la Formation au métier*, ESF éditeur, 1995.

voix. D'abord l'exercice permet de délier les langues en restant centré sur le sujet qui nous intéresse, ensuite cela fait un bon exercice d'intervention publique et enfin, cela permet de s'arrêter, reprendre et revenir en arrière en intégrant les commentaires et en distrayant tout le monde qui s'identifie d'autant mieux à ce qui est proposé par l'auteur de cette fabuleuse situation des prisonniers d'une demeure souterraine.

L'allégorie de la caverne nous fait remonter le temps de 2 500 ans environ. Ne soyons donc pas pressés.

D'ailleurs, en matière de médiation, l'urgence est de ne pas bâcler. Il est intéressant d'aborder cette leçon de philosophie sans précipitation. Elle véhicule des principes fondamentaux dans tous les domaines des relations à la vie, aux gens et aux choses, plus encore que ce que je saurais en extraire, ici et dans le cadre même de mes interventions.

Nous voici dans le berceau des légendes et de l'école pythagoricienne. Je vous propose une lecture attentive, une lecture de sens de ce texte qui fait le *Livre VII de la République*, selon Platon.

Où le médiateur doit aussi apprendre l'humilité

Dès cet instant, nous pouvons voir qu'il existe un préalable à cette démarche. Nous sommes dans le cadre même d'une médiation, appliquée à la transmission d'un savoir.

Ce préalable, je l'évoquais précédemment : il nous faut prendre en considération qu'il existe un texte et un lecteur.

Le lecteur peut très bien se dire qu'il a déjà connaissance du texte et ne pas voir l'intérêt de se replonger dans ce qu'il va considérer comme un exercice de philosophie digne de la classe de première ou de terminale. Charge donc au médiateur de prévenir le lecteur que ce type de pensées peut constituer un obstacle à une nouvelle découverte. C'est la phase de déparasitage, essentielle en toute matière.

Cette notion d'obstacles, et de leur dépassement, est, en matière de médiation, une notion incontournable. Il va donc s'agir pour le médiateur d'engager une première discussion avec le lecteur sur le thème des règles de prise en compte de l'autre, de son expérience, de ses croyances et de ses certitudes anticipées.

C'est le moment de dire, selon tous les registres sur lesquels je reviendrai lors de l'exposé sur les stratégies de communication :

– *vous pouvez penser que... (pour parler à celui qui se parle en lui-même)* ;

– *vous pouvez imaginer que.. (pour envoyer une image à celui qui se fait un film intérieur)* ;

– *vous pouvez croire que ... (pour celui qui fonctionne plus selon des sentiments).*

Autant de débuts de phrases à compléter selon votre public et le sujet à aborder.

Après cela, il va devenir possible de lancer le sujet, en soulignant cependant que le lecteur va entrer dans sa lecture avec justement tous ses bagages – toute sa propre histoire – et l'associer à la situation proposée. Il va entrer dans le texte avec tout son discours intérieur, fait de doutes et de convictions.

Ainsi, dès maintenant, nous devons considérer la conscience comme indissociable de la démarche de médiation. En effet, c'est à la conscience que le médiateur fait appel dans le cadre de la médiation. Sans conscience, pas de médiation.

D'ailleurs, c'est ainsi que commence l'allégorie de la caverne : par une introduction concernant la manière de se prédisposer à la découverte des choses et des idées. Socrate en appelle à la conscience, faite de références à l'expérience personnelle, de qualité de compréhension, de représentation, d'analyse et d'implication de son auditeur. Il en appelle même à sa bonne foi fondamentale.

« Représente-toi de la façon que voici l'état de notre nature… »

Il s'agit encore d'une invitation que les philosophes *préchristianiques* adressent à leur auditoire de l'époque et, grâce à Platon, à ceux des siècles à venir. Une invitation à se représenter de manière visuelle et active la relation à l'apprentissage et à toutes les relations d'autorité et de dépendance. Comment apprend-on ? Comment enseigne-t-on ? Quelles sont les différentes formes d'apprentissage et d'enseignement ? Quelles en sont les interactions ?

Quatre grandes questions peuvent accompagner le cheminement de cette pensée philosophique :
- savoir que l'on sait, croire que l'on sait,
- savoir que l'on ne sait pas,
- ne pas savoir que l'on sait,
- ne pas savoir que l'on ne sait pas.

Le philosophe sait qu'il sait. Il sait qu'il ignore. Ce savoir est celui de sa conscience. Son parcours lui a fait découvrir que la position mentale de l'apprentissage, de la découverte, est dans la quatrième question. Pour être réellement à l'écoute, il doit adopter la position de celui qui ne sait pas qu'il ne sait pas.

Ces quatre positionnements de la relation du savoir et de l'ignorance doivent être pris en compte par le médiateur, surtout lorsqu'il présente une idée dont il observe l'impact parfois fulgurant sur une personne qui comprend soudainement quelque chose :

1) tant que la personne agit en ignorant qu'elle ne sait pas : elle se sent spontanée ; elle est maladroite sans le savoir et se sent dépendante des interférences extérieures. Mais elle se sent naturelle et généralement le fatalisme fonctionnel est un mode d'expression qu'elle pratique beaucoup ;

2) lorsque la personne découvre qu'elle agit sans savoir : elle se sent bloquée ; elle est maladroite en le sachant et se sent affaiblie. Elle peut en vouloir à celui qui lui a montré son ignorance ;

3) la personne agit en sachant qu'elle sait : elle se sent maladroite, parfois plus sûre d'elle, mais éprouve un inconfort dans sa manière d'agir. Elle peut aller jusqu'à regretter son ignorance passée.

Avant de poursuivre sur le quatrième positionnement, je voudrais que nous soyons attentifs à la réaction des personnes lorsqu'elles apprennent quelque chose qui aurait pu changer leur vie, si elles l'avaient su plus tôt.

Dans les deux positions précédentes, les personnes peuvent se comporter comme les prisonniers qui sortent de la caverne : ils critiquent celui qui a rompu les chaînes.

Nietzsche – qui se désespérait quant à la capacité des hommes à apprendre – écrivait de manière catégorique :

« ...si on rend la vue à l'aveugle, il voit trop de choses mauvaises sur terre : de sorte qu'il maudit celui qui l'a guéri. Et celui qui donne des jambes au paralytique lui fait grand tort, car à peine a-t-il des jambes que ses vices en ont aussi... 3 »

Le médiateur peut être exposé à ce genre de récrimination lors de la présentation de la médiation et au moment où il définit les règles ; le risque existe.

Lorsque les personnes ont accumulé beaucoup de ressentiment à l'égard de la partie adverse, le risque est encore plus fort.

L'expérience du rejet est très désagréable. On imagine que l'on ouvre gentiment une porte. La personne qui attendait debout vient s'asseoir et dit : *« Enfin, c'est pas trop tôt, mais votre siège n'est pas très confortable. »*

Vous-même, que répondriez-vous :

– *Vous avez raison, il y a mieux mais c'est plus cher.*

– *Vous pouvez aller voir ailleurs tout de suite.*

– *Vous pourriez être poli et commencer par dire bonjour.*

– *Vous commencez plutôt mal notre relation, pas étonnant que...*

– *Vous avez attendu trop longtemps et vous êtes agacée.*

Le cinquième positionnement est le plus efficace. Mais ce n'est pas celui-ci qui vient tout naturellement. Comme le fait observer Alain, on a d'abord appris à répliquer, puis on a appris à penser, si bien que les réflexes sont plus dans l'agressivité, même si on la retient et qu'en ce cas elle se retourne contre soi.

Celui qui aide et s'investit dans son action apprécie d'être reconnu, et c'est ici que le médiateur apprend l'humilité. Il doit savoir prendre de la distance, en identifiant que les propos critiques qui lui sont adressés expriment plus de plainte que de récrimination à son égard. Il doit savoir entendre le regret qui est sous les mots désagréables.

3. Nietzsche, *Ainsi parlait Zarathoustra*, éd. 10-18, 1994, p. 129

Dès qu'il entend le sens réel des mots (dans l'exemple de tout à l'heure : impatience et agacement dus à de l'angoisse), il peut faire rebondir la discussion pour permettre à la personne d'être plus positive et d'exprimer plus justement la cause de son comportement.

Selon la situation et ce qu'il écoute, il doit reformuler le propos en positif, ou bien recadrer sur le sujet ou l'objectif, ou encore recentrer sur la personne. Dans la partie de la formation qui permet de travailler sur les outils, nous verrons concrètement la formulation des messages efficaces.

Quatrième positionnement : la personne oublie qu'elle a appris, elle acquiert de la spontanéité. Elle se sent à l'aise. Souvent, malheureusement, elle a aussi oublié qu'elle doit encore apprendre. Parfois, elle préfère ne pas apprendre de nouveau parce que la leçon précédente lui a été trop pénible.

Ces quatre positionnements sont valables dans tous les contextes de découverte et d'apprentissage.

J'ai vu beaucoup de personnes qui ont appris ces phrases en imaginant que leur répétition leur assurait une ouverture de la conscience, comme une prière ouvrait les portes du paradis. Certes, elles ont trouvé la leçon très bonne, elles ont perçu la lumière au loin, mais tout cela ne reste qu'une veilleuse en elles et la flamme vacille plus qu'elle n'éclaire leurs comportements.

Cette démarche de la conscience à la quatrième étape est parfois comparée à la position naturelle de l'enfant qui *ne sait pas qu'il ne sait pas*. La comparaison est abusive. Ici, nous avons la conscience de la position adoptée, là l'expérience de la conscience n'existe pas : la différence est donc telle que la comparaison est trompeuse.

Ainsi, l'allégorie de la caverne indique au médiateur comment utiliser son savoir. Les repères qu'il retire de cette étude de situation doivent lui permettre de ne pas se laisser tromper par manque de vigilance.

Très rapidement, l'allégorie met en scène différents personnages : après les prisonniers, le philosophe entre et rompt les chaînes de l'un d'entre eux.

Un homme se lève. Il a mal. Comment peut-il marcher, lui qui n'a jamais su ? Comment peut-il bouger les membres qui sont restés atrophiés ? Si vous voyez bien la situation, certains prisonniers ne pourront jamais sortir de là, c'est clair.

Celui-ci est libéré de ses a priori et préjugés qui enserraient son imagination dans un carcan. Puis, de retour, il devient le véhicule des idées qui provoquent les changements. Nous saurons identifier ici différents comportements de médiateur, notamment l'art de faire comprendre un mécanisme devenu évident pour soi et complètement surréaliste pour les autres.

En effet, au passage et dans ce contexte, il nous faut revoir l'idée que nous avons du philosophe de cette époque sous la définition du médiateur d'aujourd'hui.

Nous verrons que l'attitude de ce médiateur du savoir et de la sagesse consiste à accompagner, à faire découvrir les choses et les idées, à les faire se révéler sous un jour nouveau aux yeux de celui qui va sortir de la caverne, ce qui est précisément, comme nous l'identifierons plus tard, le rôle que va s'assigner le médiateur contemporain. Celui-ci accompagne les personnes vers la sortie du conflit. Peu importe le chemin et ses embûches, il accompagne et facilite l'accès. On le verra dans un rôle souvent effacé, mais déterminé, la main ferme et rassurante.

Avant d'aller plus loin, je soulignerai une différence notable entre la sortie des prisonniers de caverne et le processus de la médiation : dans l'allégorie, aucun prisonnier n'est volontaire pour changer ses conditions de vie. En médiation, les personnes doivent être volontaires pour mettre un terme à la dynamique du conflit, parce qu'elles sont conscientes qu'elles pourraient faire autrement sans savoir comment faire.

Ainsi, lorsqu'une personne participe à une médiation, c'est qu'elle se dit « je sais que je ne sais pas. », sans en tirer la déduction abusive d'un faux savoir.

Comme je l'évoquais tout à l'heure, il arrive que des juges imposent la médiation et, dans ce cadre, nous nous trouvons en effet dans la situation de la sortie de la caverne. Des différences subsistent encore : le juge désigne un tiers et charge celui-ci de développer son art.

Pour entrer dans cette histoire, nous allons nous figurer deux jeunes hommes qui refont l'organisation sociale depuis plusieurs heures, Socrate et Glaucon. Il fait nuit et ils sont installés dans une maison, à proximité d'Athènes. Socrate a déjà abordé de multiples questions et il en vient à la question de la formation de ceux qui doivent accompagner la résolution des problèmes auxquels sont naturellement confrontés les gens dans la cité :

■ « Maintenant, dit Socrate, représente-toi de la façon que voici l'état de notre nature relativement à l'instruction et à l'ignorance.

Imagine des hommes dans une demeure souterraine ayant sur toute sa largeur une entrée ouverte à la lumière[4]. Ces hommes sont là depuis leur enfance. Ils ont les jambes et le cou enchaînés, de sorte qu'ils ne peuvent bouger ni voir ailleurs que devant eux. La chaîne les empêche de tourner la tête. La lumière leur vient d'un feu allumé sur une hauteur, au loin derrière eux. Entre le feu et les prisonniers passe une route élevée. Le long de cette route est construit un petit mur, pareil aux cloisons que les montreurs de marionnettes dressent devant eux, et au-dessus desquelles ils font voir leurs merveilles.

Je vois cela, dit Glaucon.

4. Phérécide et Pythagore – à qui l'on doit certainement cette célèbre allégorie de la caverne – étaient connus pour dispenser certains de leurs enseignements dans ce type de lieux.

Figure-toi maintenant, derrière ce petit mur, des hommes portant toutes sortes d'objets qui dépassent le mur : des statuettes d'hommes et d'animaux, en pierre, en bois, et en toute espèce de matières. Naturellement, parmi ces porteurs, les uns parlent et les autres se taisent.

Un étrange tableau et d'étranges prisonniers, s'écrie Glaucon.

Ils nous ressemblent, répond Socrate. Penses-tu qu'ils aient jamais vu autre chose d'eux-mêmes et de leurs voisins que les ombres projetées par le feu sur la paroi de la caverne qui leur fait face ?

Et comment, observe Glaucon, puisqu'ils sont forcés de rester la tête immobile durant toute leur vie !

Et pour les objets qui défilent, n'en est-il pas de même ?

Sans contredit.

Si donc ils pouvaient s'entretenir ensemble ne penses-tu pas qu'ils prendraient pour des objets réels les ombres qu'ils verraient ?

Certainement.

Et si la paroi du fond de la prison avait un écho, chaque fois que l'un des porteurs parlerait, croiraient-ils entendre autre chose que l'ombre qui passerait devant eux ?

Non, par Zeus, dit Glaucon.

Assurément, reprend Socrate, de tels hommes ne peuvent attribuer de réalité qu'aux ombres des objets. Et maintenant, imagine ce que pourrait provoquer une délivrance. Imagine qu'on délivre un prisonnier, qu'on le force à se dresser, à tourner le cou, à marcher, à lever les yeux vers la lumière ; imagine qu'on le projette soudainement face à tout ce qu'il ignore, à tout ce que son esprit n'a probablement pas même pu imaginer...

En faisant tous ces mouvements, ne souffrira-il pas ? Pourra-t-il distinguer les objets dont tout à l'heure il voyait si nettement les ombres ? Que crois-tu qu'il répondra si quelqu'un lui dit qu'il n'a vu jusqu'alors que de vains fantômes et qu'à présent, plus près de la réalité et tourné vers les objets réels, il voit plus juste ? Comment réagira-t-il si on lui montre chacune des choses et qu'on l'oblige, à force de questions, à nommer l'objet qui projetait une ombre ? Ne crois-tu pas que pour lui la réalité pourrait avoir tous ces reliefs ? Ne penses-tu pas qu'il sera embarrassé, et que les ombres qu'il voyait tout à l'heure, cette réalité qu'il a toujours connue, lui paraîtront nécessairement plus vraies que les objets qu'on lui montre maintenant ?

Et si on le force à regarder la lumière elle-même, ses yeux n'en seront-ils pas blessés ? N'en fuira-t-il pas l'éclat pour retourner aux choses qu'il peut regarder, et ne croira-t-il pas que ces dernières sont réellement plus distinctes que celles qu'on lui montre et dont la nature lui fait violence ?

Et si on enlève résolument l'un de ces prisonniers à ses entraves, qu'on lui fasse gravir la montée rude et escarpée, et qu'on ne le lâche pas avant de l'avoir conduit jusqu'à la lumière du soleil, ne souffrira-t-il pas vivement, et ne se plaindra-il pas de ces violences ? Lorsqu'on sera parvenu à le hisser jusqu'à la lumière, pourra-t-il, les yeux tout éblouis par son éclat, distinguer une seule des choses que maintenant nous appelons vraies ?

Il ne le pourra pas, répond Glaucon, du moins dès l'abord.

Il aura besoin d'habitude pour voir les objets. Il commencera par distinguer les ombres. Puis il leur associera des silhouettes. Ensuite il verra les objets eux-mêmes. Après cela, il pourra affronter la clarté de la lune et des étoiles.

À la fin, j'imagine, ce sera le soleil – non les reflets de cet astre – le soleil lui-même qu'il pourra contempler tel qu'il est.

Après tout cela, il en viendra à conclure au sujet de la lumière que c'est elle qui, d'une certaine façon, est la cause de tout ce qu'il voyait avec ses compagnons dans le souterrain.

Évidemment, approuve Glaucon ; c'est à cette conclusion qu'il arrivera.

Et qu'en sera-t-il de ses souvenirs de sa première demeure, de la sagesse que l'on y professe, et de ceux qui y furent ses compagnons de captivité ? Ne crois-tu pas qu'il se réjouira du changement et plaindra ces derniers ?

Si, certes.

Et si dans la caverne, la tradition était de décerner honneurs et louanges pour celui qui saisissait de l'œil le plus vif le passage des ombres ? Si l'on attribuait des récompenses à qui se rappelait le mieux les formes qui aient coutume de venir les premières ou les dernières, ou de marcher ensemble, et qui par là était le plus habile à deviner leur apparition, penses-tu que notre homme serait jaloux de ces distinctions qu'il enviait peut-être lorsqu'il était lui-même dans ces chaînes et carcans ? Penses-tu que notre homme jalouse ces distinctions et qu'il puisse envier ceux qui parmi les prisonniers sont peut-être les plus honorés et puissants ? Ou bien, comme le héros d'Homère, peut-être préférera-t-il être le valet d'un laboureur plutôt que de revenir à son ancienne condition, avec ses croyances qu'il considère certainement comme consternantes ?

Je suis de cet avis, dit Glaucon. Notre homme libéré préférera une vie de labeur aux chaînes qui l'entravait initialement.

Imagine encore que cet homme redescende dans la caverne et aille s'asseoir à son ancienne place. Ce chemin inverse ne sera-t-il pas également difficile ? N'aura-t-il pas les yeux aveuglés par les ténèbres en venant du plein soleil ?

Assurément si, dit Glaucon.

Et s'il lui faut entrer de nouveau en compétition, pour juger ces ombres, dans le moment où sa vue est encore confuse et avant que ses yeux se soient remis (or l'accoutumance à l'obscurité nécessite un temps assez long), ne prêtera-t-il pas à rire à ses dépens ? Ne diront-ils pas, eux qui n'ont point quitté leurs chaînes, que là où il prétend être allé cela ruine la vue et brouille l'esprit, de sorte que ce serait pure folie d'y aller ? Et si quelqu'un tente de les délivrer et de les conduire en haut, et qu'ils le puissent tenir en leurs mains et tuer, que crois-tu qu'ils feront, ne le tueront-ils pas ?

Sans aucun doute.

Maintenant, mon cher Glaucon, il faut appliquer point par point cette allégorie à notre vie. Il nous faut l'appliquer à la relation que nous avons lorsque nous découvrons les choses, lorsque nous apprenons ou que nous enseignons, lorsque nous participons à un projet, que nous dirigeons ou que nous appliquons une décision.

Un homme sensé se rappellera que les yeux peuvent être troublés de deux manières et par deux causes opposées : le passage de la lumière à l'obscurité et celui de l'obscurité à la lumière.

Lorsqu'il verra quelqu'un qui sera troublé, il ne rira pas sottement de cet embarras, mais examinera plutôt si, venant d'une vie plus lumineuse, cette personne est par faute d'habitude, offusquée par les ténèbres, ou si faisant le premier chemin, ses yeux ne sont pas éblouis par l'éclat de la lumière.

Le présent discours montre que chacun a la faculté d'apprendre. Mais lorsqu'il ne sait pas qu'il peut le faire, qu'il ignore qu'il est confronté à un problème ou qu'il n'imagine même pas qu'il puisse se sortir d'une situation, l'éducation est cet art qui consiste à l'amener dans la bonne direction.

Les savoirs dans ce domaine, comme l'habileté du corps, s'acquièrent par l'habitude et l'exercice.

Aujourd'hui, nous pourrions réécrire la situation en plaçant nos prisonniers dans un cinéma, le corps enserré dans un fauteuil, et sous perfusion.

Grâce à cette histoire, nous pouvons avoir une réflexion très riche et en tirer des conséquences qui peuvent ébranler bien des certitudes et convictions profondes.

Voici une personne à qui l'on donne la meilleure des solutions pour vivre mieux et librement, et elle la rejette, et préfère ses entraves d'origine.

Voici une personne à qui l'on montre le bon chemin et elle se rebelle.

Voici des personnes à qui l'on dénonce l'erreur où elles sont depuis toujours et elles n'en ont nulle reconnaissance et préfèrent garder leurs croyances.

Les résistances à la résolution d'un conflit sont du même ordre que les obstacles à l'apprentissage. Parce que je le répète sans vergogne, résoudre un conflit, c'est apprendre ou réapprendre. En voici quelques-uns de ces obstacles auxquels nous ne prêtons jamais suffisamment d'attention : les croyances, les convictions, les certitudes, les craintes, les expériences non intégrées, les échecs, les déceptions, les jugements sur soi, les comparaisons…

La liste est longue.

Mais pour la présentation de la médiation il y a trois types d'obstacles à prendre en compte. Certains se conjuguent au futur, d'autres au passé et les troisièmes au présent :

– ***les certitudes anticipées*** : *je sais déjà, on me l'a déjà dit, j'ai déjà entendu ça…* Ce genre de propos peut faire croire au médiateur que son discours est surfait, mais qu'il vérifie alors et demande à la personne de lui expliquer, il pourra éventuellement acquiescer ou compléter ;

– ***les expériences non intégrées et les regrets*** : *hé oui, si j'avais su ça plus tôt, si on me l'avait dit, si je l'avais compris avant, si seulement je m'étais écouté ou que j'avais écouté les autres…* Ce genre de propos annonce la litanie des regrets. Il peut mettre le médiateur en position d'inconfort, lui suggérant que son discours est trop violent, comme la lumière crue sur les yeux du prisonnier. Il doit reformuler et rappeler l'objectif.

– ***la précipitation mentale*** : *ça y est, j'ai tout compris… Bien sûr, c'est évident, bon, j'en ai assez entendu, on peut avancer plus vite…* Ce genre de propos peut semer le doute dans l'esprit du médiateur.

Ne nous précipitons donc pas. Prenons le temps de suivre le philosophe qui nous parle au travers des âges ; les sentiers de la sagesse sont d'un tel réalisme qu'en dépit de leur apparence tortueuse ils nous semblent très accessibles. Et là encore, c'est trompeur.

Finalement, nous sommes nombreux à monter. Nous trouvons toujours ici et là des aires de repos déjà aménagées par des prédécesseurs.

Nous sommes également nombreux à nous dévouer pour descendre. Arrivés en bas, nous sommes tout aussi nombreux à renouer avec certaines de nos anciennes difficultés, doublées de notre ambition de faire passer le message.

Lorsque nous oublions nos propres difficultés ou que nous ne concédons pas aux autres le droit d'en avoir des très différentes, la tâche devient pénible. C'est là que germent en nous les mots désillusionnés de Nietzsche si l'on redonne la vue à l'aveugle.

L'allégorie de la caverne est, avec l'allégorie d'Edwin A. Abbott, Flatland[5], l'une des plus riches d'enseignement pour les médiateurs. Dans cette autre histoire qui a pour théâtre vivant le monde géométrique, nous y découvrons notamment la relation aux limites de l'action d'aide.

Le formateur qui intervient dans le cadre d'une formation de médiateurs peut ici demander aux participants de produire leur propre allégorie. La mise en commun de l'histoire produite par chacun est très enrichissante ; elle facilite la prise de conscience des interactions entre le médiateur et les acteurs de la médiation ; elle renforce l'intégration des différentes conséquences et leur anticipation.

Tout le monde ne veut pas se faire aider. On ne contraint personne dans ce domaine. La contrainte est un risque majeur qui entraîne plus sûrement l'échec de la médiation.

On peut effectivement produire des théories idéalistes sur ce sujet. Dans la pratique de la médiation, il s'agit d'être directement opérationnel : la médiation se propose, mais ne saurait être imposée. Ainsi, en matière judiciaire, lorsque le juge rend une décision de médiation, celle-ci ressemble le plus souvent à une conciliation.

Néanmoins bien intentionné, mais découragé comme le Zarathoustra de Nietzsche, par certaines attitudes, le médiateur pourrait se laisser entraîner par une vague de jugements et le souffle du fatalisme. C'est ce qui se passe lorsqu'il manque d'entraînement dans la conduite des entretiens de médiation, ses limites sont d'autant plus proches.

C'est pourquoi l'exposé qui suit est entièrement consacré à l'acquisition d'un modèle non jugeant. Il a pour objectif de fournir des repères pour comprendre la communication d'une personne. Il permet de cerner les composantes de la motivation dans des rapports conflictuels et d'identifier la réalité des intentions (démêler le vrai du prétendu).

Enfin, l'appropriation de cette réflexion doit permettre au médiateur de savoir présenter des reflets justes et dynamisants. Il doit savoir restituer un discours et des comportements qui permettent aux parties de voir la permanence de leur propre bonne volonté réciproque.

5. E. A. Abbott, *Flatland*, éd. Anatolia, 1996.

Mais sorti de là, le médiateur doit aussi savoir ne pas tomber dans un travers que les psychologues connaissent bien : celui de l'enfermement dans un style, le recours à des grilles d'observation et d'analyse et un certain type de comportement. S'ils ne sont pas vigilants, ils perdent en compétence ce qu'ils gagnent en habitude. Les exercices que je propose à ce sujet sur les conséquences des habitudes concernent tout autant les médiateurs que les autres personnes.

La maîtrise d'un modèle non jugeant

exposé 4

Aujourd'hui encore certains professionnels s'éclairent à la bougie alors qu'ils pourraient se faire installer l'électricité...

1. Comprendre le fonctionnement humain

Pour le médiateur, il existe un certain nombre de règles d'or. La première est de ne pas juger. Le jugement ne fait pas partie de sa pratique, qu'il s'agisse du jugement relevant de l'attribution du juge ou de cette forme hâtive de la critique dans les relations.

C'est pourquoi nous proposons cette appropriation d'un modèle non jugeant.

En effet, un médiateur doit pouvoir se repérer très facilement dans la jungle de la motivation humaine. Il doit aussi avoir une conscience précise de sa manière d'approcher les personnes, de les apprécier, de les analyser, pour savoir notamment distinguer ce qui est de la réalité (ce qui fait réellement l'autre), et ce qui est le fruit plus ou moins fantaisiste de sa construction personnelle (ce que le médiateur projette sur l'autre).

Chacun a des raccourcis parfois très caricaturaux pour se représenter une personne. Lorsque je pense à quelqu'un, une idée s'impose d'une manière plus ou moins claire et l'idée qui s'est formée en moi tend à définir la personne. Ce phénomène réducteur conduit à situer ma perception de la relation, réelle ou imaginaire avec cette personne, sur une échelle comportant plusieurs graduations, de type :

- j'aime, je n'aime pas;
- j'approuve, je n'approuve pas;
- je suis en accord, je ne suis pas en accord;
- je tolère, je ne tolère pas...

Les nuances peuvent être nombreuses. Quelle que soit l'origine de la grille de référence – une pratique ou une théorie – cette forme d'approche représente un phénomène parasite dans l'écoute d'un propos.

Imaginons la situation suivante : vous avez fait une carrière militaire et vous apprenez qu'une personne qui vous est inconnue jusqu'alors est soupçonnée d'un crime, mais qu'elle a reçu une médaille de bravoure après une intervention de l'armée de son pays. N'allez-vous pas avoir un a priori? Sera-t-il plutôt favorable ou défavorable?

Imaginons maintenant que vous avez souffert d'un père très autoritaire, militaire de carrière, et très décoré; vous êtes expert médico-psychologique désigné par un juge d'instruction et vous avez en face de vous une personne soupçonnée d'un crime. Vous lisez dans les documents que le magistrat joint à votre mission que cette personne a un passé militaire comme celui déjà évoqué. N'allez-vous pas commencer à vous raconter quelque chose sur cette personne et sa manière de se comporter? N'allez-vous pas avoir un autre discours intérieur que précédemment, sans même connaître la personne?

Plus que tout le monde, le médiateur doit savoir se « déparasiter ». Il doit savoir être conscient de son discours intérieur et « couper sa radio mentale ».

Les outils du médiateur doivent lui permettre de se situer au-delà des typologies et des classifications de toute nature et de toute origine. Un médiateur ne peut pas se permettre d'avoir l'esprit obscurci par des parasites de la pensée. S'il s'identifie, il sympathise ou rejette, sa neutralité est tout aussi impossible que celle de l'expert que je citais plus haut. Dans ce domaine, les grilles interprétatives de la psychologie sont inadaptées.

Définition d'une personne

Pour conduire une médiation, il reste essentiel de comprendre les mécanismes de l'escalade conflictuelle. Et lorsque l'on parle de mécanismes, *à qui* ou *à quoi* doit-on attribuer leur manipulation? Leur compréhension peut-elle nous fournir des moyens d'action?

Selon que nous pensons qu'une personne est le jouet du destin ou qu'elle décide des choses, notre intervention en tant que médiateur est inévitablement différente. En conséquence, il est tout aussi important d'identifier comment nous définissons une personne.

Cette recherche sur la motivation humaine nous conduit effectivement à vouloir comprendre comment fonctionne une personne.

En tant qu'expert en matière relationnelle, le médiateur ne peut rien ignorer de cela. Il doit être vigilant sur l'interférence de ces réflexions, de ses connaissances et de ses croyances, de ses valeurs et espérances, et de la validité et de la pertinence des outils qu'il utilise, sur la conduite de la médiation.

Le médiateur doit prendre en compte que sa manière de considérer la vie n'est pas neutre. Il doit être conscient que ses conceptions le représentent et transparaissent dans sa communication. Pour lui plus que pour tout autre, le professionnalisme ne signifie pas qu'il se branche sur un système qu'il débranche ensuite à la fin de sa journée de travail. Professionnalisme, pour lui, doit signifier congruence et cohérence.

En médiation, il s'agit d'accompagner rapidement vers le concret, orienter sans perte de temps vers la recherche de solution. J'insisterai sur ce point : la démarche analytique du médiateur ne présente d'intérêt que si elle est transmissible et opérationnelle, sinon elle ne l'intéresse que pour sa propre communication. Le médiateur est confronté à la contrainte de devoir faire le tri entre ce qui l'intéresse lui, et lui seul, et ce qui est de l'intérêt des parties. Il doit dissocier, et il doit le mettre en pratique sans le montrer.

C'est pourquoi le médiateur doit disposer d'une palette très large pour agir en facilitateur dans la résolution des conflits. Si ses outils alimentent un ensemble d'a priori sur la personne, alors nous pouvons dire que la médiation est déjà bouclée et bâclée.

Et nous constatons qu'en matière de définition d'une personne, chaque modèle fait son temps. Aujourd'hui, l'idée que nous pouvons avoir de la médiation est certainement l'esquisse de la démarche de médiation qui sera opérationnelle dans trente ou cinquante ans.

La manière de percevoir une personne soit sous l'angle « potentiellement malade », soit sous l'angle « sous l'œil critique du Créateur », soit sous l'angle « en permanente évolution », détermine certains types de comportements de la part du médiateur.

Le modèle freudien : une perception obsolète

À l'époque où les connaissances sur le fonctionnement cérébral humain n'en étaient qu'à leur balbutiement, le modèle freudien a créé une rupture avec le fatalisme religieux. Il a permis d'imaginer l'homme acteur de lui-même, en rupture avec l'homme jouet du destin, d'une roue de la fortune, des astres ou d'une volonté divine [1]. Ce modèle a tracé une voie de recherche. Il a constitué une étape décisive quant à la manière de considérer la prise de pouvoir de la personne sur elle-même. Il a cependant été orienté dans une dynamique interprétative où la réalité

1. Cette rupture a été consommée juste après René Descartes, avec le merveilleux livre de Denis Diderot, *Jacques, le fataliste*, dans lequel l'auteur prenait avec beaucoup d'humour le contre-pied de ses propres conceptions.

elle-même n'est devenue qu'un prétexte pour valider le système d'interprétation [2] particulièrement subjectif de cette « discipline ».

La conséquence en est que les approches de médiation conçues sur ces références psychanalytiques et psychothérapeutiques font largement référence à une « nosographie » des causes de conflits et peu à la réalité même. A contrario, l'efficacité d'une intervention en médiation est assurée lorsque les parties ont appris à ne pas reproduire la dynamique conflictuelle, c'est-à-dire qu'elles ont su apprendre à la fois de leur expérience et de celle de l'autre, alors que le modèle freudien, avec son vocabulaire très spécialisé, les classifie, non sans les effets secondaires de la médicalisation : résignation à la maladie et prise en charge.

Or, en matière de médiation, il s'agit bien d'apprentissage, non de guérison; il s'agit d'agir et non de se soumettre; il s'agit de se responsabiliser et non d'attendre que la solution vienne de l'extérieur. C'est pourquoi le modèle plus récent de l'analyse transactionnelle (AT) d'Eric Berne n'apparaît pas plus judicieux. Directement plus métaphorique, le modèle de l'AT est tout aussi psychanalytique et reste un outil à démarche thérapeutique.

Globalement, les outils de la psychologie sont comparables à des loupes : ils permettent de grossir des traits pour mieux les étudier. Les grilles d'analyse sont statiques. Mais en matière de relations humaines, seules les vues d'ensemble conservent leur pertinence et la médiation a besoin de moyens concrets d'intervention. Il faut donc les rechercher ailleurs.

Un modèle physiologiste pour comprendre

> *Voici deux notions, le cerveau et l'esprit, liées en un nœud gordien indénouable, autour duquel tournent les visions du monde, de l'homme, de la connaissance et que l'on ne peut trancher que par un coup d'épée barbare* [3].

Nous le constatons : la perception pathologique de l'être humain *(« nous sommes tous des névrosés »)* ne facilite pas la responsabilisation : pourtant les écoles dans ce domaine sont nombreuses et il est difficile et pénible de démêler l'écheveau de leurs multiples théories. Ici non plus je ne propose pas de trancher, mais leur influence est devenue constante en matière de « développement personnel », de management et en communication d'entreprise, mais aussi, et parfois dramatiquement, dans le système judiciaire, par le truchement des rapports « psy » et restitutions diverses établis par différents professionnels à la demande des magistrats instructeurs. Elles portent un double langage que l'on constate d'ailleurs dans les intitulés de professionnels qui exercent dans ces domaines, à la fois *psychologues, thérapeutes et formateurs.*

2. Voir l'essai de Pierre Debray-Ritzen, *La psychanalyse, cette imposture*, Albin Michel, 1991.
3. Edgar Morin, *La méthode T3*, Le Seuil, 1991, p. 69.

Ici, je renverrai mes lecteurs au travail méticuleux réalisé par Pierre Debray-Ritzen qui, disant combien il lui a été *désagréable de réfuter*, a bien mis en évidence les aberrations de la psychologie, de la psychanalyse et autres approches dont la prétention est de soigner des *maladies du mental*.

Néanmoins, nous retiendrons de la modélisation de *l'homme freudien* que la piste de l'approche individuelle est celle qui nous intéresse pour pouvoir agir efficacement lors des relations conflictuelles. Mais aujourd'hui des véhicules conceptuels beaucoup plus adaptés ont été élaborés qui nous permettent d'avancer dans la recherche des solutions.

Ce que j'ai mis en exergue de cet exposé est valable là aussi : certains utilisent la bougie pour s'éclairer alors qu'ils ont l'électricité à disposition. Ceux-là affirment que la flamme vacillante est meilleure pour percevoir ce qui est de nature obscure. Ils jouent aux magiciens : c'est le règne des ombres dans l'univers de l'interprétation. Tout cela repose peut-être sur certains raisonnements plaisants à l'oreille, une autosatisfaction intellectuelle, quelques démonstrations merveilleuses, une virtuosité dans les jeux de mots évocateurs, mais n'apporte rien à la réalité et est inutile pour accompagner les personnes vers une solution satisfaisante.

Or, le médiateur est un professionnel moderne : ses techniques sont nécessairement opérationnelles et réutilisables par les parties.

Dans ce domaine, les découvertes en neurosciences apportent des moyens nouveaux pour comprendre les mécanismes et les causes des tensions et des conflits et avoir plus d'efficacité d'intervention dans leur résolution.

Trois cerveaux pour une conscience

En 1964, Paul Mac Lean[4] a élaboré un schéma qui peut nous aider à mieux comprendre pourquoi nous réagissons et comment nous fonctionnons. Il s'agit d'une représentation phylogénétique. Elle nous apporte un éclairage sur les instances physiologiques qui président à nos attitudes, à l'élaboration de nos choix et à notre prise de décision.

Appliqué à notre dynamique relationnelle, le modèle dit des « trois cerveaux » ramène les causes de nos tendances conflictuelles à des expressions simples. Celles-ci peuvent d'ailleurs paraître consternantes tant elles retirent de la magie à l'origine de nos sensations, à nos sentiments et à nos émotions, c'est-à-dire à nos attirances, désirs et répulsions et tant elles sont pragmatiques.

4. Neurophysiologiste de Bethesda (Mariland, USA), auteur de *Les trois cerveaux*, éditions Robert Laffont, 1990.

Fondée sur les observations relatives à l'organisation de notre système nerveux et sur ses interactions avec nos comportements, cette représentation distingue trois grandes strates[5] (couches), assises dans notre cerveau, qu'il convient d'aborder comme un tout, parce que *« aucune structure nerveuse ne peut être considérée isolément du point de vue fonctionnel… Les pièces du système nerveux sont maintenues dans une dépendance réciproque »*.

1. La couche la plus profonde et la plus ancienne (deux cents millions d'années) peut être appelée *cerveau reptilien*. Elle est tout à fait comparable en son tissu à celui des reptiles qui nous côtoient toujours et dont nous descendons. Une de ses formations principales est le diencéphale, animateur des pulsions primaires, émotions, etc. Il est dans la suite de la moelle épinière. Il correspond au tronc cérébral, au mésencéphale, à l'hypothalamus et aux ganglions de la base.

Ce cerveau, ajoute Henri Laborit[6], paraît dominer les fonctions instinctives comme l'établissement du territoire, la recherche d'un abri, la chasse, le rut et l'accouplement, l'apprentissage stéréotypé de la descendance, l'établissement des hiérarchies sociales, la sélection des chefs. L'obéissance à ce cerveau primitif est parfaitement illustrée par le comportement de la tortue qui retourne toujours à la même place chaque année pour y déposer ses œufs. C'est un instrument parfaitement inadapté à l'apprentissage d'un comportement différent à l'égard d'une situation nouvelle et inopinée. Le cerveau perfectionné de l'homme s'est bâti sur ces fondations. Le cerveau reptilien a une part certainement importante dans le comportement humain d'obéissance aux rites, aux lois, aux opinions politiques, aux préjugés et au conformisme d'une époque. Le chien, bien que mammifère, lorsqu'il urine sur un réverbère pour délimiter son territoire, obéit à son cerveau reptilien.

Avec Henri Laborit, nous pouvons nous dire qu'il serait intéressant de savoir ce qui subsiste de ce réflexe chez l'homme, dans la notion de propriété, d'appartenance, de culture d'entreprise, de classe, de congrégation, de corporation, d'ordre professionnel ou de patrie… Les comportements que commande le cerveau reptilien sont de nature réflexe et considérés très souvent comme découlant de principes fondamentaux, voire éthiques, liés à la « nature humaine » alors que, s'ils font bien partie de la nature humaine, ils font antérieurement partie de la « nature reptilienne »… Observons enfin que le propre de ce cerveau n'est pas l'explication raisonnable. Comme il est dépourvu de tout langage si ce n'est celui de la réactivité physiologique, les explications fournies par son propriétaire ne sauraient lui correspondre et lui procurer une sensation de compréhension.

5. Pierre Debray-Ritzen, *ibid.*, page 98.

6. Henri Laborit, *L'agressivité détournée*, éd. 10-18, 1970, p. 60-61.

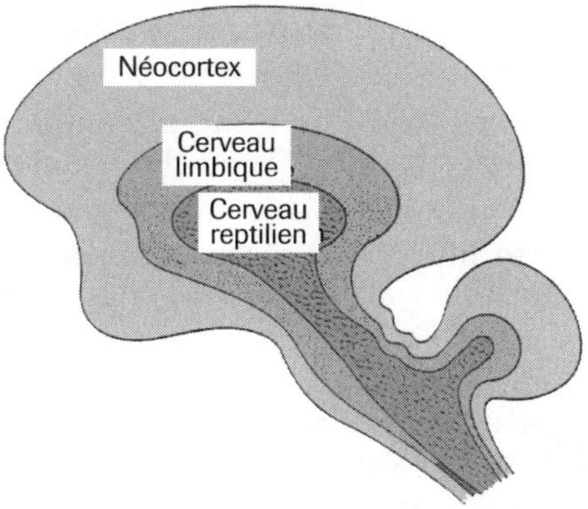

2. Coiffant ce cerveau reptilien, une formation plus récente (cent millions d'années) : le système limbique ou *rhinencéphale*. C'est lui qui intègre les pulsions sous-jacentes traitées par le cerveau plus ancien et leur donne la forme de comportements acquis. Il organise les apprentissages de la vigilance, de la fuite, de l'agressivité, des habitudes alimentaires, de la sexualité – aidé qu'il fut chez les paléomammifères, qu'il est encore quelque peu chez l'homme par l'olfaction. C'est le siège d'une intégration instinctivo-affective supérieure, tendant à préserver l'individu et l'espèce.

Henri Laborit a décrit cette deuxième étape de l'évolution comme une enveloppe corticale qui a permis aux mammifères de s'évader des comportements stéréotypés, souvent inappropriés à l'environnement. Chez tous les mammifères, le cerveau reptilien est entouré d'un cortex appelé lobe limbique par Broca. Ce lobe, présent chez tous les mammifères, a des connexions étroites avec l'appareil olfactif et l'on a cru d'abord que ce vieux cerveau ne possédait que des fonctions olfactives.

En 1937, Papez[7] montra son rôle fondamental dans les activités émotionnelles. Un peu plus tard, Mac Lean suggéra le terme de *système limbique* pour le cortex limbique et l'ensemble des structures sous-corticales en relation étroite avec lui. Il continue à fonctionner à un niveau instinctif chez l'homme et l'animal et ses connexions étroites, à l'inverse du néo-cortex, avec l'hypothalamus, montrent qu'il est obligé de jouer un rôle essentiel dans l'expression émotionnelle et le comportement viscéro-somatique.

Cette couche cérébrale fait émerger les émotions, c'est par elle que l'on sent que *« la joie monte », « la motivation baisse », « la colère nous fait bouillir »*, c'est elle qui fait *« tourner les sangs »*... de manière si peu contrôlable. Ici, pour des causes physiologiques simples, les mots de

7. J. Papez, *A proposed mechanism of emotion,* Arch. Neurol. Psychiat. (Chicago), 38 : 725-743.

la raison ne peuvent suffire à expliquer. Nous verrons plus loin que s'ils sont inappropriés pour interpréter, ils peuvent permettre de comprendre, c'est-à-dire d'*avoir prise dessus.*

Ces deux couches très anciennes sont très impliquées dans les émotions. Il ne s'agit pas d'un rôle exclusif, car les choses sont très imbriquées.

Nous verrons aussi plus loin que les hémisphères du cerveau jouent chacun un rôle spécifique dans la gestion de notre vie affective.

3. Enfin, le néo-cortex est venu recouvrir chez les mammifères supérieurs, les primates et singulièrement chez l'homme, les étages archaïques du cerveau. Lentement développé au cours de l'évolution jusqu'aux premiers hominiens, il s'est rapidement hypertrophié. Les différentes parties du cortex (lobes pariétal, temporal, occipital et frontal) ont réalisé des fonctions perceptives bien supérieures à l'olfaction, des fonctions intellectuelles et linguistiques évoluées. Elles jouent un rôle déterminant dans l'accès de la conscience, la connaissance, la symbolisation, la réflexion et un certain… libre arbitre. L'activité intégrative du lobe frontal – dont l'extension est la dernière venue – s'exerce dans le rôle probable d'un contrôle… Henri Laborit indique que cette troisième couche est d'autant plus développée chez une espèce que celle-ci est capable de plus d'adaptations originales par rapport au milieu et l'on peut suivre son développement croissant du lapin au chat, au singe et à l'homme par exemple. C'est avant tout un cortex associatif qui est la base fonctionnelle de l'imagination, des solutions nouvelles, de la créativité complexe, de l'adaptation volontaire, intentionnelle à des changements, de l'aptitude à anticiper les variations, d'inventer des stratégies. « Autrement dit, le paléocéphale se tourne vers l'avenir, poussé par les expériences passées, génétiques et personnelles, alors que le néocéphale saute en avant dans le futur en prenant appui sur le passé et en regardant le présent monter vers lui. Le paléocéphale fait de la programmation. Il déduit le futur du passé. Le néocéphale fait de la prospective : il construit le futur à sa guise (mais non librement) et tente de conformer le présent à cette construction imaginaire. »

Certes, poursuit Pierre Debray-Ritzen, un peu plus loin dans son ouvrage, on peut trouver une grossière correspondance entre la topique freudienne du « ça, du moi et du surmoi » et les notions que nous venons de livrer, mais ce n'est là que figures de rhétorique dont l'usage conduit à maints égarements.

Henri Laborit indique que l'homme interprète ses émotions dont il a plus ou moins conscience avec un langage (celui du néo-cortex) qui ne permet pas de traduire leur finalité. Ce fonctionnement a pour conséquence qu'il les enferme dans des jugements de valeurs et justifie ainsi ses pulsions primitives. Mais il ne peut pas être satisfait de ses interprétations qui ne lui permettent pas d'établir un lien fiable avec la réalité.

Les hémisphères de nos états d'âme

« Disons, pour résumer à l'extrême, à gauche la joie, à droite la tristesse. C'est ainsi que fonctionne notre cerveau, comme le montre l'étude de son activité associée aux émotions positives et négatives. » [8]

Avant de refermer cet examen du fonctionnement électrochimique du cerveau, il est intéressant de connaître certains travaux scientifiques sur le fonctionnement cérébral. En effet, des chercheurs ont découvert que le système limbique n'est pas seul à être impliqué dans les émotions, le cortex est impliqué dans leur gestion[9].

Dans un ouvrage sur les émotions, Robert Dantzer[10] indique que *« Les lésions de l'hémisphère gauche*[11] *sont souvent accompagnées de réactions catastrophiques : les patients sont inquiets du futur et présentent des crises de larmes qu'ils ne peuvent contrôler. Cela est davantage le cas lors de lésions frontales que lors de lésions plus postérieures; à l'inverse, les lésions de l'hémisphère droit sont accompagnées d'une totale indifférence ou de crises de fou rire incoercible. La lésion de l'hémisphère droit diminue également les capacités de décodage des indices visuels et auditifs des émotions négatives; la même tendance existe pour l'hémisphère gauche en ce qui concerne la reconnaissance des émotions positives. »*

À la lecture de ce passage, on comprendra que la bonne et la mauvaise volonté sont très loin dans le contrôle des émotions. Idem quant à la reconnaissance des émotions. Certes, il s'agit ici de personnes ayant subi une lésion. Mais d'autres travaux sur le rôle des hémisphères cérébraux[12] ont démontré que l'on peut étendre ces observations à tout le monde. Il en ressort que selon notre manière d'utiliser les ressources de notre cerveau, nous avons recours avec plus ou moins de spontanéité à ses différentes capacités. Nous nous en rendons bien compte d'ailleurs.

Nous n'avons pas tous la même rapidité pour résoudre un problème. Il m'arrive de buter contre un problème qui est spontanément résolu par une autre personne.

Les études sur le fonctionnement cérébral et les comportements sont riches d'enseignements. Elles ont déjà trouvé des applications très pertinentes en créativité[13] et en pédagogie[14].

---

8. Richard Davidson, *Sciences et vie*, n° 168, septembre 1989, HS « Les émotions ».
9. R.J. Davidson, 1984, cité par Robert Dantzer, page 81.
10. Directeur de Recherche à l'INRA. « Les émotions. », PUF, Que sais-je?, 1988.
11. Nous préciserons ici que ces observations ont été effectuées sur des personnes de culture occidentale. Le professeur japonais Tsunoda a mené une étude tendant à démontrer que le phénomène de « spécialisation hémisphérique » du cerveau n'est pas mécanique, mais fortement influencé par la culture.
12. Sperry, prix Nobel de Médecine 1981, Bogen et Gazzaniga.
13. Ned Herrmann, *Les dominances cérébrales et la créativité*, Éditions IHFE, 1992.
14. Brigitte Chevalier, *Méthodes pour apprendre à l'école au collège*, Nathan, 1999.

En médiation, la voie est ouverte pour faciliter les relations, la compréhension des différences de point de vue, des mécanismes d'élaboration des stratégies pour la satisfaction de ses intérêts et la résolution des conflits.

Les deux hémisphères du cerveau ont des modes de traitement de l'information qui les singularisent. Ils restent cependant étroitement imbriqués.

En voici quelques exemples tirés des travaux de J. Bogen[15], de l'ouvrage de Jacquelin Wonder et Priscilla Donovan[16] et de celui de Betty Edwards[17] :

Hémisphère gauche	**Hémisphère droit**
Analytique	Analogique
Linéaire	Diffus
Étape par étape	Globalement
Rationnel	Intuitif
Orienté objectif	Orienté action
Verbal	Visuel
Linéaire	Le rythme
Concret	Artistique
Explicite	Métaphorique
Humeur stable	Réactif
Tendance à l'inflexibilité	Tendance à changer de sujet
Explique	Montre
Évalue	Évacue
Symbolique	Synthétique
Numérique (Digital)	Métaphorique

À cette représentation des dominances cérébrales, les études conduites depuis 1975 par le professeur Tananobu Tsunoda[18] apportent des nuances culturelles :

«... on peut donc dire que l'émotion est perçue par l'hémisphère droit chez les non-Japonais (qui utilisent beaucoup plus les consonnes dans leur langage), et par l'hémisphère gauche chez les Japonais (qui utilisent beaucoup de voyelles).»

---

15. Chercheur en neurosciences, auteur de nombreux articles sur les spécialisations des hémisphères du cerveau.
16. Whole Brain Thinring (1985), *Utiliser tous les pouvoirs de votre cerveau,* éd. du Rocher, mai 1989.
17. *Dessiner grâce au cerveau droit,* p. 40, Pierre Mardaga éditeur, Bruxelles, 1979.
18. Université Médicale de Tokyo, article paru dans le livre *Les énigmes du cerveau,* dirigé par Yves Christen et Kenneth Klivington, Bordas, 1989, p. 54-59.

Ces nuances sont clairement précisées plus loin dans le même article :

« Il a été prouvé que les différences structurelles dans le cerveau sont provoquées par l'environnement et non par les différences raciales : la structure du cerveau, déterminée par « exposition » à la langue, reste à jamais la même après l'âge de neuf ans; elle est liée à l'environnement culturel et au développement des sentiments, exprimés dans une langue déterminée. »

Le facteur émotionnel

Lorsque l'on utilise des méthodes scientifiques pour comprendre les phénomènes météorologiques, on se rapproche plus de la réalité qu'en faisant des incantations et en désignant les différents événements de noms divins. Les connaissances nouvelles nous permettent de prévoir. Grâce aux prévisions, nous pouvons organiser beaucoup de choses : de la navigation maritime et aérienne, en passant par le pique-nique et les ballades, jusqu'aux travaux agricoles…

Certes, avec le voile du mystère une certaine poésie s'estompe, mais l'ignorance aussi.

Dans le même ordre d'idée, il faut bien constater que les émotions ont leur siège physiologique dans le système limbique et que le « psychisme » avec l'ensemble des approches interprétatives « psy » font partie du vocabulaire poétique… Ainsi, comme l'indique Henri Laborit, les multiples affections dites « psychosomatiques » pourraient tout aussi bien être qualifiées de « limbicosomatiques » : ce serait plus concret. Et cela ouvrirait d'autres possibilités quant à ce que nous pourrions faire pour mieux gérer nos propres émotions.

Mais sommes-nous vraiment conscients que nous sommes les producteurs de nos états émotionnels? J'ai pu vérifier que beaucoup de personnes attribuent à des phénomènes extérieurs l'origine de leurs émotions.

Pour vérifier cela et favoriser la prise de conscience, au cours de formations sur la prévention des conflits et la médiation, j'ai interrogé les participants sur ce qu'ils ressentent physiquement lorsqu'ils ne sont pas contents.

Surprise : la prévision émotionnelle relève encore de la magie! Certes, on se lève de mauvaise humeur, peut-être parce qu'on a mal dormi ou qu'on a fait un mauvais rêve, mais on est prêt à attribuer au premier venu la responsabilité de l'activation de la mauvaise humeur. Autrement dit, en une fraction de seconde, la mauvaise humeur est créée par l'interaction avec le monde.

Beaucoup de personnes n'ont pas conscience qu'une sensation physique peut être un signal de leur bonne ou mauvaise humeur. Elles n'établissent pas spontanément le lien. Pour que les participants se rendent compte qu'il existe un rapport entre l'une et l'autre, j'ai énoncé différentes sensations : courbatures, maux de tête, sueurs, frissons, toux, crispations. Ils ont d'eux-mêmes enrichi la liste et ont identifié progressivement l'interaction.

En revanche, les participants ont eu beaucoup de difficulté à imaginer que la qualité de leur humeur était une production de leur propre cerveau. Aucun ne se sentait la source de ses émotions, comme si ne pouvant se sentir maître de la « sécrétion émotionnelle » nous en attribuions l'origine à des causes externes.

Dès lors, comment ces personnes pourraient se rendre compte de leur rôle dans l'émergence d'un conflit?

Si je ne suis pas moi-même conscient de mon état émotionnel, comment être conscient de ma manière de m'exprimer et, par voie de conséquence, de l'impact de ma communication sur autrui? Nous affirmons pourtant : *« Non, je ne suis pas en colère. »* Ou bien encore : *« Non, je ne suis pas vexé. »*

Deux exercices dans cet ouvrage peuvent accompagner des interventions sur ce sujet.

Au-delà des interprétations de toutes sortes, physiologiquement nous pouvons dire que le cortex nous fait raconter quelque chose qui ne décrit pas ce que le limbique a ressenti. Parfois, un moment de conscience de cette expression paradoxale peut me faire dire *« Je ne sais pas pourquoi j'ai dit cela ou pourquoi j'ai réagi de cette façon. »*

La confusion des émotions

Mac Lean disait : *« Lorsqu'un psychanalyste fait entrer une personne dans son salon, il lui fait partager le divan avec un cheval et un crocodile. Le crocodile est tout à fait prêt à verser des larmes, le cheval veut bien hennir, mais lorsqu'on les encourage à exprimer verbalement leurs ennuis, il devient évident qu'aucun enseignement du langage ne peut les aider. »*

Cette métaphore suggère trois entités : les deux animaux et la conscience de leur présence... Comment s'étonner que le sujet responsable de cette ménagerie, qui doit lui servir de porte-parole, ne soit pas accusé de résistance et de mutisme obstiné, de déformation fautive de la réalité et de sa propre histoire?

Cette conception pathologique est le produit de l'école de pensée de la psychologie. En médiation, comme nous l'avons vu dans les deux exposés précédents, c'est une conception pédagogique de la personne qui se développe.

Lors d'un entretien individuel et pour éveiller la conscience de l'une des parties sur cet aspect fonctionnel, le médiateur peut proposer un échange sur les sensations physiques liées aux émotions. Il peut dire à son interlocuteur :

– Lorsque vous racontez la situation qui vous préoccupe, vous en tremblez et votre voix se casse.

Le médiateur fournit ainsi des indicateurs. Il permet à la personne de faire des liens, c'est-à-dire de prendre conscience qu'elle a des manifestations physiques, et par conséquent visibles, de ses états émotionnels.

Cette évidence de la relation entre états internes et comportements n'est pas aussi claire pour tout le monde.

Nous verrons plus loin que le médiateur pourra pratiquer l'écoute active pour permettre à la personne de mieux se contrôler.

L'intérêt est de ramener plus de sérénité dans les échanges futurs entre les parties. Il consiste à donner aux interlocuteurs une conscience plus grande des signes relatifs à la réactivité et une grille de lecture moins subjective.

Nous pouvons identifier ici une partie importante du rôle pédagogique du médiateur.

Nous pouvons également retirer de tout cela que l'une des causes des conflits est la non-reconnaissance des états émotionnels : c'est ici que le médiateur doit jouer un rôle important. Il doit savoir accompagner les parties dans l'énonciation délicate des émotions qui peuvent faire obstacles au dénouement du conflit. Il doit le faire en sachant doser la légèreté et la gravité. Il doit savoir être l'interprète de ce que les corps expriment et que les bouches ne savent transmettre.

Dans ce contexte, il faut cesser de penser qu'une personne fait exprès de ne pas voir. Des scientifiques ont montré que tout le monde ne sait pas reconnaître les états émotionnels des autres.

Dans une étude réalisée par W.F. Johnson sur l'identification des émotions[19.], il est indiqué que 50 % des personnes se trompent sur les signes comportementaux de la peur et de la joie, tandis que 92 à 98 % identifient sans erreur la tristesse et la colère...

Les résultats sont très étonnants. La peur est souvent confondue avec une excitation ou avec la surprise, tandis que, pour ce qui est de la joie, il existe des confusions entre la tristesse et la colère.

Les pourcentages peuvent varier selon les conditions des observateurs, leurs références et les indications fournies, mais il reste que notre façon de décoder les émotions des autres n'est pas toujours très efficace.

Les erreurs que nous commettons sont souvent perçues par les autres comme des témoignages de manque d'attention, voire d'indifférence ou de mépris alors qu'elles résultent de notre incompréhension. Il en découle un risque de surenchère qui amplifie le conflit et contamine un autre terrain, beaucoup plus affectif celui-là...

Le médiateur doit savoir ici exprimer les choses de sorte que chacun apprenne de lui une manière de formuler ce qui était jusqu'alors resté dans le non-verbal; c'est en cela que le médiateur devient un réel stimulateur dans le rétablissement de la qualité relationnelle...

Dans l'exposé suivant, je vais développer les différents outils qui permettent au médiateur de faire sortir les parties des non-dits,

19. Citée par Robert Dantzer, *Les émotions*, PUF, 1988.

des vite-dits, de désactiver les parasites de la communication et de réparer les conséquences des ruptures et heurts de la communication.

La motivation conflictuelle

Trois recherches fondamentales :
- *Harmonie en soi*
- *Équilibre relationnel*
- *Satisfaction de ses besoins*

Aussi étonnant que cela puisse paraître, il existe en chacun des acteurs d'un conflit une motivation à nourrir le conflit. Car il s'agit bien d'une *motivation.* Habituellement la notion de motivation est associée à des comportements attendus par une organisation : il s'agit d'impliquer les salariés de manière satisfaisante dans leur travail. Mais motiver, c'est inciter. Avoir une motivation, c'est avoir « une bonne raison », laquelle se traduit ultérieurement par une justification. Ne faut-il pas avoir une *bonne raison* pour entrer en conflit ? N'est-ce pas cette *bonne raison* que recèle la motivation conflictuelle ? Faut-il développer beaucoup d'arguments pour accepter l'idée qu'il n'existe pas de conflit sans cause ? Parfois, certes, nous ne voyons pas ce qui pousse (ou tire !) une personne à être en conflit. Nous ne comprenons pas ce qui motive son comportement.

En effet, lorsque nous disons : *« Tu n'as aucune raison d'être en colère. »*, c'est peut-être exact, mais seulement sur le plan sémantique, *stricto sensu* il n'y a pas de raison. Mais si nous disons : *« Tu as des émotions ou des sentiments, tu as un discours intérieur qui te pousse à être en colère. »*

Cela nous amène sur un autre terrain de communication. Et le discours des émotions n'est pas, nous l'avons vu, le même discours que celui de la raison : l'un est fait de mots, l'autre de ressentis, l'un s'associe aux explications, l'autre aux actions pour ressentir, éprouver, s'impliquer.

Nous avons vu que le fonctionnement cérébral fournit des explications sur les mécanismes émotionnels associés aux conflits. Mais qu'est-ce qui peut déclencher ces mécanismes ?

Nous pouvons énoncer les causes.

Les causes des conflits apparaissent très variées. Pour être efficace en formation sur le sujet des conflits, le formateur doit savoir s'adapter à son public, se synchroniser avec les préoccupations inhérentes à sa formation. C'est pourquoi il est souvent judicieux de lancer son programme de formation avec les deux questions suivantes :

– *« Qu'est-ce qui, dans votre situation et selon vous, est créateur de tensions et de conflits ? »*

– *« Qu'est-ce qui favorise un bon climat relationnel, l'échange et la créativité ? »*

Les réponses à ces questions permettent à tout intervenant de connaître les différentes manières dont son public peut exprimer les choses. Non qu'il s'agisse de prévoir comment une personne va s'exprimer, mais de connaître les modes d'expression des personnes.

Ces manières sont parfois très différentes selon les contextes, les perceptions, les expériences personnelles, les intérêts professionnels, le sens plus ou moins pratique des uns et des autres, et les niveaux de conceptualisation.

Mais il existe une constante qui se traduit facilement par une typologie. Pour cela, j'utiliserai les théories de la motivation humaine comme référence.

Il existe en effet des conflits dont la cause serait :

1. l'insatisfaction physiologique (faim, soif…),
2. l'insécurité ou le sentiment d'insécurité (y compris affectivité),
3. la non-intégration ou le rejet (socialisation et appartenance),
4. le manque d'estime ou le mépris (reconnaissance),
5. le manque d'affirmation de soi ou la brimade (autonomie),
6. le besoin de réalisation ou l'interdit (actualisation de soi).

Nous retrouvons une représentation de la pyramide des besoins, exprimée différemment selon les auteurs de ces théories des années 1950[20].

– Abraham Maslow : niveaux 1, 2, 3, 4, 6
– Porter : niveaux 2, 3, 4, 5, 6
– ou Mac Clelland : niveaux 3, 5 et 6.

La notion de harcèlement morale développée ces dernières années y trouve sa place aux niveaux 4, 5 et 6.

Globalement, nous pouvons observer sur cette pyramide que les conflits sont dus à des situations négatives, qu'elles soient réelles ou imaginaires.

On imagine d'ailleurs très mal une personne satisfaite à tout point de vue entrer en conflit… La satisfaction est par conséquent un critère important dans la motivation. C'est précisément pour cette raison que je retiens la vision de Frederick Hertzberg à ce sujet. En effet, il faut à la fois la satisfaction et un environnement agréable et promoteur, ce qui peut favoriser l'implication d'une personne à se montrer plutôt sous un bon jour.

En revanche la frustration quant à la satisfaction des besoins primaires va créer des attitudes conflictuelles, mais surtout la non-satisfaction des recherches de plaisir, de bien-être, de possibilité d'avoir plus de prise sur ses choix, associées à des sentiments d'être déprécié, trompé, abusé.

---

20. C. Kennedy, *Toutes les théories du Management*, éd. Maxima, 1998 et Nicole Aubert, *Diriger et Motiver*, éd. d'Organisation, 1996.

Introduction aux règles de la médiation

Nous avons pu observer, lors de médiations familiales, que dans une famille les heurts les plus violents ne concernent pas les repas, le confort du canapé ou la vue sur l'extérieur. Ils portent plutôt sur les questions d'interdépendance.

Les disputes sur l'autorité et la revendication d'autonomie sont courantes, de même que celles sur la prise en charge des choses contraignantes (corvées). Force est de constater que les mêmes discordes existent dans toutes les structures.

Restons un instant sur la médiation familiale. Ici, le médiateur doit faciliter l'expression des conjoints sur ces sujets sensibles, s'il veut que sa médiation aboutisse à une amélioration de la communication dont l'objectif intermédiaire est de faciliter l'établissement des conditions du divorce et l'objectif final de préparer, au-delà de la séparation même, les conditions de garde et principes éducatifs des enfants.

Même si a priori les sujets chargés d'affect sont exclus des relations entre partenaires sociaux, en réalité il n'en est rien. Ils sont au contraire fort nombreux, mais le plus souvent masqués par une convention de pudeur, si bien qu'ils engendrent d'importants non-dits qui sont autant d'obstacles à une expression de qualité entre les interlocuteurs.

Le médiateur doit maîtriser les techniques de reformulation et de synthèse, sans jamais se départir de sa neutralité, même si la tentation est forte parfois de prendre parti.

Ce savoir-faire acquis, le médiateur favorisera l'expression naturelle de chacun sur ces sujets dits sensibles.

Même dans des situations moins chargées d'émotions, les règles de communication restent indispensables pour permettre aux personnes de ne pas subir des heurts affectifs.

Le médiateur est le garant de ces règles, lesquelles sont essentielles dans la médiation. Elles doivent faire l'objet d'une discussion sans fléchissement entre les parties dès le début des rencontres, voire dès les premiers entretiens individuels.

Le médiateur doit être particulièrement vigilant à l'implication des parties dans cette discussion : c'est la mise en route de la médiation, un gage pris sur l'implication ferme pour une résolution du conflit sans perdant.

Il y va de la réussite de la médiation. Lorsque les parties se sont appropriées les règles, le médiateur vérifie qu'il n'y a pas quelques non-dits qu'il serait opportun d'évoquer sans tarder.

Grâce à cet accord sur les règles, le médiateur crée les fondations qui garantissent le bon déroulement de la médiation contre les risques émotionnels, sans pour autant empêcher leur expression.

La médiation, outil d'une démarche qualité

Pour illustrer les effets des émotions dans un contexte a priori neutre, je vais prendre un exemple d'entreprise.

■ Au début de l'année 2000, le patron d'une société d'experts comptables en plein développement me demande d'établir un projet de formation. Il souhaite amorcer un « changement managérial profond ».

Lors de notre première réunion de travail, il a demandé à des membres du personnel de participer à l'élaboration du projet ; il est convaincu que c'est une excellente manière d'accompagner la démarche qualité totale (ISO 9000) dans laquelle il a engagé sa société. Lui et moi partageons l'idée que la qualité des produits et services ne peut se faire sans la qualité relationnelle au sein de l'entreprise. Nous sommes sur les mêmes rails. Lors de la réunion de lancement, tout le monde prend la parole, avec courtoisie.

Mais il est clair que la langue de bois est de rigueur.

Le patron lui-même fait observer que les choses ne vont pas si bien que chacun le dit. À sa manière, par quelques traits d'humour, il indique qu'il souhaite que le climat se détende et que chacun soit plus vrai.

Il lance notamment : « *Certains ont le nez qui pousse lorsqu'ils prennent la parole, moi, regardez, c'est les oreilles qui poussent quand j'écoute* ».

Avoue-t-il qu'il écoute mal ? L'humour à double tranchant est l'une de ses spécialités : son autodérision se retourne souvent contre *certains autres.* Qui précisément ? N'importe qui, alors, tout le monde se sent concerné. Il dit «... *quand j'écoute.* » Quoi ? Qui ? La proximité de « certains » désigne de qui il s'agit. Il dit donc qu'il a « *les oreilles qui poussent quand il écoute tout le monde* ».

Dans cette communication rapide, le message passe. Avec les mots vite lâchés, lorsqu'il dit qu'il écoute mal, il dit en même temps que les autres ont tendance à mentir. Alors, si les autres mentent, comment peut-il bien écouter ? Tout le monde comprend que *ses oreilles poussent parce que les autres ont le nez qui pousse.* Mais a-t-il jamais dit cela ?

Néanmoins, ceux qui subissent le sous-entendu disent que *l'idée d'une formation pour améliorer la communication au sein de l'entreprise est bonne, ils y croiraient bien volontiers, mais il faudra faire avec les autres et peu d'employés y croiront vraiment. La plupart y verront une tentative de manipulation...*

Il devient évident à tous qu'il y va d'une question de confiance. Mais personne n'ose aborder la question sous sa forme la plus simple. J'ai alors choisi d'utiliser la première question, celle qui permet d'évoquer les facteurs créateurs de tensions et de conflits.

Il en est ressorti que les relations étaient plutôt tendues dans l'entreprise à cause d'un sentiment de raillerie, certaines personnes sentaient peser sur elles le poids du mépris, d'autres craignaient les bruits de couloirs concernant leur degré d'implication dans l'entreprise depuis le passage aux trente-cinq heures.

À sa grande surprise, au cours de l'échange, le patron a vu son propre style mis en question. Il considérait son humour comme stimulant et il a entendu que ce n'était pas le cas. Il le concevait comme un témoignage de sa bonne humeur, mais ses victimes s'en trouvaient déconsidérées, voire mal traitées.

Elles voyaient arriver leur patron en se demandant qui allait recevoir le coup d'étrille, jusqu'au bonjour matinal que certains fuyaient en prenant le risque d'être considérés comme des taciturnes.

Les blagues étaient reçues parfois comme des gifles et, mal vécues, elles poussaient le plus souvent les uns et les autres à se justifier : « *On ne sait pas toujours si c'est prêcher le faux pour savoir le vrai.* » – « *Des petites piques pour réprimander sans le dire ou des blagues gratuites, on ne peut jamais savoir.* »

Trois types de piques (PIC) à risque en communication

Les règles de communication sont essentielles dans une médiation. Elles permettent justement d'identifier ce que j'appelle familièrement les **PIC** :

– **P**erturbations et prêts d'intention,

– **I**nférences et interprétations,

– **C**ontraintes.

Ces trois catégories désignent les attitudes, les comportements et les propos qui risquent de déclencher une réaction conflictuelle de la part de la partie adverse.

Face à l'invitation : « Tu pourrais réfléchir un peu », je peux réagir en étant vexé, en colère, ou ne pas réagir. Il y a risque. J'insiste sur le mot « risque » au même titre que je dirais qu'une tempête risque de provoquer un naufrage : rien n'est évidemment très sûr, mais il y a risque.

Il faut donc prévenir. Pour prévenir, il convient d'être vigilant sur l'usage, la personne, son humeur, l'environnement, le contexte.

Le principe de poser des règles de communication est une étape essentielle d'une médiation.

Nous en retrouvons l'idée dans les cercles de qualité, lorsqu'il s'agissait de favoriser l'instauration d'un climat de confiance pour favoriser l'expression créative de chacun. Nous y reviendrons plus longuement.

Avant cela, observons que la charge émotionnelle diffère selon les conflits et les interlocuteurs.

Le même contentieux ne dégénère pas de la même manière selon les personnes en présence, chacune ayant sa perception de l'esprit d'appartenance à une entreprise, à une culture ou à une famille, et ses propres valeurs.

Il ne faut jamais oublier non plus que derrière des personnes morales se tiennent des personnes physiques et qu'une société est avant tout un ensemble de personnes auxquelles les règles s'appliquent *également*.

Certes, très souvent les conflits entre personnes morales sont peu chargés sur le plan émotionnel. Dans ce cas, le processus de médiation va vite.

Toutefois, les règles de communication restent indispensables à préciser, parce qu'en l'absence de charge émotionnelle, l'un ou l'autre des participants représentant sa société peut apporter au dialogue une dimension affective qui pourrait polluer la négociation.

Le besoin d'être bien

Une personne qui hurle ne le fait pas pour agacer ses auditeurs : elle le fait par besoin, un besoin viscéral et une incapacité de parler sereinement.

Cette affirmation est souvent contestée. Les arguments sont généralement plus forts lorsqu'il s'agit des autres que de soi-même. J'entends des personnes qui se définissent très tolérantes juger très sévèrement leur bébé de deux mois.

– *« Il choisit volontairement certains moments pour demander le biberon ou à être dans les bras. Il le fait exprès… Il sait qu'il m'embête et il le fait quand même…*

Elles prêtent au nouveau-né plus de conscience qu'elles ne s'en prêtent elles-mêmes. »

Certaines personnes affirment aussi que l'on doit bien éprouver un grand plaisir à se ronger les ongles, à provoquer les paires de claques ou à se mettre en infraction pour ensuite ne pas payer les contraventions et avoir des amendes plus importantes…

Le paradoxe est constant, mais l'intention est coupable avant même toute forme de responsabilité.

Laissons cela un instant.

Lors du deuxième exposé, j'ai déjà abordé ce sujet à propos de la dynamique des conflits et du fatalisme fonctionnel. Les motivations d'une personne dans un conflit relèvent de trois causes dynamiques que nous allons examiner sans tarder.

Ces trois dynamiques sont fondées sur le principe de l'homéostasie[21], ce qui répond chez une personne au besoin viscéral d'être bien. Il s'agit de la recherche d'harmonie, laquelle anime l'organisation des informations dans notre monde intérieur; ensuite de la recherche d'équilibre, qui caractérise notre relation avec le monde; enfin, de la recherche de satisfaction fonctionnelle, qui opère dans le cadre de l'interrelation entre soi et le monde.

Les voici plus précisément.

1) L'harmonie en soi

Il s'agit de la gestion du décalage entre la réalité et les représentations que nous en avons. Je reviendrai sur cette question du décalage dans le chapitre sur les stratégies de communication et les trois modalités qui composent un « je ». Dans l'immédiat, dans le cas d'un décalage entre le monde réel et le monde en soi, observons qu'il existe trois possibilités : pas de conflit, mais un apprentissage ou une acceptation fataliste; un conflit intérieur; un conflit avec un tiers. Ces conflits mettent en scène des versions différentes d'un même événement. L'interprétation est leur principale cause. On a déformé la réalité, aggravé, minimisé, banalisé une situation… Il faut corriger son image de la réalité, ce qui

21. Position stabilisée.

n'est pas toujours simple : c'est reconnaître que l'on a tort, ou modifier la réalité, avec un mensonge par exemple. Lorsque je cherche à créer de l'harmonie en moi, je ne me le déclare pas, je suis comme entraîné par un courant, c'est une réorganisation interne qui s'opère. Lorsqu'un ami me fait observer un comportement qu'il juge inapproprié, je ressens que je pourrais être vexé, je suis dérangé, j'accuse un certain choc, pourtant je n'entre pas en querelle. Je comprends que son propos est destiné à m'aider. Suis-je vraiment maître de la manière dont je prends ce qui m'est dit? Suis-je vraiment maître de l'effort que je vais fournir, de sa continuité et de son intensité? Ne suis-je pas tout simplement dépendant de mon fonctionnement électrochimique, quoique cela puisse m'être désagréable de le reconnaître… [22]. En tout cas, il semble que je ne vive pas bien la dysharmonie. Je fais donc en sorte de ré-harmoniser les choses en moi, de réorganiser mes idées, d'unifier mes perceptions, ce qui ne va pas parfois sans tension, ni crise ou conflit. Dans cette activité cérébrale, que je la subisse et que je la dirige, il peut m'arriver d'être débordé, au sens propre comme au figuré et que je ne puisse contenir le bouillonnement intérieur provoqué par cette restructuration. Dans ce cas, le conflit s'étend à l'extérieur et si la cause est identifiée par le tiers, la chose peut rapidement s'arranger; si elle n'est pas identifiée, c'est l'escalade qui va s'appuyer sur le deuxième principe dynamique : l'équilibre relationnel…

2) L'équilibre relationnel

Une personne est désagréable et on lui répond sur le registre « œil pour œil dent pour dent » : cette réponse est précisément sur le principe de l'équilibre relationnel : coup pour coup. L'expression *« Pas de cadeau »* en est une autre définition.

C'est le principe de la surenchère dans un rapport de force. C'est l'escalade dans l'armement jusqu'au surarmement.

Mais ce n'est pas que le côté négatif, c'est aussi « Comme tu me fais du bien, je t'en fais aussi. »

Le climat ne commence à se dégrader que lorsque les « Comme tu ne fais pas d'effort, je ne vais pas en faire non plus, » apparaissent.

C'est l'état d'esprit dans lequel nombre d'enfants sont éduqués par les parents rompus aux techniques conflictuelles.

Sans s'en rendre compte, ces parents provoquent les bagarres dans les cours de récréation. J'entends ce papa dire à son enfant de trois ans : « Ne frappe pas le premier, mais si quelqu'un te fait mal, ne te laisse pas faire… » Lorsque quelqu'un fait du mal à cet enfant, il frappe. Mais quand a-t-il mal? Il a *mal* lorsqu'un autre enfant lui refuse un jouet. Alors il frappe pour se défendre contre cette agression; il a mal lorsqu'un adulte lui demande de ne pas crier (vexé = mal), alors il insulte. C'est sa manière de rétablir

22. Henri Laborit, dans *L'agressivité détournée*, nous en fait un développement éloquent.

l'équilibre. Lorsqu'il est grondé ou puni par son père pour ses comportements excessifs, il a mal, alors il se rebelle, il est fessé, puis il s'incline, mais il le fait courageusement, en bon petit guerrier…

Le système du coup pour coup est très pratiqué en entreprise, dans les relations sociales, politiques, financières, inter-État, en famille, dans les couples…

3) La satisfaction de ses besoins

Explications : (interaction soi et monde). Le système des solutions unilatérales, c'est-à-dire les contraintes, en sont les principales causes.

La plupart du temps, les troubles et les confusions sont des fidèles au rendez-vous des conflits. Les contradictions sont souvent mieux exprimées que les faits et la réalité des préjudices. C'est le règne des paradoxes. Il convient donc de ne pas imaginer un conflit sous la seule dynamique de l'un des trois principes ci-dessus.

Je prends isolément les ingrédients pour mettre en évidence leurs effets et leurs caractères dominants.

Cependant entre le bleu et le jaune, ce sont les variantes de vert qui prennent le plus de place…

Dans les deux premiers cas, l'émotion est systématiquement présente.

Dans le premier cas, l'une ou l'autre des parties se sent dévalorisée, humiliée, injuriée ou méprisée. Généralement, dans son passé, nous retrouvons la trace d'une injustice qu'elle a associée à l'objet du conflit – à juste titre ou non. La personne reste comme scotchée à son point de vue. Elle peut se dire que ce n'est pas raisonnable, et en effet ça ne l'est pas, elle ne parvient pas à dissocier les deux choses.

Seul le témoignage d'une réelle compréhension pourra dénouer la situation et permettre le dialogue.

Dans le deuxième cas, l'une ou l'autre des parties vit une injustice, ou elle a peur d'en subir une. C'est la loi du talion et la métaphore du bateau. La personne fait de la surenchère, c'est plus fort qu'elle. Elle a peur ou elle est en colère. Elle recherche un changement qu'elle risque d'obtenir dans l'éclatement de la relation qu'en réalité elle fait tout pour maintenir, même dans la destruction de tout ce qui l'environne…

Dans le troisième cas, l'émotion exprimée est parfois plus *superficielle*. Il se peut aussi qu'il n'y ait que très peu d'émotion. Parce qu'il n'y a pas de conflit sans émotion. Il n'y a pas de conflit où des personnes sont impliquées sans que des émotions soient vécues d'un côté ou de l'autre, quels que soient le degré et la nature de l'état affectif[23]. Parfois, il suffit de payer la facture et le

23. L'émotion est au sein même de la Loi. Au moindre doute, regardons quelques débats à l'Assemblée nationale lors de l'élaboration d'un texte de loi… La froideur du monde juridique n'est qu'un jeu d'apparence…

problème est réglé – quoique si la confiance n'est pas rétablie, ce qui prouve que l'émotion est rarement absente, le conflit est réglé par exclusion de la relation. Ce qui est une manière de régler un conflit.

Le médiateur doit bien connaître les limites de l'exercice de son activité. Dans toutes les situations, le médiateur agit en garant de la qualité relationnelle et en facilitateur. Il n'est cependant pas le garant du rétablissement de la relation, de sa reprise ou de sa continuité. Il est facilitateur dans l'échange qui a pour but le règlement du contentieux et la définition éventuelle des règles relationnelles qui prévaudront à l'avenir. Néanmoins, il doit être vigilant à ne pas confondre son rôle avec celui d'un prescripteur ou d'un incitateur. Il ne doit pas inciter l'une ou l'autre des parties à choisir une solution plutôt qu'une autre.

S'il le faisait et que l'une des parties était insatisfaite, il pourrait voir sa responsabilité professionnelle engagée.

Pour pouvoir intervenir efficacement, être la cheville ouvrière des règles de communication, le médiateur doit maîtriser les stratégies et interaction en communication. Nous allons immédiatement passer à leur inventaire.

2. Les stratégies de communication et leurs interactions

Ce qui fait le conflit n'est pas forcément la différence, la ressemblance aussi peut en être la cause...

Nous avons vu que la manière de considérer une personne influence le comportement de quiconque, le médiateur y compris.

Nous avons vu que la nature même des conflits est de mettre en scène des émotions – voire de les théâtraliser – qu'elles en soient un déclencheur important ou qu'elles viennent s'y greffer par la suite.

Nous avons vu que l'accélération de la résolution des conflits passe par la médiation.

Nous avons mis en évidence que le choix de la médiation, plutôt que du conflit ou de la procédure judiciaire, est celui d'une intervention qui développe, chez chacune des parties, le sens :

- de la responsabilité,
- de la prise de décision,
- de l'augmentation de l'autonomie.

Pour réussir sa mission, le médiateur doit maîtriser des outils. Grâce à cette maîtrise, il peut garantir la qualité de cet accompagnement.

L'approche d'une personne morale

Dans son approche d'une entreprise, le médiateur commence par identifier l'environnement de son intervention. Nous comprenons donc rapidement que le médiateur est un professionnel capable de comprendre les parties, parce qu'il a la connaissance de leur milieu. Il ne peut pas se satisfaire d'une formation à la médiation et intervenir tel un magicien, sans connaître le domaine de son intervention. Le médiateur doit avoir le langage des parties en présence.

Dans l'exposé d'un conflit, il doit savoir faire la distinction entre le motif du conflit et la personne elle-même, autant que distinguer la personne des comportements qu'elle peut avoir.

Comme nous l'avons abordé précédemment, la personne qui présente le conflit n'y est pas nécessairement impliquée. Il peut s'agir d'un contentieux entre deux sociétés, concernant le paiement d'une facture d'un bien qui n'a pas été reçu.

Mais s'il s'agit d'une contestation du montant d'une facture relative à une prestation dont la qualité est contestée, cela n'est pas forcément la même chose.

N'oublions pas que lorsqu'une partie expose les faits, c'est a priori dans la seule idée d'apporter le meilleur éclairage, mais à sa manière, selon son point de vue. Chaque partie privilégie *naturellement* certaines informations. Il n'est pas question ici d'intention de lui prêter la moindre volonté de cacher quoi que ce soit, seulement de constater que chaque personne s'exprime de manière personnelle. C'est ce que nous appelons « les stratégies de communication ».

« Je », « Moi » et la conscience médiatrice

Lorsque j'ai présenté la métaphore du « verre à soi », j'ai évoqué cette relation qu'une personne entretient avec elle-même.

Nous avons tous fait, avec plus ou moins de conscience il est vrai, l'expérience de la dualité.

Nous devons tous gérer des tiraillements. Les uns nous poussent vers le « oui », les autres nous tirent vers l'opposition. Finalement, lorsque nous adhérons, c'est parfois un peu à reculons, parfois sans aucune réserve.

Avant d'aller tout de suite à la présentation du modèle des stratégies et interactions en communication, je vous propose de remarquer que votre principal interlocuteur, vingt-quatre heures sur vingt-quatre, n'est personne d'autre que vous-même.

Je suis mon interlocuteur, sinon favori, en tout cas bien obligé. Je suis mon propre compagnon et j'entretiens une conversation de tous les instants avec moi-même. Je peux imaginer que je me dédouble.

Dans cette hypothèse, dois-je imaginer que je vais à ma rencontre ou que mon autre moi-même a aussi un interlocuteur permanent et qu'en conséquence, lui devenant deux et moi restant seul, nous nous retrouvons à trois. À moins que je me retrouve quand même avec un interlocuteur interne et dans ce cas nous serions quatre… Que de conflits à gérer ! Passons la fiction : vous pouvez la reprendre en lisant l'ouvrage de Daniel Dennett, *Vues de l'esprit*[24] entièrement dédié à ce genre de question.

Je me souviens de cette phrase humoristique sur un tee-shirt qui affirme qu'un homme seul est un homme mal accompagné.

Nietzsche est revenu maintes fois sur la relation difficile que nous entretenons avec nous-même :

« J'ai fait cela », dit ma mémoire – « Impossible », dit mon orgueil, et il s'obstine. En fin de compte, c'est la mémoire qui cède.[25]

Il s'agit d'une relation étroite. Socrate en parlait comme d'une relation de maître à esclave lorsque la conscience n'était pas là pour diriger les débats que nous avons en nous-même. C'est assurément une relation fusionnelle. En permanence *je me parle*.

Sans qu'à tout moment notre conscience en soit témoin, ce qui serait épuisant, nous sommes dans une conversation intime. Naturellement, parfois, le ton monte et nous interrompt.

Parfois, nous n'arrivons pas à couper cette véritable *radio mentale*. Il nous arrive de hausser la voix parce que le volume du discours intérieur est plus fort que celui de l'extérieur alors que nous avons le sentiment contraire.

Pour représenter ce fonctionnement, il ne suffit pas toujours de dire que c'est comme si nous étions deux en nous-mêmes, l'un *cerveau droit*, l'autre *cerveau gauche*, se donnant la répartie.

Il arrive qu'un débat s'instaure et que les bancs d'une assemblée virtuelle se remplissent : une grande discussion intérieure a lieu. C'est comme si nous avions en nous des petits personnages, agités telles des marionnettes, les uns tentant de convaincre les autres et créant parfois d'étonnantes alliances.

Face à l'indécision, et dans des rapports de force, c'est sans fin. De plus, lorsque nous nous parlons à nous-même, nous ne nous parlons pas systématiquement en « je ».

Parfois « tu », et parfois « on » s'y perd…

Parfois, nous nous disons « tu ». Cette pratique ne nous simplifie pas la vie intérieure. Certaines personnes se tutoient tout le temps, d'autres se parlent discrètement à la troisième personne, en « on ». Cette dernière façon est une négation de soi-même, à moins que ce soit effectivement la marque d'un manque de maturité :

24. Douglas Hofstadter, Daniel Dennett, *Vues de l'esprit*, InterEditions, 1987, p. 219.

25. F. Nietzsche. *Par-delà le bien et le mal*, éd. 10-18, 1951, p. 92.

– « *N'as-tu pas remarqué que les enfants et les gens infantiles, qui ne font pas la distinction entre le monde et eux, parlent d'eux-mêmes à la troisième personne ?*[26] »

Toutes ces manières de communiquer avec soi ont de quoi nous égarer et, c'est le cas de le dire, le sujet s'y perd.

■ Lors d'un entretien préalable à la médiation, une femme raconte l'absence de communication avec son mari :

- Depuis que les enfants sont partis, il n'y a pas de communication. Avant, on allait se promener, on faisait les courses ensemble, on allait au cinéma parfois. Depuis, on s'ennuie. On ne fait plus rien. Même quand on dit qu'on pourrait faire quelque chose, se parler par exemple, on ne dit plus rien. On attend. On n'a plus rien à se dire.

Fort heureusement, je n'ai pas supposé que le « on » qu'elle utilisait l'englobait, elle et son mari. Je lui ai demandé :

- Et que fait votre mari quand *on* attend, par exemple?

- Il lit le journal ou il regarde la télé. Il est à la retraite.

- Alors *on* parle dans le vide...

- *On* attend. Les enfants viennent le week-end et enfin *on* sort, comme avant... Mais maintenant ça ne peut plus durer comme ça. On a besoin de vivre...

Nous avons eu une discussion sur qui est « on ». Au début, elle a dû me prendre pour un martien. En cinq minutes, elle a compris :

- Pendant vingt-trois ans, *on* c'était moi et les enfants. J'informais mon mari de ce qu'*on* faisait, de ce qu'*on* allait faire ou ce qu'*on* avait fait. C'est vrai, je disais toujours *on*. Depuis que les enfants sont partis, *on* c'est moi et quand je dis *on*, mon mari doit comprendre que je ne parle que de moi toute seule. Pour lui, *on*, c'est moi toute seule.

La médiation a permis une nouvelle rencontre et au lieu d'entériner une recherche de rupture, elle a permis le rétablissement d'une communication à laquelle il manquait tout simplement la bonne prise : parler en « je »; autrement dit que chacun parle de lui à l'autre...

Dans ce genre de situation, le médiateur doit se montrer attentif. Il doit distinguer ce qui relève de sa mission d'accompagnement dans la résolution du conflit de ce qui est extérieur à sa mission et qui peut nécessiter un travail de construction ou de reconstruction.

Il doit utiliser ses outils de pédagogue et non transformer sa mission en démarche pédagogique. Mais parfois...

Ainsi, pour définir un « je » d'après l'expérience, pour savoir à qui nous parlons, en tant que médiateur, et comment fonctionne la personne qui parle, rien n'est simple.

Je retiens cependant une définition. Pour cela, j'en reviens à ce constat : *je me parle*. J'identifie dans cette forme réfléchie de la conjugaison deux sujets : le « je » et le « moi ». Chacun peut être *localisé*, l'un dans ses relations avec le monde extérieur, l'autre dans ses relations avec notre monde intérieur.

---

26. E. A. Abbott, *Flatland*. éd. Anatolia, 1996.

Le « je » en question est le sujet qui perçoit : entend, voit, sent, goûte… Il exprime. Il est associé en tous points aux capteurs sensoriels. Il est lié au monde physique : c'est celui qui fait vivre *soi dans le monde* : je vis, je fais, j'agis…

Le « moi » en question est le sujet qui intériorise : il pense, il interprète, il réfléchit, il imagine, il ressent… Il métabolise. Il est associé en tous points au monde que l'on obtient en laissant courir son imagination. Il est celui qui fait vivre *le monde en soi* : je crois, j'anticipe, j'envisage…

Dans leur interaction, le « je » et le « moi » ont un discours : *je me dis que…* Dans cette formulation, il y a la trace d'une conscience possible. Mais suis-je toujours conscient que « je » dis à « moi » quelque chose ?

Et pire que tout, dans la confusion et la précipitation des choses, il arrive que l'un et l'autre, quand ils ne se disputent pas la prise de parole, changent subrepticement de position. C'est à la personne elle-même, observatrice de sa propre discussion intérieure, de s'en rendre compte. C'est là qu'intervient ce que nous devons bien appeler la qualité de la conscience.

Lorsque la personne prend conscience de ses changements, elle a la possibilité d'intervenir sur ses propres mécanismes : sa conscience devient active et remplit en elle-même la fonction que le médiateur assure à l'extérieur, entre elle et l'autre partie…

Le sujet est passionnant et mériterait que l'on s'y attarde bien davantage. Le contexte des formations s'y prête mieux.

En attendant, nous avons à notre disposition un moyen d'observation d'un discours tourné vers l'extérieur et d'un discours tourné vers l'intérieur.

Pour l'instant, nous n'avons pas de grille d'analyse ni d'outils d'intervention. C'est maintenant que nous pouvons passer à la modélisation des stratégies de communication développée par ce « je » et ce « moi » en interaction permanente.

Trois schémas pour une personne

Il remplit tout et il est tout ce qu'il remplit. Il est soi-même ce qui Pense, Énonce et Écoute. Il est l'unique et le tout dans le tout. Ah, le bonheur d'être[27] *!*

Pour représenter les stratégies de communication d'une personne, je propose un modèle[28] fondé sur les observations en neurosciences. Nous y retrouvons les principes évoqués ci-dessus, notamment sur les interactions entre le « je » et le « moi », mais

27. Edwin A. Abbott, *op. cit.*, 1996, p. 150.

28. Modèle des Stratégies et Interactions en Communication® développé depuis 1991, validé auprès de 2000 personnes au cours de formation sur la gestion comportementale, la motivation personnelle, la prévention du stress et des conflits interpersonnels.

également les interactions complexes de la recherche d'harmonie en soi et d'équilibre relationnel.

Ce modèle de forme circulaire est constitué de trois axes gradués pour chacune des modalités : réflexion, réception, expression.

L'outil terminé, nous obtenons une vision à la fois dynamique et synthétique des modalités de communication. Nous utilisons chaque partie comme autant de palettes de trois couleurs.

La communication a différentes nuances, lesquelles sont considérées comme des caractéristiques à part entière.

Les couleurs sont un excellent moyen pour illustrer ces nuances. Plaçons le bleu sur l'axe gauche de ce modèle, le rouge pour l'axe central et le jaune pour l'axe droit. Les repères neurophysiologiques, avec l'hémisphère gauche (raison), l'hémisphère droit (fantaisie) et le centre de gestion des émotions (limbicoreptilien) se retrouvent sur cette représentation.

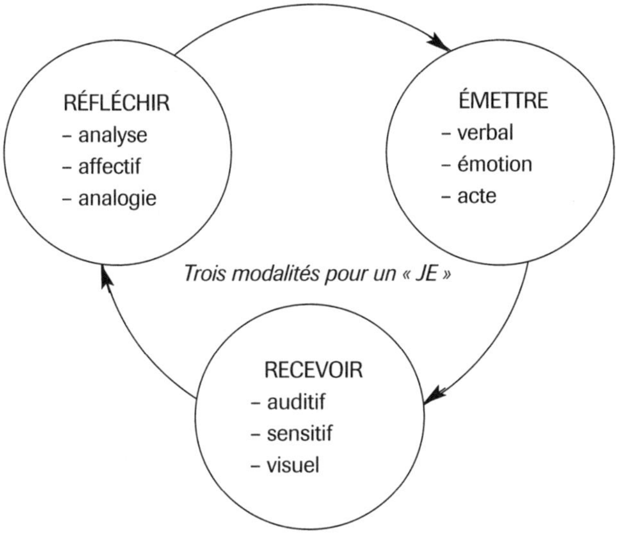

Ce modèle est une métaphore qui permet d'attirer notre conscience sur nos stratégies de communication et leurs interactions avec celles des autres. Il n'a aucune prétention révélatrice, puisque c'est un outil d'apprentissage et de perfectionnement. Il met en évidence que la communication humaine est rendue complexe par la quasi-simultanéité de trois modalités essentielles : nous percevons l'information, nous la traitons et nous nous exprimons.

À cette triade s'ajoute un autre nuancier propre à ces trois modes. Chacun a sa manière de sélectionner l'information, de la traiter et de s'exprimer : c'est ce que représente le modèle SIC®[29].

29. Stratégies et Interactions en Communication.

Le modèle SIC® permet de modéliser les habitudes de communication, que nous appelons « stratégies » pour les situer dans une dynamique à la fois potentiellement positive et volontaire.

Grâce à cette vision gestionnaire de nos attitudes et comportements[30], nous pouvons dire qu'une personne, *un « JE »*, est un ensemble énoncé en termes de perception, de réflexion et d'expression.

En voici les caractéristiques, à commencer par les stratégies de réflexion.

Mais si nous observons par exemple qu'une personne a tendance à s'exprimer par l'action et les représentations visuelles, que son langage est imagé, sa gestuelle très démonstrative, qu'allons-nous déduire quant à sa manière de recevoir ? Quelle hypothèse allons-nous émettre relativement à sa manière de réfléchir ? [31]

Pour étudier ce genre de relations entre les manières de sélectionner l'information, les stratégies de traitement et les styles d'expression, nous avons créé un inventaire comportant 90 items, 30 pour chacune.

Nous en avons créé deux versions, l'une papier-crayon, l'autre sur ordinateur. Des recoupements ont pu être réalisés au moyen d'un système informatisé.

Les stratégies de perception

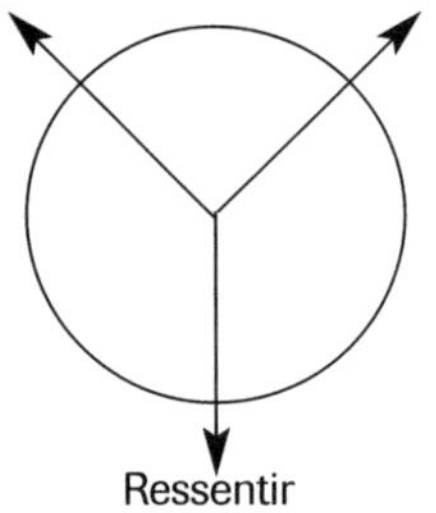

Trois types de stratégies de perception : le sensitif, l'auditif et le visuel.

Dans le sensitif : l'odorat, le goût et le tact. Certes, le goûter et le tact peuvent, indépendamment les uns des autres, générer répulsions et attraits. Toutefois, la communication entre des personnes ne s'établit guère au seul moyen de l'un de ces sens. Nous réservons ces contacts sensoriels à une dimension affective, voire une grande intimité. Et justement, cet ensemble de « ressentis » constitue une famille de perception que nous avons rassemblée au pied de l'axe central, parce qu'ils participent d'une construction émotionnelle de la communication. Cela se traduit par des expressions du genre : *« bien ou mal se sentir avec quelqu'un ou dans une situation »*; *« avoir ou pas les mêmes goûts », « se mettre ou non dans la peau d'un autre »*. Autant d'expressions qui se retrouvent dans la grande famille *« sensitive »*.

30. Cette idée de « Gestion de soi » que l'on retrouve aussi dans « auto – nomie » (qui signifie « soi » et « gestion »), m'avait inspiré le mot *psychonomie*®, en 1991, pour désigner cette idée que l'on peut utiliser ses ressources personnelles pour mieux gérer sa communication verbale et comportementale. J'ai d'ailleurs conçu et animé de nombreuses formations avec ce terme, notamment avec des financements du ministère du Travail et de la Formation continue et au ministère de l'Équipement.

31. Dans le même genre, le mouvement des yeux est une information plus que controversée pour identifier les processus de traitement de l'information d'une personne. Voir les travaux cités par Robert Dantzer, *Les émotions*, PUF, p. 81, 82.

Nous ne reviendrons pas ici sur le fait que, sans intention de négligence, certaines personnes sélectionnent spontanément les informations auditives plutôt que les visuelles, et inversement.

Dans ce domaine, toute personne possède au moins une dominance dans la sélection d'information : soit elle est visuelle, soit elle est auditive ou elle est sensitive. Elle peut être des deux à la fois ou les trois. Les conséquences seront différentes.

La métaphore des points de vue (voir le deuxième exposé) illustre bien la question de la réceptivité. Nous avons tous des exemples de dispute concernant le déroulement d'un événement.

Lorsque nous essayons de reprendre le fil d'un conflit, la confrontation des versions peut être étonnante.

Parfois, le retour sur le passé rajoute au désaccord, aggrave le conflit : « Et en plus tu es de mauvaise foi ! »

Mais si l'on examinait tout simplement le type d'information retenu par chacune des parties, on pourrait s'apercevoir que pour l'une d'entre elles l'information visuelle a prédominé et pour l'autre c'est sur l'information auditive que sa version s'est élaborée.

Exit la mauvaise foi. L'un a bâti sa version sur ce qui a été dit, l'autre a retenu plus particulièrement un enchaînement [32]. Chacun est sur son point de vue ou dans sa caverne. Le premier est de ceux qui font primer le « dit et l'entendu », tandis que le second fait primer le « montré et le vu ».

Cette attention très particulière du médiateur à la manière dont une personne sélectionne les informations n'est pas facile. S'il est attentif à ces écarts de style, il pourra identifier certaines causes de conflit.

Mais attention à la mise en place du décodage systématique. Contrairement à certaines théories, notamment celle que développent Grinder et Bandler [33], nous verrons un peu plus loin que la manière dont une personne s'exprime ne permet pas d'identifier ses modalités de perception ni ses modalités de réflexion – que ces théories omettent d'ailleurs.

En effet, ce n'est pas parce qu'une personne s'exprime par les mots que sa réceptivité est auditive. Ce n'est pas parce qu'une personne est très gestuelle qu'elle est nécessairement visuelle ; ce n'est pas parce qu'une personne est émotionnelle qu'elle est nécessairement sensitive.

Ici encore, le médiateur doit être vigilant sur les apparences. En faisant ce genre de décodage, il peut créer une certaine communication et se sentir impuissant face à une personne.

32. Voir le deuxième exposé, le titre sur les enchaînements.

33. La programmation neurolinguistique désormais très répandue dans certains pays occidentaux.

C'est pourquoi ce modèle est un outil de repérage, un moyen de concevoir de multiples exemples pour étudier le fonctionnement des relations à partir des styles représentés[34].

C'est un outil dont le but est de permettre au médiateur de penser à diversifier son expression pour mieux communiquer. Il ne s'agit pas de chercher à identifier les stratégies de communication de l'autre à son insu, mais de communiquer.

L'un dit que son sentiment est fantaisie, l'autre que sa fantaisie est sentiment. Il faudrait avoir une règle. La raison [...], mais elle est ployable en tout sens.[35]

Les stratégies de réflexion

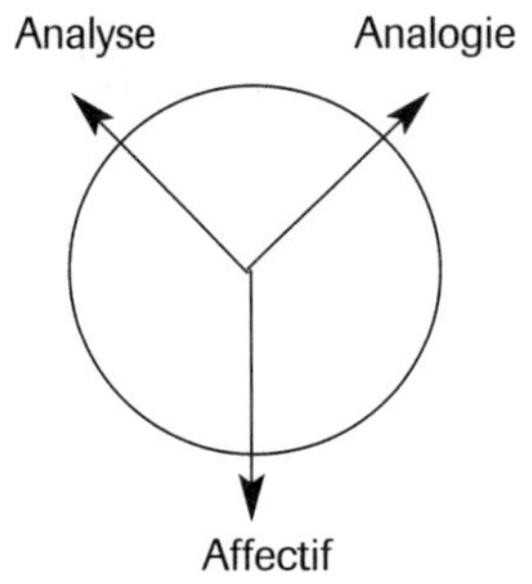

Selon Blaise Pascal, il y a trois stratégies de réflexion :

– la raison (analyse),
– le sentiment (affectif)
– et la fantaisie (analogie).

Depuis que l'auteur de *L'esprit de géométrie* a identifié ces modalités de traitement de l'information, les découvertes sur le fonctionnement cérébral ont conduit à la disqualification des concepts freudiens, mais ne les ont pas démentis au contraire. On les situe de la manière suivante : l'analyse dans l'hémisphère gauche, l'analogie dans le droit et l'affectif est associé au système limbique, au cœur du cerveau.

Le modèle des trois axes facilite une mesure par comparaison de notre manière de recourir à chacune de ces modalités.

Nous les plaçons chacune sur un axe du modèle triangulaire :
– la raison et l'analyse = axe gauche
– l'émotion et l'affectif = axe central
– l'intuition et l'analogie = axe droit

Le vocabulaire de B. Pascal *(raison, sentiment et fantaisie)* pourrait tout aussi bien convenir pour les désigner chacune.

Nous le voyons, les stratégies de réflexion concernent la manière dont une personne fait le traitement des informations qu'elle reçoit.

Pour illustrer cela, voici une personne qui pense à un désaccord. C'était avec un collègue. Il a été question d'une affaire qui n'a pas été traitée dans les délais. Rien d'exceptionnel. Notre personne n'a pas eu le temps (pris le temps?) de dire que ce retard lui posait un problème.

---

34. Le terme de paradigme est très tentant pour désigner ce modèle qui se décline et permet de faire vivre de multiples exemples.

35. Blaise Pascal, *Pensées*.

Selon notre modèle, elle dispose de trois grands styles, avec toutes les nuances de la palette de sa communication :
– première hypothèse, elle a une prédominance rationnelle dans son traitement de l'information, alors elle rassemble les faits, analyse, procède à l'évaluation de la situation, fait un inventaire éventuellement très précis, pèse le pour et le contre, rédige une note ; c'est la stratégie axe gauche ;
– deuxième hypothèse, elle a une prédominance émotionnelle. Elle a été choquée. Elle ressent le comportement de son collègue comme le témoignage d'une certaine négligence. Si elle s'interroge, c'est sur la relation affective, par exemple « est-ce de la démotivation » ? Ah, du mépris de l'autre ? Le choix est vite fait, mais le sentiment, peut-être lourd à porter, peut faire passer la spontanéité affective pour une longue réflexion. Généralement, le choix est fait automatiquement et correspond à l'humeur du moment. Le comportement de l'autre est ressenti comme un *rajout*, volontaire ou non. Quoique le volontaire est souvent préféré dans l'appréciation. Le prêt d'intention n'est pas loin... ;
– troisième hypothèse, notre personne est intuitive. Elle procède par analogie et association d'idées. Elle ne s'attarde guère sur le détail et a immédiatement une vue d'ensemble. Lorsqu'elle a conscience de son discours intérieur, elle va avoir ou ne pas avoir une intuition. Le temps que les choses se propagent en elle et elle va décoder un message, comme si elle interprétait un rêve.

À la lumière de cette description, nous comprenons bien que lorsque notre personne va revoir son collègue, elle sera prédisposée d'une certaine manière.

Ainsi, le style de traitement de l'information conditionne les comportements.

Les autres paramètres de la relation sont également conditionnés par le style de traitement de l'information, mais celui-ci n'est pas forcément visible dans la manière dont la personne s'exprime.

Les stratégies d'expression

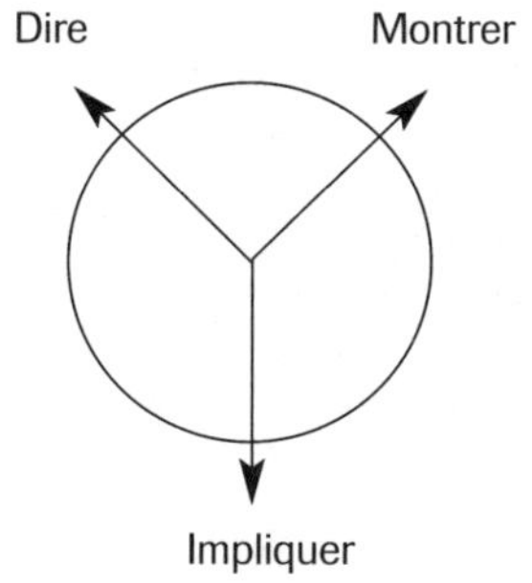

Les stratégies d'expression sont si nombreuses qu'il peut sembler réducteur de n'en trouver que trois fondamentales.

Prenons la manière de dire. S'exprimer par les mots se décline : un langage de constat, un langage imagé ou un langage affectif ; le choix des mots charge le sens, et le change.

Prenons maintenant, sur l'axe droit, la manière de communiquer en montrant, c'est-à-dire par l'action : on le fait avec recul, avec approche, ou l'on désigne tout simplement.

Enfin, la manière d'impliquer (axe central) : on fait faire en contraignant, mais on peut donner envie ou encore procéder en accompagnant l'autre.

Déjà, par cette description, on peut compter que notre palette a neuf nuances. Si l'on applique cela à la pédagogie, on voit que les enseignants ont une grande marge pour expliquer les choses qui nous sont apparues si rébarbatives parfois.

Ici le fond risque de disparaître dans la forme. Toutes nos stratégies sont aussi riches en nuances, mais celles-ci sont plus visibles et peuvent donner l'impression d'être le reflet de la totalité.

Combien de tensions et de conflits causés par la manière de dire, de faire et d'impliquer? Combien de conflits causés par l'interprétation de l'apparence?

En observant ces mécanismes, nous retrouvons des formes de communication paradoxale.

Avançons et voyons sans plus tarder ces notions qui donnent un éclairage nouveau aux écarts entre l'intention et l'action, et entre l'acte posé et l'acte perçu.

Les interactions des trois modalités

Nous venons de présenter les schémas de description de la communication d'une personne :

– ses stratégies de perception : sélection des informations;

– ses stratégies de réflexion : traitement des informations;

– ses stratégies d'expression : modalités d'émission.

Nous communiquons 24 heures sur 24 avec nous-même

Nous avons identifié qu'une personne peut avoir une dominance sur un axe dans son style d'expression tandis que sa dominance de perception est sur un autre axe. L'implication est simple.

Procédons par exagération.

■ Imaginons qu'une personne soit excessivement verbale et sourde à la fois; c'est-à-dire que cette personne a *son schéma d'expression* qui présente une forte dominance sur l'axe gauche alors que son *schéma de perception* présente une dominance égale sur l'axe droit et central, tandis que le gauche (auditif) est en troisième dominance et nettement inférieur.

Pouvons-nous déduire que la communication de cette personne avec elle-même est fluide?

Nous conviendrons qu'il existe en elle certains risques conflictuels, au moins pour ce qui est de l'interprétation de ce qu'elle fait.

Le retour que notre personne imaginaire a sur ce qu'elle exprime est manifestement plus visuel et sensitif…

Ce retour privilégie un type d'information. Il est donc subjectif.

Cette manière de privilégier des formes d'information est à l'origine de nombreuses distorsions : la personne n'entend pas ce qu'elle dit et ne voit que ce qu'elle fait; elle perçoit l'impact des énoncés verbaux. N'est-ce pas embarrassant pour elle ?

Des conséquences sont à tirer, notamment sur les sources de nos divergences, de nos différences et donc de notre créativité.

Il faut considérer que lorsqu'une personne est mise en cause, ses mécanismes peuvent s'emballer.

Comme dans l'homme coléreux d'Alain que je citais tout à l'heure, l'amplification est à la clef de tout sentiment de contrainte; l'homme en colère devient de plus en plus en colère s'il ne se sent pas écouté : c'est le principe de la surenchère.

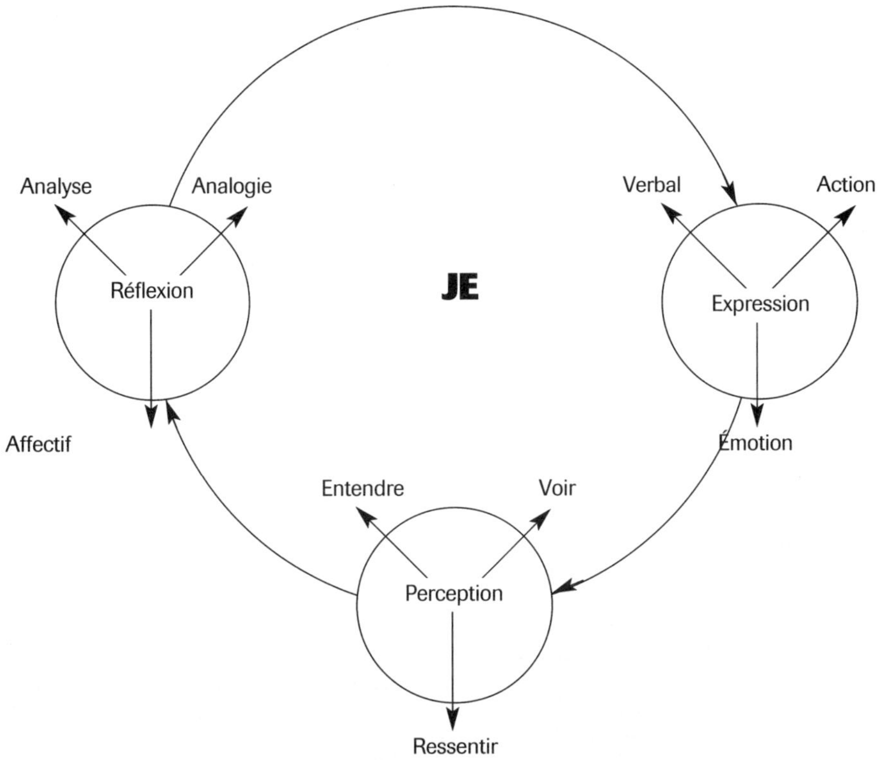

Pour bien utiliser ces schémas, nous devons les associer à tout ce que nous avons vu précédemment. Nous devons appliquer ici les mécanismes que nous avons observés très clairement dans la relation des personnes sur leurs points de vue respectifs, sur le bateau et lors de la sortie de la caverne.

Surenchère, rétention et litanie

– La surenchère, c'est faire plus que ce que l'on fait habituellement.

– La rétention, c'est faire moins que ce que l'on fait habituellement.

– La litanie, c'est faire autant que l'on fait habituellement.

Voici, en trois phrases, les comportements que l'on adopte pour résoudre une tension, pour donner une explication à quelqu'un qui ne comprend pas, pour faire passer un ordre ou une recommandation… Elles participent toutes les trois du fatalisme fonctionnel que nous avons vu dans le deuxième exposé.

Je fonctionne comme ça et trois possibilités :

– j'en rajoute dans ce que je fais déjà, parce que c'est le plus spontané en moi et le plus évident, tellement que tout le monde ne peut que comprendre;

– j'en retire là où il en manquait déjà, mais c'est le plus facile pour moi et je le présente comme étant le moins risqué pour toi;

– je fais toujours pareil, comme un disque rayé, ce qui est censé prouver que je ne te veux pas de mal, sinon je m'y prendrais autrement, je ne sais pas comment, mais autrement.

La stratégie de surenchère est un mécanisme simple. Un parent dit à son enfant de ranger quelque chose : *va poser cet objet dans le placard.* L'enfant ne réagit pas. Le parent le dit plus fort, l'enfant s'oppose, le parent se met à crier, l'enfant pleure, le parent lui donne une fessée, l'enfant hurle, le parent hurle…

Un enseignant donne une explication, l'élève ne comprend pas. L'enseignant répète, l'élève est hermétique, l'enseignant fait preuve de patience et dit une nouvelle fois la même chose… Si l'élève ne comprend toujours pas, c'est probablement qu'il s'obstine…

Les situations de communication sont très nombreuses où l'on répète le même comportement pour faire passer une information.

Lorsque nous sommes agacés, il est rare que nous pensions à dire les choses autrement qu'à l'habitude. Si je suis un actif, je vais montrer, remontrer et montrer encore, m'agiter. Si les autres ne comprennent pas, ce n'est pas par mauvaise volonté, mais tout simplement parce que ce n'est pas leur modalité de réception des choses. Il faudrait que je passe sur un autre registre. Comment puis-je y penser si je ne sais même pas que c'est possible. Le bateau se transforme en une véritable galère.

– Si je donne habituellement des explications, lorsque je suis dans une emprise émotionnelle, j'ai nécessairement tendance à aller dans le même sens et à rajouter des explications, diminuant mon expression là où elle est habituellement peu expressive. Par exemple, je serai moins affectif et encore moins actif si c'est l'axe droit qui est le plus faible dans ma communication.

– Si je suis un actif, plutôt gestuel, que je communique en faisant les choses, je vais m'agiter, en faire encore plus jusqu'au point de me faire déborder par l'action. J'en dirai encore moins, par manque de disponibilité. Je ferai preuve d'encore moins d'affectivité si c'est mon axe habituellement le plus faible…

– Si je suis un émotionnel, j'exprimerai encore plus d'affectivité quand je ne suis pas bien. Je me laisserai plus emporter par mes passions même dans les situations où j'en exprime habituellement peu.

La rétention est à l'image inverse. Si je me dis que j'ai affaire à une personne susceptible, et que je suis plutôt rationnel, je vais adopter une attitude précautionneuse. Je vais éviter de m'exprimer sur le registre affectif – je me connais – qui n'est précisément pas mon fort.

La stratégie de rétention consiste ainsi à faire moins de ce que je fais peu. Cela n'implique pas que je vais en rajouter sur l'autre axe, mais on pourrait en avoir l'impression.

D'ailleurs, des disputes ont lieu sur ce sujet. L'un dit, tu en rajoutes, l'autre dit que non, au contraire.

La litanie, comme son nom l'indique, est une stratégie de répétition. J'ai vu dans de nombreux ouvrages de techniques d'animation de réunion la litanie traitée comme une technique efficace. Certes, elle l'est, mais pour faire taire par l'usage de la répétition. En réalité, cette forme de communication témoigne plus d'une limite de compétence que d'une maîtrise de savoir-faire. La répétition d'une chose à l'identique, sur un ton monocorde, est une manière de dire : « Tu me fatigues à ne pas comprendre ce que je dis, mais je répète quand même. » C'est une manière de semer un sentiment de culpabilité en l'autre, tout en montrant le peu de créativité en communication de l'utilisateur.

Ainsi, le modèle SIC® a le mérite de permettre de faire le point sur nos stratégies relationnelles. Il met en évidence que l'intention n'est pas forcément là où on l'affirme habituellement.

Il nous intéresse plus pour comprendre que pour analyser, ce qui peut frustrer les tendances obstinément analytiques, mais correspond mieux à la démarche active qu'il convient d'avoir en médiation.

Ce modèle attire l'attention sur les risques de surenchère, de rétention et de litanie. Il fournit également une explication des décalages dans notre communication :

– entre ce que nous pensons faire et ce que nous faisons (la relation entre l'intention et l'action),

– entre ce que nous faisons et la perception que nous en avons,

– entre ce que nous percevons et ce que nous traitons comme informations.

Pour le médiateur, ce modèle permet de repositionner très souvent la notion de maladresse : une personne peut avoir une intention et ne pas savoir comment l'exprimer autrement que de la manière dont elle le fait. Ses stratégies lui apparaissent évidentes. Parfois, elle veut bien en changer, mais rapidement, sans s'en rendre compte, elle retombe dans ses schémas.

3. Le modèle des stratégies et interactions en communication

Pendant sept ans, de 1991 à 1998, j'ai utilisé le questionnaire de 90 items pour identifier les différentes stratégies et calculer informatiquement les résultats pour tracer le schéma des stratégies globales.

À ce jour, plus de 2 000 personnes ont répondu à l'inventaire SIC® que j'utilise toujours en formation de médiateurs.

Les résultats de l'étude m'ont permis d'envisager les questions suivantes :

– Peut-on déduire les stratégies les unes à partir des autres ?

– S'exprime-t-on comme on aime que les autres s'expriment avec soi (le schéma d'expression n'est pas identique au schéma de perception) ?

– Notre communication avec nous-même est-elle est à l'image de celle que nous avons avec les autres (en nous, nous traitons-nous comme si nous avions affaire à un autre) ?

– Notre communication interne est-elle le reflet des stratégies de pensée et de réflexion ?

– De fortes ressemblances facilitent-elles réellement un bon climat relationnel ?

– Les écarts observables sur les schémas peuvent-ils expliquer les désaccords en soi et tout ou partie des divergences de point de vue ?

Ces questions intéressent le médiateur qui doit prendre en compte ces aspects du fonctionnement personnel dans une médiation. Une personne peut soudainement prendre conscience de quelque chose, sans entrer dans la description de sa prise de conscience. Le rôle du médiateur n'est pas d'aller creuser : chaque personne doit faire son chemin à sa manière. Mais le médiateur doit savoir montrer qu'il comprend, non en se contentant de dire « Je comprends », mais en sachant formuler ce qui se passe.

Pour simplifier, je désigne ce schéma sous le nom de **schéma transactionnel**.

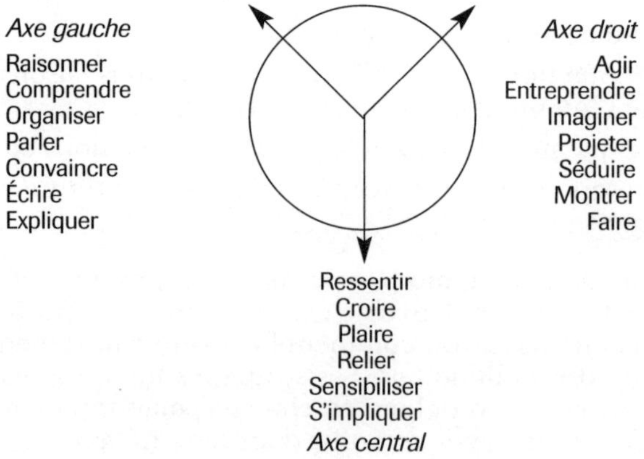

Un modèle = une typologie de 13 schémas

Grâce à cette représentation, nous pouvons avoir une idée globale des stratégies de communication d'une personne.

Pour cela, nous superposons les trois schémas PRE et nous obtenons une représentation de ses caractéristiques principales en T (Transaction).

Cette schématisation permet d'identifier 3 grandes familles de communicants :
– ceux qui possèdent une dominance principale dans leur communication et les deux autres sont égales, mais en position inférieure : les spécialistes ;
– ceux qui possèdent deux dominances égales, et le troisième axe est en position inférieure : les intermédiaires ;
– ceux qui ont une distribution des trois résultats : les généralistes.

Les définitions qui suivent nous permettent d'attirer notre attention sur les performances et les risques des différents styles de communication.
Les nombres qui sont attribués aux schémas se décomposent suivant les trois axes : gauche, centre et droit. Le chiffre 1 correspond à la dominance principale.
Le nombre 112 par exemple désigne une double dominance : axe gauche, axe central. Voici les trois familles de communicants.

Les spécialistes : 3 schémas types

Les spécialistes ont en commun une prédominance. Les personnes dont les stratégies sont plus diversifiées perçoivent généralement celles qui ont des stratégies de « spécialistes » comme excessives.
Sortis de leur spécificité, ce n'est plus la même flamme qui les anime. Les plus affectifs se sentent « pris entre le marteau et l'enclume », dans une sorte d'impuissance à choisir, tandis que les plus fantaisistes se voient coincés et les plus rationnels s'inclinent face à la limite du raisonnement. Le spécialiste n'est bien que dans son élément (sa spécialité), dans ce qu'il connaît, par déduction, intuition ou attirance… Les modes de fonctionnement des spécialistes sont les 3 modes de base de l'ensemble de la typologie. Chacun est représentatif dans les risques de surenchère et de rétention. Sur le principe de « qui se ressemble s'assemble », le mélange peut être des plus détonants dans les désaccords.

122 – Expert

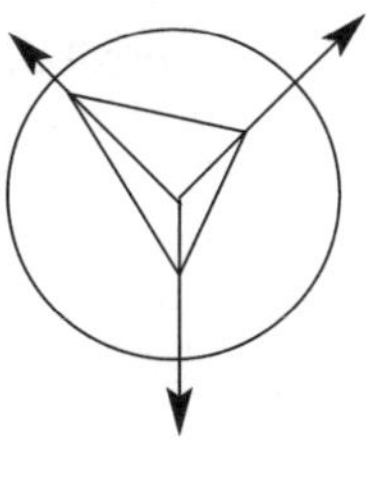

Axe gauche dominant. Entre la tâche et l'homme, son choix est net, il fonce « dans la tâche ». La méthode est sa référence. Il est de type linéaire et redoutable dans sa dynamique, laquelle est principalement fondée sur la rationalisation : c'est un « bosseur ». Il cherche à expliquer. L'expert se signale par un souci d'exactitude et d'attachement aux détails.

Il aime l'abstraction associée à la méthode et l'organisation. Il construit et structure dans le strict respect des règles établies. Ses questions préférées sont axées sur le : « Pourquoi ? » et le « Qu'est-ce qui fait que » : raison, besoin, motivation...

221 – *Acteur*

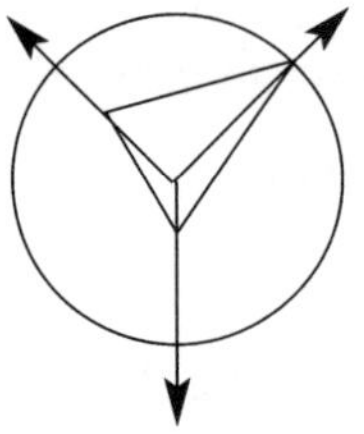

Axe droit dominant. L'Acteur est dans l'intuition et l'action : il fait, expérimente, essaie, reproduit. Il est dans l'axe de la réalisation et la recherche d'idées nouvelles. Il est forcément créatif, en recherche permanente d'une nouvelle action. C'est un preneur de risques. S'il peut paraître fonceur ou « tête en l'air », pour lui c'est clair : son intuition lui révèle tout avant, et si vite, qu'il ne sait pas le raconter. Il a tout juste le temps de faire. Il vit dans la réalisation de projets. Il ne doute guère de ses interprétations de la réalité et exerce des talents de « visionnaire ». Il est dans le « Comment ? »...

212 – *Révélateur*

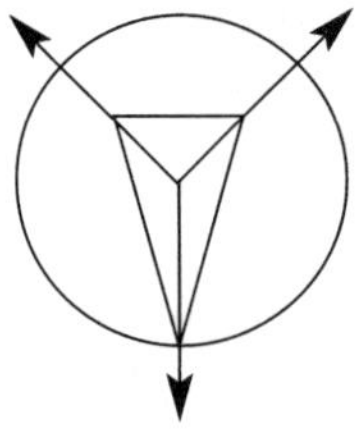

Axe central dominant. L'essentiel pour le Révélateur est « être ensemble ». Il est parfois en quête de solitude pour mieux se centrer sur lui. Il a « les pieds sur terre » et s'il développe beaucoup de qualités dans le registre des « contacts humains », avec un attachement à des valeurs, une dimension « mystique », il vit dans « l'authentique » et peut être d'une spontanéité déstabilisante. Très « feeling », il abandonne rapidement toute démarche analytique pour préférer son sentiment et sa première impression. Il peut avoir des moments d'intense méditation et il cherche à résoudre sa forte sensibilité. Sa question est principalement : « Avec qui ? »...

Les intermédiaires : 4 schémas types

Description : deux résultats prédominants et égaux. Les intermédiaires ont une finesse qui se révèle rapidement dans les groupes, avec un style empreint d'une certaine dualité.

Lorsque les enjeux correspondent effectivement à leur sensibilité fonctionnelle, ils sont souvent efficaces en négociation. Chacun selon sa spécificité fonctionnelle fait « parler » l'idée que tout est négociable. Au sein d'un groupe, leur rôle peut se révéler déterminant pour aboutir à un consensus. Selon leurs compétences techniques, ils se comportent souvent comme des pierres angulaires de la prise de décision...

112 – Conciliateur

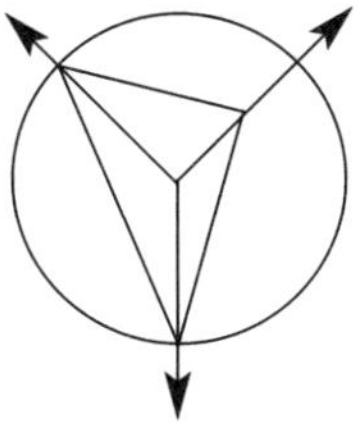

Avec ces intermédiaires, le sentiment peut se concilier avec la logique. Le cœur a des raisons toujours recevables. L'irrationnel affectif peut être intégré dans un souci de compromis. Ils sont prêts à comprendre les élans affectifs tout en recherchant plutôt le « raisonnable ». Toutefois, en cas de problème, ils rechercheront le maintien des bonnes relations et l'entente. Aide à la décision : concilie les principes et les gens. Font définir des valeurs communes.

121 – Concepteur

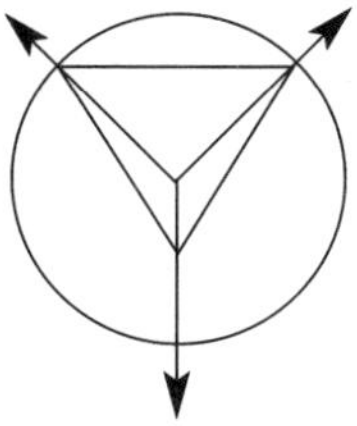

Pour ces funambules idéalistes, autant formalistes que réalistes, la contrainte de leur fonctionnement consiste à relier le principe et l'action. Ils cherchent à relier le plus précisément l'idée à l'action. Lorsqu'ils sont seuls, ils tentent de raisonner leurs élans, tout en ayant autant de tendances à de grandes envolées qu'à des plongées profondes. Ils sont « pris entre le ciel et l'eau »... Ils ont facilement recours à l'abstraction pour résoudre ou différer les questions relatives aux relations humaines. Aide à la décision : permet de relier la réflexion à l'action.

211 – Associateur

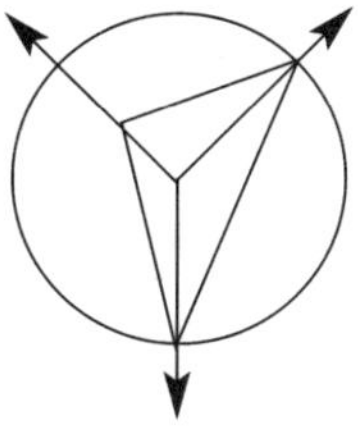

En situation de négociation, l'associateur cherche à créer le lien entre la rapidité d'action et la qualité des relations interpersonnelles... « L'associateur » est performant en groupe d'action. Il fait face à l'agitation, comme s'il était dans son élément. Il ne craint pas les « coups de feu » et les humeurs : il fait avec. S'il n'est pas attiré par la gestion des structures, il est attiré par les groupes de projet, dont il peut animer avec plaisir les débats. Aide à la décision : peut contribuer à faire adhérer des gens à un projet.

111 – Coordonnateur

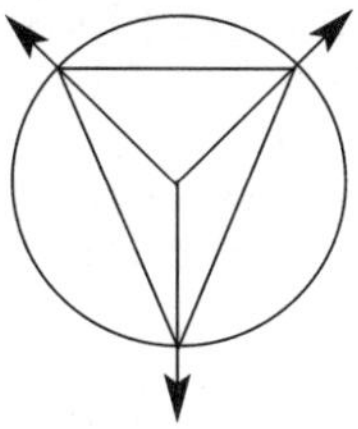

Trois axes égaux. Modérateurs en toutes choses, les coordonnateurs ont une tendance à favoriser la bonne entente entre les gens pour qu'ils partagent les mêmes choses, idées et relations.

Ils se comportent comme des observateurs permanents. Globalisateurs, ils sont néanmoins dans la retenue. Leur fonctionnement les pousse moins vers l'action que vers la réflexion. Ils ont peu d'expressions spontanées...

Aide à la décision : par exemple, dans l'établissement de règles de fonctionnement et de communication ; ils sont cependant particulièrement efficaces pour les missions clairement définies.

Les généralistes : 6 schémas types

Les plus nombreux. Leurs styles de fonctionnement leur permettent de « toucher un peu à tout ». Toutefois, l'organisation de leurs prédominances est significative : elle indique un certain ordre de préférence dans leur style de traitement des informations. Le chiffre 3 correspond à la sous-dominance ; c'est-à-dire que c'est le troisième recours, dans leur manière d'appréhender les situations et de réagir. La première dominance (chiffre 1) est la plus spontanément active.

Les généralistes peuvent prendre assez facilement la direction des situations qui correspondent à leur fonctionnement.

132 – Savoir-Faire

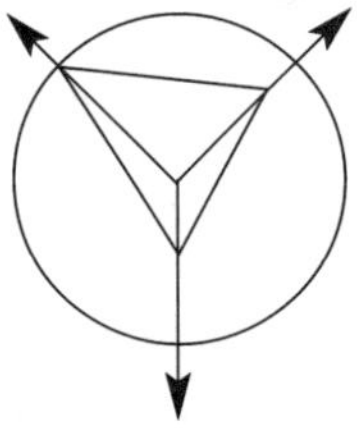

Premier axe, le gauche (Savoir), second, le droit (Faire). Réfléchir, raisonner, analyser, structurer, sont des verbes clefs des « savoir-faire », dont la dynamique transactionnelle indique que s'ils sont axés sur la réflexion, ils n'en n'oublient pas pour autant la réalisation. Ils revendiquent un esprit pratique, voire technique.

À mi-chemin du concepteur et de l'expert, ils peuvent être des stratèges et les jeux de représentations logiques peuvent leur être très plaisants. S'ils émettent des idées, elles leur apparaissent fondées sur des connaissances dont ils ont testé la fiabilité. Ils réservent leur action jusqu'à être convaincus d'atteindre le meilleur résultat.

123 – Savoir-être

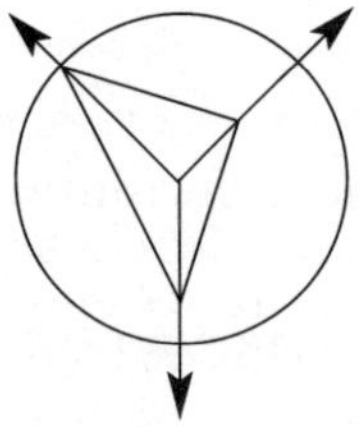

Premier axe le gauche (Savoir), second le centre (Être). Principes, règles, valeurs : autant de références importantes pour ceux qui se retrouvent dans ce schéma. Plutôt conformistes, le contrôle et la retenue font partie de leur fonctionnement. Ils sont performants dans l'administration des structures où ils chercheront à prendre en compte les intérêts des personnes. Ils font cependant prédominer la raison et le cas échéant la Loi, les principes, les us et coutumes. Les règles de savoir-vivre et les règles morales qu'ils ont adoptées leur sont des valeurs qu'il leur est difficilement acceptable de voir mises en cause.

231 – Faire connaître

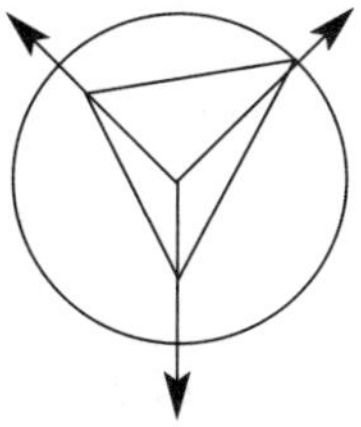

Premier axe le droit (Faire), second le gauche (Connaître). Orienter, devenir, comprendre, un schéma d'entrepreneur et de promoteur. Diffuser, mais aussi calculer, dans un esprit stratégique, et généraliser tout en étant précis, font partie des préoccupations des personnes dont le schéma correspond à cette dynamique, même si leur confiance en leur intuition est forte et qu'elles s'attardent un peu moins en analyse.

Elles sont des « aventurières cérébrales »... Leurs recherches les portent à rendre concret ce qui est abstrait.

Ces personnes conduisent plus facilement le théorique vers l'action qu'elles ne parviennent à conceptualiser. Pour elles, lorsqu'elles mêlent l'action à l'explication, il s'agit de diffuser, d'informer, de « faire connaître »...

321 – Faire se révéler

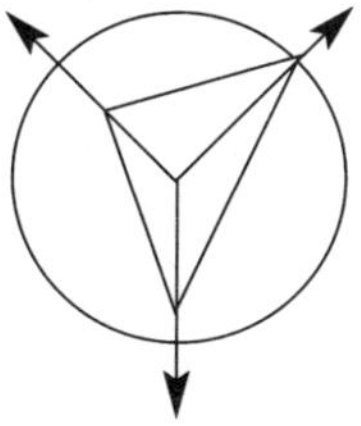

Les personnes possédant ce type de schéma font prédominer l'action, la nouveauté, et tentent de les associer à un souci humaniste.

Elles ont un besoin d'action et de qualité relationnelle.

Elles agissent auprès de leurs proches un peu comme des jardiniers. Informer et créer des liens (ou pour créer des liens), c'est le sens de ce qui les motive. Souvent, elles se distinguent par la fantaisie.

Pour elles, l'information visuelle est très importante dans leur fonctionnement.

Si elles exercent dans le commercial et le social, elles ne font pas peser l'un plus que l'autre. Toutefois, le plus souvent, elles sont attirées par des relations d'enseignement.

213 – être ressource

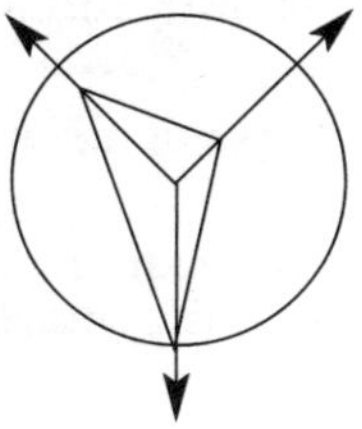

Schéma de personnes centrées sur l'être et plutôt à l'écoute. Réguler, tempérer, mettre en accord, favoriser l'entente, constituent des priorités. Elles se positionnent comme référence et se définissent plutôt comme « pivot » autour duquel « ça tourne ». Pragmatiques, elles se réfèrent beaucoup à leurs valeurs qu'elles rationalisent facilement.

Sensibles au contact et chaleureuses, elles apprécient et encouragent les échanges et la méthode. Attachées à la crédibilité, la prudence est une de leurs caractéristiques.

312 – être acteur

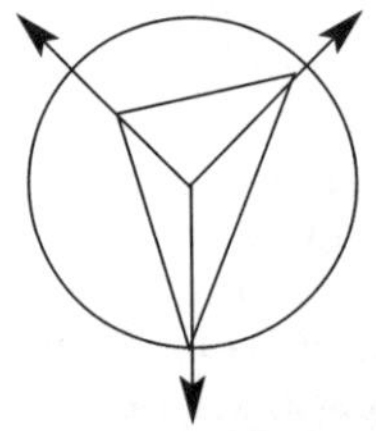

Personnalités sensibles, leur *feeling* est déterminant. Opérationnelles, ces personnes sont très portées sur la qualité de la relation. Pour elles, il est fondamental d'avoir beaucoup d'occasions de communiquer et la recherche de satisfaction est très forte.
Relationnelles agissantes, elles font prédominer les intérêts humains. Artistes dans l'âme, elles marquent des attirances pour les activités qui pourraient apparaître ludiques pour certains mais qui pour elles sont l'expression d'un besoin de réalisation.

L'étude SIC® en médiation

Lorsqu'il est opportun d'amorcer un échange sur la manière dont des personnes communiquent entre elles (relations professionnelles, équipes, associés, parents...), l'étude SIC® est un bon moyen.

Les résultats sont fournis par Médiateurs Associés®[36].

Leurs représentations graphiques sont expliquées par le médiateur et la discussion porte alors sur la manière dont une personne communique avec elle-même et avec l'autre ou les autres parties.

Grâce à cet outil, le médiateur ramène les propos sur les questions de forme, ce qui lui permet de réguler les entretiens en utilisant le cadre fourni par le modèle. Néanmoins, il est évident que les sujets de fond sont abordés mais ils sont survolés, dédramatisant ainsi les causes et conséquences du rapport conflictuel.

Les résultats permettent de mettre en évidence :
– les interactions des modalités de fonctionnement d'une personne (communication intra-personnelle) ;
– les risques de surenchères, de litanie et de rétention :
  - faire plus que ce que je fais habituellement,
  - faire moins...,
  - faire autant...

Des professionnels des relations humaines utilisent l'étude SIC® dans des situations très diverses. Au départ, les résultats de cette étude étaient conçus comme un outil de compréhension des mécanismes conflictuels. En se les appropriant, ces professionnels en ont élargi les contextes d'application.

Le questionnaire en 13 définitions est placé dans la partie exercice de cet ouvrage.

Dans la partie suivante, nous allons voir comment le médiateur va utiliser ce modèle, non pour décoder ses interlocuteurs, mais pour agir en facilitateur.

36. redact@pythagore.com – http://www.lesmediateurs.com

Des outils pour agir

D'abord vider tout le panier et ensuite y remettre les uns après les autres les fruits sains qu'il n'est pas question de rejeter même si on a dû sortir tous les fruits.

René Descartes

L'action globale du médiateur consiste à préserver la bonne volonté initiale qui a entraîné les parties à envisager la médiation.

La préservation de cette bonne volonté des parties permet d'assurer la réussite de la médiation.

Nous verrons dans l'exposé suivant le processus qui permet à la médiation d'aboutir. Dans l'immédiat, je vais présenter les différents outils que le médiateur utilise, soit pour lui-même, soit avec les parties.

De manière constante, pour maintenir le cap de l'intention positive, le médiateur doit savoir se positionner et être à 100 % responsable de sa qualité de présence, de son action et de sa communication.

C'est de cette manière de communiquer dont il va être question ici.

Il n'est pas nécessaire au professionnel de la médiation de se *remettre en cause*. Il doit seulement maîtriser sa communication, sans que cette maîtrise consiste en une contrainte en lui-même. Il doit savoir être maître sans se soumettre. Il doit maîtriser un large éventail d'outils de communication. Il doit savoir diversifier sa communication, à tout moment.

S'il doit savoir se montrer prudent, cette prudence ne doit pas voisiner avec la méfiance ou le soupçon : il doit être à la fois prudent et accueillant.

Les outils en question vont des techniques d'écoute, aux techniques d'affirmation de soi, jusqu'aux techniques de créativité et de gestion du stress, qu'il s'agisse de son propre stress ou de celui des autres.

Je vais maintenant poursuivre le développement de la démarche de médiation avec un approfondissement de la distanciation.

Je présenterai, ensuite, les techniques d'expression, dont la reconnaissance, et les techniques d'échange dont la maîtrise effective ne peut s'envisager en dehors des formations de groupe.

Dans cet exposé, nous ne pourrons pas faire l'impasse de trois autres techniques de communication qui peuvent être définies comme suit : l'expression corporelle, la gestion du stress et la rhétorique.

1. La distanciation

Tout d'abord, il convient de savoir prendre une distance avec les choses, les idées, les plaintes. Il faut savoir ne pas prendre pour soi ce qui n'est pas soi et ce qui, en tout état de cause, n'est pas soi.

Comme nous l'avons vu précédemment, la neutralité du médiateur n'est pas passive. Si je prends pour exemple une guerre, nous avons l'habitude de dire qu'un pays neutre ne participe pas au conflit.

Cette neutralité n'a rien de commun avec celle du médiateur. La sienne est active. Sollicité et choisi par les parties, le médiateur ne laisse pas faire : il est interventionniste.

Pour que les parties puissent cependant constater sa neutralité, le médiateur doit être cohérent dans ses paroles et ses comportements.

La cohérence ne s'improvise pas.

Si certaines personnes ont plus de facilité que d'autres pour l'afficher et la vivre, elle nécessite malgré tout une réflexion de fond et une attention très fine. Ainsi, le médiateur doit autant être attentif à ses mots qu'à ses gestes et ses mimiques.

La première technique du médiateur consiste donc en une réflexion sur lui-même.

Il doit commencer par vérifier s'il est toujours dans cette neutralité quand il écoute, quand il analyse et quand il s'exprime, car elle est le gage de la qualité de son intervention.

Pour cela, les deux premiers outils sont :

– **la distanciation** : il s'agit de vérifier si les distances sont suffisantes : entre lui et les parties, et entre lui et les positions des parties; en effet, humainement, le médiateur peut se sentir proche de l'une des parties et très éloigné des positions qu'elle a adoptées dans une circonstance, et inversement : avoir une sympathie d'opinion et désapprouver le comportement de la personne qui en est porteuse. Autrement dit, cet outil permet un contrôle dynamique des sympathies avec les parties, mais il n'est pas à confondre avec l'indifférence. Cette démarche ne consiste pas à adopter des comportements de froideur sous couvert de neutralité ;

– **la prédisposition à la reconnaissance** : il s'agit d'avoir une approche positive de la motivation humaine et de savoir l'exprimer clairement, honnêtement et sans détour. Cette prédisposition est le fondement de l'attitude de médiation, c'est sur elle que repose le climat de confiance que le médiateur crée immédiatement et qu'il doit pouvoir entretenir tout au long du processus. Je dis *prédisposition*, parce qu'on m'aura probablement compris, celle-ci vient avant la reconnaissance et pour que celle-ci soit authentique, il est indispensable d'y être prédisposé. Néanmoins, il ne s'agit pas de confondre cette prédisposition avec celle de la compréhension sympathique qui débouche souvent sur le pardon. Si le médiateur doit reconnaître aux parties leurs intentions positives, il constate avec elles la maladresse et ses conséquences. L'action du médiateur ne consiste pas plus à absoudre qu'à juger et condamner.

Ces deux outils sont indissociables. S'il arrivait au médiateur d'être face à une personne qui le replonge dans une situation fortement évocatrice d'émotion, sans qu'il puisse prendre la distance nécessaire, alors la qualité de la reconnaissance des parties s'en ressentirait inévitablement.

Ne pas prendre pour soi ce qui ne l'est pas

Comment le médiateur peut-il savoir s'il va tenir une médiation jusqu'au bout ? Comment va-t-il savoir qu'il exerce son métier en toute neutralité ? À quoi constatera-t-il lui-même qu'il est effectivement dans le rôle qu'il s'est assigné ?

La distanciation doit être travaillée, pratiquée, étudiée le plus souvent possible par le médiateur qui entend régulièrement des propos désagréables, des critiques à tout sujet.

Combien de fois me suis-je dit que si je n'avais pas pris pour moi un propos qui ne l'était pas en dépit de l'apparence, j'aurais eu une réaction plus pertinente, plus efficace ou tout simplement moins chargée de ma susceptibilité ?

Ces questions ne concernent pas les compétences au sens classique du terme, c'est globalement une question relative à la maîtrise de ses propres sentiments et émotions.

Très souvent, lorsque le médiateur commence à donner des avis de solution ou à s'impatienter, c'est un signe qu'il interprète par rapport à lui-même. C'est le signe qu'il ressent quelque chose qui le fait sortir de son rôle d'accompagnateur[1].

1. Sentiment d'impuissance, identification, mais aussi écoute distraite, exaspération. Les méthodes mixtes de l'ADR citées en introduction (med-arb) sont des moyens efficaces pour pallier ce type de limite. Il convient de prévoir des moments d'échange dans le processus.

Entre le problème et le médiateur, il doit y avoir une distance d'observation aussi infranchissable qu'entre les états émotionnels des parties et l'état de sérénité du médiateur lui-même.

Cette distance est un gage de durée dans le métier de la médiation.

Pour se garantir cette distance, le médiateur doit savoir se situer et être conscient de sa réactivité.

Dans les médiations familiales par exemple, la retenue, la contrainte de soi, n'est pas très satisfaisante, et parfois très peu efficace. Dans le cadre de sympathie ou d'antipathie dans les médiations économiques, la même distance s'impose.

Lorsqu'une personne expose une situation, qu'elle présente un problème, il est rare que l'on puisse rester totalement neutre. Imaginer le contraire n'est-ce pas imaginer que nos expériences personnelles ne laissent aucune trace émotionnelle *en soi*? C'est en tout cas bien ignorer le fonctionnement du cerveau qui crée du lien à chaque fois qu'il engrange. Quant à l'indifférence, ce n'est certainement pas un gage de compétence.

Chacun a cependant des sympathies, des antipathies, des attirances et des répulsions. Lorsque nous écoutons de la musique, que nous apprécions une voix, lorsque l'on regarde un film, nous éprouvons quelques sentiments. Le médiateur doit tout à la fois s'en rendre compte et s'en rendre maître. Il doit pouvoir cerner et gérer ce qu'il ressent. Il doit savoir prendre et respecter une distance certaine.

Distance et neutralité

Pour donner du sens à cette notion de distanciation, je prendrai les propos de René Descartes lorsqu'il tente de définir un « Je » et affirme son *« Je pense donc je suis »*. La question ontologique ne fait pas partie de notre ouvrage, mais on peut quand même se poser la question « Qui est *je*? », en tant que ce que « je » ressent et pense, ce qui peut interférer sur sa neutralité indispensable en médiation.

René Descartes a développé une méthode, assez rigoureuse, quoiqu'austère, pour se clarifier l'esprit. Il a proposé une expérience : se défaire mentalement de tout ce qui n'est pas soi. Pour cela nous devons identifier tout ce que nous prenons pour soi et qui ne l'est pas forcément...

Le « je » et la bougie

Comment cerner le « Je »?

Cette idée de distanciation mérite que l'on s'y attarde. Pour cela, je reprends la métaphore de René Descartes. Je vous propose de penser à une bougie. J'appelle *bougie* une longue tige de cire moulée. Une mèche, une flamme et la cire fond déjà. La mèche se consume. Qu'est-ce qui fait *la* bougie? Elle diminue, devient si petite qu'elle ne ressemble plus à celle dont nous parlions tout à l'heure. Mais sa transformation ne lui vaut pas le retrait du mot qui la désignait. La cire a coulé à proximité; il y a maintenant plus de cire à côté que sur la bougie même… Cependant, ni la cire, ni la mèche, ni la flamme ne peuvent séparément être désignées comme étant *la* bougie. La bougie s'éteint, il n'y a plus qu'une trace de cendre sur la table, une tache de cire, et jusqu'au bout nous avons toujours dit *la* bougie !

Ainsi R. Descartes propose d'identifier tout ce qui n'est pas réellement soi. La liste est courte, mais reste une source d'inspiration quasiment intarissable :

– idées reçues,

– préjugés,

– croyances,

– valeurs.

Faites vous-même le point de tout ce qui occupe votre pensée contre votre gré…

René Descartes s'est proposé de vérifier en lui la justesse de chaque critère. Ensuite, il dit de ne reprendre que ceux dont nous avons constaté la pertinence ou la concordance avec soi-même.

Chemin faisant, il suggère d'identifier ce qui est « je ».

Désormais, le point étant fait avec beaucoup de rigueur, le médiateur ne se trompera pas quand il réagira face à quelque chose, ou par rapport à des idées.

Par exemple, il ne dira pas qu'il est agressé, si l'attaque est dirigée contre des principes, des croyances ou des valeurs avec lesquels il sympathise. Il ne se confondra pas. Il saura se dissocier. Il adoptera la distance suffisante. Il ne se positionnera pas comme une nouvelle partie en cause !

Cette activité menée à son terme et reprise régulièrement lui évitera de parasiter le propos des autres avec des « C'est comme moi… » Ce terrible signale d'alarme qui dénonce en soi une pensée inconfortable, prétentieuse, revendicatrice ou en mal de reconnaissance.

L'aboutissement de ce travail a le mérite d'apporter beaucoup de clarification. Il permet aussi au médiateur d'être conscient de sa capacité à intervenir pour aider quelqu'un et de ses propres limites d'acceptation. Grâce à cette connaissance de lui-même, compte tenu de son expérience et de sa capacité à savoir anticiper ses réactions, le médiateur sait s'il peut apporter son aide à des personnes.

Parfois, la médiation peut l'amener à entendre des propos qui dépasseraient sa capacité d'acceptation. Il peut prendre une décision.

Ainsi donc, à l'occasion d'une médiation sur un sujet nouveau, le médiateur prend son panier de pommes, il le vide, et un à un il vérifie les fruits. Il procède ainsi à son examen de conscience et à la vérification de sa capacité à être neutre.

Lorsqu'il examine une nouvelle fois sa prédisposition à intervenir, ses valeurs, ses croyances, des préjugés, il s'alerte lui-même sur les parasites qui peuvent éventuellement brouiller sa communication ou son écoute.

Cet exercice personnel lui permet de découvrir que lorsque l'on ouvre un nouveau dossier, en connaissant déjà un peu de l'affaire, nous avons déjà écrit mentalement quelques appréciations. En faisant ce point, il jette un révélateur sur la page blanche qui s'ouvre et découvre ce qu'il a déjà écrit – que cela concerne ou non l'affaire en question.

Distanciation et lâcher prise

Dans le deuxième exposé, j'ai parlé du lâcher prise. On se souvient du singe pris au piège par son propre entêtement...

J'ai toujours pu constater que cette idée de *« ne pas prendre pour soi ce qui ne l'est pas »* est un savoir-faire indissociable de l'exercice de la médiation. Elle est fondamentale.

Elle renforce la capacité du médiateur à lâcher prise lorsqu'il est confronté à un sentiment impliquant ou à une polémique. S'il ne lâche pas prise, il s'implique, s'il s'implique, il prend parti. Quand il lâche prise, il s'en rend compte, parce qu'il se sent soudainement plus décontracté et que sa *radio mentale* est enfin coupée.

Le médiateur peut avoir besoin de ce point de repère typiquement cartésien[2] lorsqu'il cherche à comprendre une personne dont l'expression est contradictoire ou très confuse. Il pourrait se dire : « Cette personne pourrait faire un effort. », sous-entendant en lui-même que cette personne ne le respecte pas en étant aussi floue, alors qu'il fait tellement d'efforts pour l'aider à être plus claire.

Pour se sortir de ce risque de se coller contre la vitre, de s'identifier ou de se projeter, là où il n'a rien à faire, il lui faut tout simplement lâcher prise et reprendre la bonne distance...

Reconnaître l'intégrité et l'honnêteté *dans l'intention*

La qualité du médiateur que je vais développer ci-dessous fait partie de celles qui, avec la technique de l'écoute active, sont les moins faciles à s'approprier.

Il s'agit de reconnaître que chaque acte posé est animé par une intention positive. Cette intention, plus ou moins consciente et exprimée, est un moteur de l'action. Mais c'est assurément parce qu'une personne est mue par le caractère positif de son intention qu'elle finit par poser un acte. Sur ce point, beaucoup de personnes font des confusions et portent des jugements qui les empêchent de progresser dans l'acquisition des outils de la médiation.

2. C'est à Descartes que j'ai emprunté cette idée, dans *Les méditations métaphysiques.*

Pourtant, un dicton donne du sens à cette notion : *l'enfer,* dit-on, *est pavé de bonnes intentions.* Et Sartre répondait en écho : « *L'enfer, c'est les autres.* » Tout cela n'est pas contradictoire. Au contraire.

Voici des illustrations de l'intention positive comme moteur de toute action :

■ Vous voulez éviter que quelqu'un se fasse du mal et pour le dissuader de s'exposer au risque que vous avez identifié, vous lui imposez une corvée.

Votre enfant vient de traverser la rue sans regarder et vous lui donnez une fessée.

Votre collaborateur s'est trompé et pour le lui faire admettre sans perdre de temps, vous le confrontez à cette alternative : « Seuls les idiots ne se rendent pas compte de leur erreur et la répètent. » En réalité, vous appréciez son intelligence, mais cette petite réflexion a pour effet de mettre un frein à sa prise d'initiative.

Vous voulez témoigner de l'attention à votre conjoint suite à une dispute où vous êtes disposé à reconnaître votre exagération et, quoique vous soyez pressé, vous lui téléphonez avant d'entrer en réunion. Votre conjoint vous répond : « Si tu n'as pas le temps, ce n'est pas la peine de m'appeler. »

Nous reconnaîtrons, même à contrecœur, que l'intention est noble, mais elle seule.

Or si nous ne voyons que l'acte posé, nous allons droit à la polémique, puis à la dispute et peut-être au conflit. La critique met de l'huile sur le feu et les interprétations créent un blocage.

Par contre, si nous reconnaissons à l'autre son intention, la discussion est ouverte.

■ En 1990, suite à un article que j'avais écrit dans une publication[3] un grand groupe industriel m'a sollicité. Un conflit grondait dans les ateliers.

Je suis reçu par le directeur du personnel, puis par le comité de direction. On me demande d'exposer des techniques de gestion des conflits. L'objectif est de calmer ce que chacun ici considère comme des humeurs et que tout rentre dans l'ordre.

Sur un ton las, me tournant le dos de trois quarts, un membre du conseil me dit qu'en fait, tout a commencé par un accident de travail sur une machine qui n'avait pas été bien entretenue. La direction a désigné les responsables, parmi lesquels des représentants syndicaux.

De l'autre côté, les revendications portent sur la sécurité, le temps de travail et les salaires. L'augmentation demandée est à l'époque très importante. En insistant sur les faits de départ, j'apprends que la machine était très ancienne et qu'à plusieurs reprises des ouvriers avaient demandé son remplacement.

Pour la direction, les demandes sont fantaisistes, l'accident a probablement été provoqué, tout cela est un coup monté pour justifier une grève.

Lorsque je propose d'établir l'inventaire des revendications, l'idée est reçue par de nombreuses protestations et à chacune d'entre elles, des commentaires horrifiés accompagnent leur rejet sans appel. Lorsqu'on en arrive aux revendications salariales, l'hostilité atteint son paroxysme.

Pour la majorité des membres du conseil de direction, une décision est prise : il est hors de question de prendre acte des revendications du personnel. Ils ne veulent

3. *La résolution des conflits, L'Enjeu humain de l'Entreprise,* éd. CEPP, p. 312-315.

pas créer de précédent. Ils optent pour la « technique de l'oreiller. », qui, disent-ils, a fait ses preuves.

Tous venaient de découvrir avec effroi que la résolution d'un conflit passe par l'écoute de l'autre et la reconnaissance de son point de vue qui se traduisait en l'occurrence par une reformulation des causes de la colère initiale et des revendications actuelles.

Pour les plus durs, ce genre d'approche leur ferait perdre la face. Ils ont préféré le rapport de force. Les piquets de grève se sont donc installés pendant plusieurs semaines.

Voici une dizaine d'années, peu de personnes étaient enclines à visiter les points de vue des autres.

Cette expérience montre que pour qu'une médiation se mette en place, les parties doivent émettre l'hypothèse que l'autre partie agit en toute bonne foi, ne serait-ce que par rapport à elle-même. Si l'une des parties est convaincue que l'autre agit par pure stratégie et par mauvaise foi, la médiation est d'entrée de jeu compromise.

La maladresse humaine, comme point de référence

Dès que les parties ont exprimé leur accord pour la médiation, le rôle du médiateur est par conséquent de procéder à cette reconnaissance qui est le premier pas vers la reconstruction de la communication. Il le fait notamment lors de l'entretien préalable, pour permettre aux parties de reconsidérer leur point de vue et d'arriver face à l'autre partie avec une disposition favorable.

Par ce geste, le médiateur *rend* la parole et la sérénité aux protagonistes ; il restitue ce qui a appartenu un jour à leur relation.

Reconnaître à quelqu'un qu'il a été animé par une recherche de rééquilibrage des relations, par un souci d'équité, ne consiste pas à lui pardonner : c'est l'amener à prendre la mesure de l'écart entre son intention et son action.

C'est pourquoi le point de référence du médiateur doit être la maladresse humaine, en tant que cause d'un grand nombre de malentendus et de conflits.

Certes, la file est longue de ceux qui ont dirigé les cités avec plus de bonnes intentions que d'actions généreuses. A posteriori, cette motivation apparaît inacceptable.

Combien de sanctions ont été injustement appliquées au nom du bien futur ou du bon droit ? Combien d'actes barbares ont été commis au nom de la justice ? Combien de négation des autres ont eu de terribles conséquences ?

Au quotidien, ce principe de l'intention se vérifie tout le temps. Il faut le considérer dans l'étroitesse de la relation d'une personne avec elle-même. Lorsque nous passons de l'intention à l'action, nous passons de notre monde intérieur au monde extérieur, du monde interprété au monde réel, du monde subjectif au monde objectif.

Le médiateur intervient pour redonner du sens et de la valeur à l'intention. Il doit permettre à chaque partie de se rattacher à ses intentions propres et d'écouter l'autre de la même manière, avec la même compréhension.

L'intention égocentrique et intention altruiste

Il existe deux sortes d'intentions : les intentions centrées sur soi et les intentions plus centrées sur les autres.

Pour paraphraser Mac Gregor et sa théorie des X et des Y[4], je dirais que, du point de vue de l'intention, l'humanité est divisée en deux catégories :
– première catégorie : celle des personnes qui subissent leur fonctionnement, qui n'anticipent pas et qui, tel Jacques le Fataliste, sont soumises au destin, à une volonté extérieure, ou à l'influence des astres;
– et deuxième catégorie : celle des personnes qui ont une conscience innée, à qui l'on peut attribuer des intentions dès le berceau, qui ont une volonté formée très tôt, jusqu'à leur démonstration d'absence de volonté qui en serait une, et qui ont des idées précises quant aux conséquences de leurs agissements; elles sont maîtres à bord.

Bien sûr, à l'instar de William Ouchi[5] nous pouvons aussi envisager les Z qui constitueraient un troisième point de vue sur la question. Les Z seraient en devenir permanent; ils apprendraient de l'expérience et leur volonté se façonnerait mais serait quand même souvent mise à l'épreuve...

Pour rester dans le concret, je dirais qu'il existe trois façons principales de traiter la question de l'intention (qu'il s'agisse d'un acte positif ou négatif, sur soi ou sur un tiers) :
– *la première est centrée sur son propre monde* : recherche de bonheur, de plaisir, de mieux-être... Ici, nous pourrions parler du *monde en soi* et d'une recherche d'harmonie intérieure. Dans ce cas, le médiateur pourra introduire dans ses messages des expressions qui pointeront la nature de l'intention. Par exemple, il dira : « *Vous aviez besoin de...* », « *Vous recherchiez...* », « *Vous pensiez que de cette façon...* »;
– *la deuxième, tournée vers le monde extérieur* : aider l'autre à s'en sortir, à ne pas répéter *une erreur*, à s'améliorer, mais également recherche de rétablissement d'un équilibre menacé, dans une version négative. Par exemple un tiers m'a fait mal, je le lui rends, je me venge pour qu'il comprenne que je l'ai mal vécu, que ça n'est pas bien, etc. Ici, nous pourrions parler du *soi dans le monde* et de recherche d'équilibre. Le médiateur pourra introduire des expressions qui valoriseront l'intention positive... « *Vous auriez aimé que...* » *ou* «... *arriver à...* »;

4. Douglas Mac Gregor (1906-1964), *La dimension humaine de l'entreprise*, éd. Gauthier-Villars, 1969 et *La profession de manager*, *id.*, 1974.

5. *Théorie des Z*, Interéditions, 1982.

– *et la troisième est l'interaction de soi et du monde* : satisfaire un besoin tel que manger, boire, dormir, se sécuriser, satisfaire une curiosité. On a pu suivre en 1998, dans de nombreux médias, cette affaire d'une femme qui volait dans les supermarchés pour se nourrir elle et ses enfants. Le médiateur pourra favoriser la reconnaissance de la qualité de l'intention de la personne en lui disant par exemple : *« Vous ne voyez pas d'autres solutions que… ; vous vous sentiez dans l'impasse…, etc. »*

Si le candidat médiateur pense ici que cette manière de favoriser la reconnaissance de l'intention positive peut se confondre avec le pardon ou être interprétée comme de la compréhension, il lui faut revenir à l'exposé précédent. Sinon, il comprendra que cette manière de faire est une technique de médiation, sans jugement de l'autre, ni moralisation.

Les personnes non reconnues se sentent inévitablement plus exclues que les autres. Cette approche de reconnaissance est fondamentale. Elle restructure.

Si l'intervention du médiateur aboutit, son interlocuteur acquiesce et relativise. Il identifie à son tour l'écart qui existe entre son intention et l'action telle qu'elle a été perçue par l'autre partie.

En fin de compte, le médiateur doit exprimer à chacune des parties leur recherche, leur attente et leur besoin dans ce qu'ils ont de légitime. Il peut user de ce début de phrase qui laisse toujours les parties dans l'attente de ce qui est enfin compris par quelqu'un :

– *Ce qui est essentiel pour vous, c'est…*

– *Ce qui est déterminant pour vous, c'est…*

– *Ce qui est important pour vous, c'est…*

Maîtrisant cette dialectique, le médiateur se situe en dehors des stratégies. Il peut cependant les identifier, mais il opère une rupture claire avec l'attribution de la volonté de nuire, de détruire ou de dégrader. Il cherche simplement à identifier ce qui fonde réellement le comportement et dont l'objectif est de construire en soi ou par rapport à soi. Il peut resituer les comportements dans leur contexte et leur histoire.

Pas de jugement de valeur, ni de critique : un constat associé à l'énoncé d'un mécanisme plus que d'une stratégie.

La personne se reconnaît dans cette action impulsive qu'elle n'a pas contrôlée… Elle se déclare prête à rembourser les frais occasionnés par la tôle froissée.

Pour conclure sur le vaste sujet de l'intentionnalité, voici un exemple. Je vais représenter les deux pensées caractéristiques du prêt d'intention sur un tableau à double entrée. Il me semble que les choses sont claires : nous ne faisons les choses que par rapport à nous-même, même si nous nous y prenons très mal. C'est donc plus la maladresse qui caractérise le comportement humain, que la maladie…

Les faits : une personne hurle

Voici deux colonnes de lectures du comportement	
Selon le principe de l'interprétation	*Selon le principe de la dynamique de l'intention*
- Elle veut me gêner - Elle fait un caprice - C'est son dernier jeu - Elle cherche la bagarre - Elle est colérique - Elle est comme son oncle - Elle délire - Elle s'énerve toute seule	- Elle a besoin d'attention, d'écoute, de compréhension… (et si on lui accorde l'attention nécessaire, on s'apercevra : qu'elle est peut-être mal, qu'elle est peut-être malade, qu'elle a besoin d'être avec quelqu'un…)

Ce positionnement neutre permet au médiateur de mieux comprendre les mécanismes relationnels et de les faire mieux comprendre aux parties.

En tout cas, le médiateur doit prendre soin de ne pas se projeter dans la relation. Il doit éviter de se prendre pour un psychanalyste qui se perd lui-même dans sa pratique avec le phénomène du transfert qu'il favorise, suscite, parfois sans même s'en rendre compte.

La rhétorique et les figures de style

La pratique de la rhétorique est un outil indissociable de la médiation, même si elle est loin de suffire à faire un bon médiateur.

Éloignons-nous de notre sujet pour mieux y revenir. Nombreux sont les spécialistes de la communication qui en fait découvrent ou redécouvrent les intérêts de la métonymie ou des paradoxes dans les échanges. Les philosophes grecs étaient déjà très friands des démonstrations que l'on peut faire avec une bonne maîtrise de la rhétorique. Il serait possible de consacrer un ouvrage au moins sur ce seul sujet de la pratique de la rhétorique dans les entretiens de médiation.

La maîtrise du langage permet d'éclairer la réflexion que les parties conduisent dans le cadre de la médiation. En voici un exemple. Les deux rectangles noirs de la p. 55 illustrent l'idée qu'une même chose est perçue de manière différente selon son environnement. Dans cet ordre d'idée, la médiation doit être l'occasion d'un changement positif et constructif du contexte. La maîtrise du langage par le médiateur y jouera un grand rôle.

La question n'est pas de savoir s'il s'agit *effectivement* de la même chose : c'est la perception qui importe d'abord.

Nous l'avons déjà vu, le rectangle noir de la figure 2 apparaît plus grand que celui de la figure 1. Pourtant, l'un et l'autre sont identiques.

Pour une personne qui vit plus ses perceptions que la réalité elle-même, c'est la perception qui doit d'abord être prise en considération : c'est ici que le médiateur doit exceller.

Lors du deuxième exposé, j'ai développé plusieurs exemples de métaphores indispensables pour présenter la médiation : elles ont pour intérêt de s'adapter à différents styles de fonctionnement.

Comme nous l'avons vu précédemment, tout le monde ne décode pas facilement les métaphores. Certaines personnes ont besoin d'explication, d'autres ont besoin de parler directement d'elles.

Il vaut mieux aussi s'assurer que la personne a effectivement compris le sens et la transposition qu'elle peut faire de la métaphore dans sa situation.

Face à l'affirmation *« Oui, j'ai compris. C'est sûr. Évident pour moi. »* Le médiateur peut quand même insister : *« Pourriez-vous être plus précis ? »*

Et si l'interlocuteur insiste : *« Mais si, je vous assure »*, le médiateur doit savoir dire simplement : *« Je crains d'avoir été peu explicite et j'ai vraiment besoin pour avancer que vous m'indiquiez ce que cela vous évoque… ou tout au moins ce que vous en pensez… »*

Comme Cicéron le signalait déjà concernant l'orateur, le ton employé est aussi très important.

Le médiateur peut aussi lâcher prise ou, au contraire, renforcer la pression en cas de résistance, selon son appréciation de l'état émotionnel de la personne et de son jeu intellectuel.

Le médiateur pourra lâcher prise s'il sait qu'il pourra revenir sur le sujet. Il peut aussi utiliser une autre métaphore de même portée, parce que celle-ci est allée trop vite et a fait surgir des choses pénibles et donc difficilement exprimables.

Il peut ainsi emboîter deux métaphores ayant le même sens pour rendre plus banal un échange sur une idée ou un sentiment. Il peut s'approprier une expérience en l'exprimant en « je », pour créer un lien sympathique et faciliter l'expression de quelque chose de sensible chez son interlocuteur.

Il renforcera la pression s'il identifie une de ces sortes de jeux intellectuels auxquels s'adonnent certaines personnes dans la communication. Je pense par exemple à des personnes qui tournent des comportements en dérision.

Pour se protéger et par habitude de l'autocritique, elles dénigrent leurs propres comportements. Souvent, elles utilisent le « on » et adoptent un ton plutôt railleur.

Pour renforcer la pression, le médiateur ne doit utiliser aucun propos frontal. Il choisit au contraire des propos de levier, comme celui qui consiste à dire :

– *Je crains de ne pas avoir été clair…*

– *Je me dis que j'ai été maladroit et j'aimerais avoir votre perception…*

– *J'ai besoin que vous m'aidiez pour avancer dans mes explications…*

– *Pour vous, c'est clair; j'ai cependant le sentiment d'avoir été incomplet; vous pourriez me dire où j'en suis…*

Le médiateur doit maîtriser ce genre de phrases. Il doit les prononcer avec l'affectation suffisante et l'éventuel sourire de reconnaissance nécessaire pour qu'elles aient une portée agréable.

C'est de cette manière, avec ce ton et cette attitude témoignant de son ouverture, que le médiateur exprime ce qu'il constate comme *non-dit* :

– *vous ne parvenez pas à faire confiance facilement;*

– *vous craignez d'être jugé;*

– *vous ne souhaitez pas entrer dans ce genre de confidence.*

Je reviendrai sur cet aspect de la communication *authentique* du médiateur.

La communication non verbale

Le médiateur doit également être attentif à ses gestes, à ses mimiques et à ses comportements.

S'il souhaite montrer qu'il est étonné, il peut lever les sourcils, écarquiller les yeux et ouvrir la bouche. S'il ne veut pas que son étonnement soit connu de son interlocuteur et qu'il a ce genre de mimique, ce sera manqué.

S'il ne veut pas montrer d'agacement, il ne doit pas détourner soudainement le regard de côté ou vers le haut, avec un soupir sur une bouche en coin; s'il ne veut pas montrer qu'il est impatient, il doit être attentif à ne pas prendre un coin de table pour un piano ou gribouiller sa feuille de quadrillages de tourbillons vertigineux.

L'art de la rhétorique le rappelle à tout moment : tout est signe en communication, même les signes d'anticommunication. Une personne que nous remarquons dans un coin sombre d'une pièce et qui a un air renfrogné, pas avenante pour un sou, communique tout cela avec suffisamment de clarté pour que son *« Je n'ai pas envie de parler »*, soit d'une portée moins restrictive que ce qu'elle en dit et que l'on en comprend au premier abord.

Dans une telle situation, pour aider une personne qui s'est renfermée, le médiateur peut intervenir avec une phrase qui établit un lien entre trois paramètres : l'expérience passée manifeste, la situation présente et la conséquence.
Le fait d'établir un lien entre le passé, le présent et le futur, lui permet par la suite de revenir et de reformuler ce qu'il entend ou observe en prenant en compte ces paramètres.

Il aide ainsi la personne à démêler la bobine de fils que le chaton conflictuel avait rendu inextricable.

Le médiateur doit savoir revenir à l'origine. Il doit savoir identifier le point de départ : c'est sa force.

Pour faire s'exprimer une personne qui s'est isolée, il pourrait dire, par exemple :

– *Personne ne vous donne en envie de vous confier, c'est pourquoi vous préférez rester seule à ruminer les choses que personne ne résout…*

Il pourra même introduire un adverbe, de manière à provoquer plus sûrement la réaction de la personne toujours repliée sur elle-même.

– *… ou ne se charge de résoudre correctement.*

Dès lors qu'un signe d'approbation est apporté, la communication est établie.

Un autre aspect de la communication ne doit pas rester négligé par le médiateur : le non-verbal, avec les mouvements du corps, les mimiques, les froncements, les expressions et les balancements.

À ce sujet, le médiateur se reportera aux signes extérieurs des émotions et des sentiments. Il devra s'assurer que sa communication intérieure n'est pas un *livre ouvert.* S'il est de mauvaise humeur, cela le concerne et ne doit pas interférer dans la médiation. Il doit affirmer un comportement d'accueil et d'ouverture, sans se charger d'un air de gravité dont certains juges portent le masque si lourd qu'il leur en reste encore l'empreinte définitive après leur office.

2. Les clefs du langage : le jeu de Babel

Lorsque des personnes sont en conflit, elles ont des reproches à adresser à l'autre, ou à elles-mêmes. Elles accusent ou se culpabilisent. Nous pouvons ainsi identifier trois grandes familles de risques en communication que j'ai déjà citées.

Dans tous les cas, il ne s'agit pas d'exclure ces manières de communiquer, mais d'avoir conscience que leur usage peut provoquer certaines réactions.

Nous pouvons également observer, à l'analyse, que ces trois manières sont étroitement liées les unes aux autres.

– **Prêts d'intention** : j'attribue à l'autre une intention à mon égard, en affirmant que cette intention est la cause originelle d'un problème entre nous. Ce prêt d'intention peut être fait de manière claire ou de manière sous-entendue…

– **Interprétations** : je porte une critique, j'énonce un jugement, j'analyse les comportements et les pensées supposées…

– **Contraintes** : j'impose une solution ou je me comporte comme si ma manière de considérer les choses est la seule valable…

Le langage « je » permet de sortir de ce style de communication.

C'est pourquoi le médiateur doit engager les parties à s'exprimer chacune en « je », non en « on ». Il recentrera à chaque fois sur la personne qui s'exprime, en rappelant :

– *Oui, tout à fait, selon votre manière de concevoir les choses, (ou dans cette situation précise, pour vous...), ce comportement était inacceptable...*

Dans tous les cas de figure, le médiateur doit être attentif à l'usage qu'il fait lui-même du sujet à la première personne (le langage « je »).

En effet, le langage « je », comme je l'ai évoqué déjà plus haut, est un excellent moyen pour faire passer des messages visant à faciliter l'identification, le témoignage de compréhension. En premier lieu, c'est *l'outil* de la reconnaissance.

Ce sujet peut faire l'objet d'un développement très important. Le langage à la première personne fait partie des règles pour une communication de qualité.

En formation, les participants sont demandeurs d'entraînement intensif sur ce sujet.

Lorsqu'ils ont bien assimilé l'intérêt de cette manière de s'exprimer, ils ont le sentiment d'avoir passé trop de temps à comprendre et pas suffisamment à s'entraîner. En fait, ils *réalisent* leur « je ».

En tout cas, nous pouvons retenir le tableau ci-dessous pour toute la communication à la première personne.

Nous verrons plus loin que ces trois colonnes qui permettent de valider la qualité de l'expression de soi sert également dans le cas des messages qui reflètent l'écoute.

Types de situation	Description des faits	Conséquences	Émotions vraies
Agréable	Les faits doivent être datés, quantifiés, incontestables. C'est la cause initiale.	Les conséquences sont réelles, observables, ou tout au moins pertinentes, permettent l'anticipation	Ressenti positif
Désagréable			Ressenti négatif
	Passé	Présent/futur	État présent

Ce tableau très simple peut accompagner la communication du médiateur.

C'est la trilogie tout terrain : faits, conséquences, ressentis. Elle lui permet de penser à diversifier son expression.

Dans la pratique de la formation à la médiation, le jeu de Babel que j'ai spécialement conçu pour faire travailler les participants sur les stratégies de communication est très agréable.

Ce jeu repose sur le modèle SIC® que j'ai développé dans le précédent exposé. Il s'agit très clairement d'une typologie dont le seul intérêt est pédagogique.

Cette typologie comporte treize caractéristiques disposés sur un cercle chromatique. J'ai désigné cette représentation sous le nom de « cercle psychonomique », c'est-à-dire le cercle de la gestion de ses stratégies de communication.

À chaque stratégie correspond l'une des définitions types que nous avons vues dans l'exposé précédent.

Pour simplifier encore plus, chaque personnage est associé à une couleur.

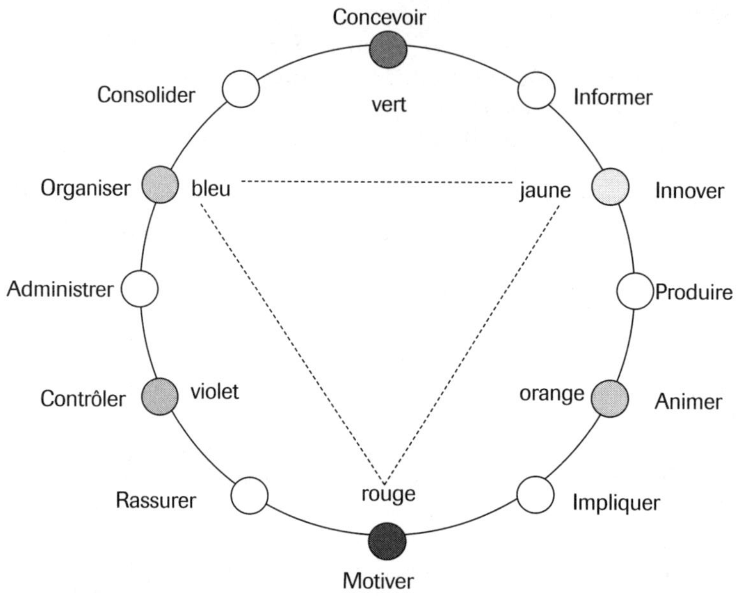

Suivant le système que j'ai proposé plus haut, le plus rationnel est bleu. Je l'ai baptisé Dagobert, l'expert.

Le plus émotionnel est rouge. C'est Adrienne, la comédienne.

Le plus fantaisiste de tous est jaune. C'est Annibal, le commercial.

Celui qui est autant rationnel que fantaisiste est vert, c'est Lucas, l'avocat.

Celui qui est autant rationnel qu'émotionnel, c'est Pascale, la comptable.

Celui qui est autant émotionnel que fantaisiste, c'est Philibert, le reporter.

Ensuite, dans la déclinaison chromatique, nous retrouvons autour du cercle : Dominique la scientifique, Donatien l'informaticien, Tréveur l'administrateur, Martial le travailleur social, Arsène le metteur en scène, Anaïs la créatrice.

Cet outil permet de mettre en scène des comportements différents et d'en vivre en soi différentes implications.

Pour apprendre, il suffit de jouer.

Le médiateur peut s'entraîner à expliquer de différentes façons ce qu'est la médiation. Il peut prendre un article de presse, identifier le style stratégique qui le caractérise (plus bleu, rouge ou jaune), et lui substituer des synonymes correspondants dans un autre style… Au cours de la formation, il est possible de créer des situations en jouant directement sur les stratégies de communication…

En utilisant le jeu de Babel, les participants comprennent très vite de quoi il retourne et pourquoi ce jeu fait référence au mythe biblique… Si la communication nécessite encore plus de pratique pour en maîtriser les subtilités, ce jeu va vite faire vivre l'esprit de médiation. Et c'est notre premier objectif pédagogique.

3. Quatre outils fondamentaux du médiateur

Si l'appétit vient en mangeant, la preuve de l'intérêt de manger ne saurait revenir au cuisinier.

Les outils de la communication peuvent être représentés par :

– Deux états de la communication : la fenêtre des humeurs. Il s'agit de la conscience de soi dans la relation avec soi-même.

– Trois axes pour parler de son point de vue : langage « Je ». Il se fonde sur la conscience de son expressivité.

– Trois axes pour refléter le point de vue de l'autre : langage « Tu ». Il se fonde sur la conscience de sa réceptivité.

– L'esprit créatif : pensée créative. Il se fonde sur la conscience de sa manière de traiter les informations (réflexion).

Agir en médiation nécessite d'abord une création de contexte intérieur.

La première chose que le médiateur est amené à faire est de vérifier sa propre prédisposition.

Ensuite, il doit maîtriser la clarté et l'ambiguïté, savoir s'exprimer en son nom propre lorsque c'est nécessaire. Pour cela, il doit maîtriser le langage à la première personne. Dans ces reformulations, il doit maîtriser les techniques que nous associerons ici au langage à la deuxième personne.

La fenêtre des humeurs

Comme je l'ai indiqué dans le deuxième exposé, cette fenêtre est un outil d'action du médiateur. Elle lui permet de se positionner lui-même : est-il dans l'accueil ou le rejet ? Pourquoi ? Qu'est-ce qui transparaît de son état intérieur ?

Avant d'appliquer les choses aux autres, le médiateur doit savoir se les appliquer à lui-même.

En effet, nous ne sommes pas ici dans une relation thérapeutique, mais de compétences en communication, ce qui implique que le médiateur doit être un pédagogue pour transférer ses savoir-faire selon les besoins immédiats.

La fenêtre des humeurs est l'outil de la création de contexte intérieur. Contrairement à ce que beaucoup d'experts dans leur domaine imaginent, la communication non verbale transmet beaucoup d'informations sur leurs humeurs.

Ils pensent qu'en restant quasiment muets et l'air fermé, ils masquent l'état de leur pensée : c'est pourquoi ils ne parviennent pas à gérer efficacement les entretiens des médiations qu'ils entreprennent.

Le langage à la première personne

Le savoir-faire de la reconnaissance

Le sujet est vaste, la technique est simple. Je ne vais l'aborder ici que sous l'angle de la reconnaissance : le médiateur doit savoir reconnaître la bonne volonté des personnes et l'exprimer avec clarté. C'est la condition de base pour encourager les parties à maintenir leur implication dans le processus qu'elles ont choisi.

Très simplement, je dirai que le médiateur doit savoir féliciter. C'est un savoir-faire indispensable dans les relations humaines. Cela commence à la maison, avec nos parents, nos enfants ou notre conjoint. Cela se continue entre amis et dans la vie professionnelle. Savoir féliciter, c'est savoir reconnaître l'autre, pour ce qu'il a fait et qui est agréable, pertinent et utile. Pour maîtriser ce savoir, certaines personnes ont besoin d'avoir en tête la différence entre la flatterie et la félicitation.

La nuance est forte : la première manière est servile, la seconde est un acte de reconnaissance.

Les personnes qui cultivent l'esprit de rivalité font la confusion. Pour elles, féliciter pourrait être considéré comme « passer de la pommade », c'est-à-dire faire un acte peu glorieux ; ce serait comme de reconnaître une autorité à l'autre et s'y soumettre alors que rien ne le justifie. Ce serait prendre le risque de se faire rejeter, voire simplement moquer.

Pire encore, certains considèrent la félicitation comme pouvant provoquer des réactions négatives de la part de ceux qui reçoivent le compliment. Ils pourraient vouloir en tirer un profit. Ils risqueraient de l'utiliser dans une stratégie quelconque. Ne se diraient-ils pas :

– Ha, tu me félicites, c'est donc que ça te plaît aussi. Je pourrai donc m'en servir comme monnaie d'échange…

Nous voyons comment un antagonisme peut se structurer à partir d'une simple croyance sur les comportements et d'une absence de cause réelle de conflit.

A contrario, c'est un témoignage d'affirmation de soi de la part de celui qui félicite face à celui qui reçoit le *compliment*. L'absence de reconnaissance de l'autre est à l'évidence une absence d'affirmation de soi, et cela le médiateur ne peut pas se le permettre, parce que c'est prendre le risque que les parties qui ne se sentent pas reconnues perçoivent cela comme un parti pris de la part du médiateur…

Le médiateur a donc un avantage certain à savoir féliciter les parties, notamment :

– de leur choix d'utiliser la médiation pour résoudre le conflit;

– de leur volonté clairement exprimée de trouver une solution sans faire perdre à l'autre plus que ce qui a déjà été perdu;

– de reconnaître que des idées positives peuvent ressortir encore de la discussion avec l'autre partie;

– de considérer que l'autre peut également être animé de l'intention de mettre un terme à ce conflit.

Féliciter, c'est effectivement reconnaître. C'est bien mettre du baume sur une communication blessée.

Féliciter, c'est aussi tout simplement remercier. C'est faire sortir les actes de l'absence de considération, du traitement par l'ignorance, du mépris et de la banalisation.

La félicitation, ou la reconnaissance de l'autre, est un acte de savoir-vivre que le médiateur, dans sa dynamique pédagogique, doit transmettre aux parties. Parce que féliciter fait partie de la qualité de la vie : c'est donner de la grandeur à des actes quotidiens considérés à tort comme tout à fait normaux :

– être à l'heure,

– avoir le sourire,

– s'occuper des enfants et leur raconter une histoire,

– entretenir les pourtours de sa maison,

– avoir un balcon fleuri,

– préparer le café ou le thé,

– prêter de l'attention à un souci,

– livrer les choses au moment convenu,

– être accueillant, aimable et prévenant,

– témoigner de la sympathie et réconforter.

Féliciter ou reconnaître, c'est savoir percevoir ce que l'autre fait avec discrétion. C'est lui exprimer le plaisir que l'on ressent face à son geste, son comportement, son attitude ou ses paroles.

Le médiateur pourra constater que l'impact de la reconnaissance de l'autre est fort. Il peut choisir de conclure ses entretiens par

des messages de reconnaissance ou de félicitation. Il dira par exemple :
– Vous avez fait un choix qui n'est pas facile avec la médiation, mais c'est le choix qui vous permettra de mieux vivre votre relation à l'avenir.
– Avec un procès, vous auriez confié votre représentation à votre avocat. La médiation est plus prenante et c'est un témoignage de votre bonne volonté et de votre attachement à ce que les choses soient plus agréables pour vous tous.

Il adaptera bien sûr ses messages aux situations et aux personnes.

Le langage à la première personne, avec ses trois éléments : « cause, effet, ressenti », est l'outil de l'expression de la conscience.

– Tu as fait telle chose, les conséquences que ton action a eues par rapport à moi sont les suivantes, et je ressens cela.

Voici donc, en trois parties clairement associées, un message qui met une personne face aux conséquences réelles et authentiques de son action.

Je peux utiliser ce modèle pour toutes les situations.

Le tableau ci-dessous permet de retrouver les risques d'obstacles mettant en péril la qualité de la communication et les éléments d'une communication médiatrice :

– Communication à risque Subjectivité	Interprétation	Contrainte	Prêt d'intention
+ Communication médiatrice Objectivité	Faits	Conséquence	État émotionnel

Nous pouvons distinguer trois grands types de situations :
– les situations agréables (cause réelle ou imaginaire) ;
– les situations désagréables dont la cause et ses conséquences sont réelles ;
– les situations désagréables dont la cause est réelle et les conséquences sont hypothétiques.

Soit le fait initial a des conséquences agréables pour moi et ce que je ressens est positif. Dans ce cas, ce que je dis est un message de reconnaissance.

Soit c'est le contraire et ce que je dis est un message d'insatisfaction, de protestation ou de confrontation.

Soit encore, je crains que ce qui a été fait n'ait pas de conséquence agréable, au contraire, et ce que je dis est un message d'appréhension.

Dans les trois cas, c'est ma perception que j'exprime.

En médiation, il est important de faire passer ce modèle de communication. D'abord, les personnes en comprennent très rapidement l'intérêt et ensuite cela facilite grandement la communication. Enfin, la médiation trouve une extension à l'extérieur des entretiens avec le médiateur, lequel a fourni de ce fait aux parties des outils pertinents pour maintenir une communication sur les chemins de la qualité.

Le langage à la deuxième personne

L'écoute active est une technique que beaucoup de professionnels de la communication affirment utiliser, mais qu'en réalité, peu maîtrisent.

Concrètement, il s'agit d'une technique d'aide à l'expression. Le praticien utilise des termes centrés sur l'affectif de son interlocuteur. Les termes classiques dans ce domaine ont largement été développés par Carl Rogers, son initiateur, et Thomas Gordon : *« Vous ressentez... », « Vous éprouvez... », « Vous avez le sentiment... », « Vous éprouvez un mal-être... », « Vous êtes en difficulté pour exprimer votre état émotionnel... ».*

Désormais, avec le modèle SIC® qui nous met sur d'autres pistes de modélisation, nous pouvons définir que le langage à la deuxième personne est un langage « altero-centré », c'est-à-dire centré sur l'autre. La chose est loin d'être évidente, quoi que nous puissions aisément intégrer l'idée que ce n'est pas en parlant de soi que l'on favorise l'expression de l'autre.

La technique que je nomme « altero-centrage » fait une synthèse de tous les moyens déjà développés dans le cadre de l'accompagnement et ajoute le plus d'une modélisation.

Étant « altero-centré », le médiateur met en pratique ce qui est difficilement transmissible avec la notion d'empathie. Il reste distant par rapport à ce que dit la personne. Il ne prend pas pour des faits ce qui reste dans l'univers des mots. Il retraduit les mots de manière analogique, fait des synthèses régulières, comme on peut cheminer avec une personne en rappelant le parcours effectué.

Ainsi, le médiateur dispose de début de phrases qu'il doit maîtriser parfaitement pour restituer les nuances des styles de fonctionnement de ses interlocuteurs, sans qu'il sache avec certitude comment fonctionne l'autre. Vous trouverez les débuts de phrases principaux plus loin dans le texte.

Par exemple, le médiateur centré sur le mode de raisonnement, le mode d'expression ou le mode de réception de son interlocuteur doit savoir restituer de manière opportune l'attitude et le comportement de la personne : *« Lorsque vous dites... (telle chose)... vous avez un geste brusque de la main droite. »*

L'altero-centrage, concept développé évolué de l'écoute active, peut se décomposer en plusieurs éléments, les uns typiques d'une attitude passive, les autres d'une attitude active :

– **La présence** : attitude passive. Les yeux du médiateur ne se promènent pas ailleurs... Le corps est orienté vers l'écouté, voire penché en avant. Parfois, la main sur le menton. Le médiateur ne fait pas deux choses en même temps, il n'agite, ni les mains ni les pieds, ne se laisse pas entraîner par une manie…

– **La synchronisation** : attitude active. Il s'agit du reflet, sans les mots. C'est-à-dire que le médiateur se met en position miroir, harmonisant les attitudes de la personne écoutée. L'art de la synchronisation réside dans une utilisation opportune de gestes typiques. Par exemple, l'écouté fait un geste précis lorsqu'il affirme qu'il doit penser à quelque chose. Au moment opportun, le médiateur lui proposera de réfléchir en lui restituant le même geste. La limite de cette technique de miroir réside néanmoins dans le fait que la manière d'émettre d'une personne ne témoigne pas de sa manière de percevoir. Elle se fonde sur un présupposé et parfois ça marche.

– **Le silence** : attitude passive et active. Le silence de l'écoute active permet à l'écouté de se recueillir. Le médiateur tait ses interprétations, réfrène son interventionnisme. Le médiateur doit parfois savoir garder un silence, un long silence, surtout lorsque l'écouté réfléchit. Ce silence témoigne de l'intérêt du médiateur pour l'écouté, de sa disponibilité, de sa qualité d'écoute. Voir le mot « silence » dans la partie sur l'action.

– **Les signes d'attention** : ils sont indispensables au téléphone. Ils relèvent souvent de l'écholalie. Exemples : *« Oui-oui »*; *« Hun-hun. »* Ils peuvent consister à faire passer une certaine information, en utilisant la reformulation. Par exemple : *« Tu viens de me dire que c'est bien pour toi. Pour toi. »* Et l'écouté va enchaîner et souvent indiquer qu'il est en effet conscient que ce n'est que pour lui (elle).

– **La synthèse** : après plusieurs reformulations, il convient souvent de faire le point. La synthèse est sans jugement de valeur, sans prêt d'intention. Les inférences doivent être acceptées par la partie qui s'est exprimée. La synthèse est l'occasion de recadrage et de recentrage.

Ces techniques doivent s'utiliser selon le temps de l'action : passé, présent, futur ou conditionnel. Elles sont efficaces si l'on prend en compte le contenu réel du message de l'écouté qui porte nécessairement sur l'un des trois aspects : besoin, intention, action, vis-à-vis de soi, dans une relation à soi ou une relation avec le monde, ou d'une autre personne.

– **La reformulation des propos** : *« Si j'ai bien compris, vous avez entendu… »*; *« Et ensuite, vous avez… »*; *« Il s'est passé… »*; *« Vous avez vécu… »*; *« Votre expérience a consisté à… »*

– **Aide à l'expression** des ressentis et des états : *« Vous avez éprouvé… »*; *« Vous ressentez… »*; *« Vous avez le sentiment… »*; *« Vous auriez été… »*

– **Attention portée à l'accusé de réception** : l'écouté a l'expression typique d'une personne qui ne se sent pas comprise. Le médiateur doit lui proposer une autre restitution, par exemple en changeant de styles métaphoriques.

– **Les invites** : *« Vous pouvez m'en dire un peu plus… »; « Il me semble important que nous parlions de cela… »*. Les invites peuvent tout simplement consister à répéter les derniers mots d'une phrase et le ton peut être soit celui d'une question (certains auteurs l'appellent d'ailleurs *question relais*), soit : « J'ai été scandalisé par le manque de savoir-vivre de cette personne. »

– **Le recentrage** : l'objectif du recentrage est de ramener l'écouté sur le fait qu'il est l'acteur de la situation – ou tout au moins qu'il y est impliqué. Le recentrage est sur la personne; on ramène le propos sur la personne. Par exemple le médiateur dira : *« Depuis tout à l'heure, vous dites nous et on, mais vous ne dites pas ce que vous avez fait vous-même… »*

– **Le recadrage** : appliqué en situation d'écoute, le recadrage a deux significations. Soit il consiste à ramener l'écouté à la réalité de la situation initialement évoquée, soit il consiste à montrer les aspects positifs d'une chose ou d'une situation. La différence entre le recentrage et le recadrage réside dans le fait que l'on recentre sur la personne et que l'on recadre sur l'objectif, des faits, du contexte… Lorsque l'écouté change de sujet, le recadrage permet de vérifier s'il s'agit d'une simple digression ou d'une évolution vers le *« vrai sujet »*. Pour recadrer, le médiateur dira par exemple : *« Nous sommes dans un contexte professionnel. Vous avez le sentiment que cette réaction est appropriée… »* ou *« Vous me parlez maintenant de vos relations avec Christian, mais lorsque nous avons commencé, il était question de vos résultats. »* Le recadrage est sur le contexte, l'environnement, le problème; on ramène les choses dans leur cadre. Dans la seconde signification, le recadrage introduit une perception différente d'une situation. Par exemple, une personne dit : « Il n'exprime que du mécontentement, il râle tout le temps. » Le recadrage pourra être : « Il veut vous dire qu'il faut que certaines choses s'améliorent. » Et soudain, la conversation qui tendait à s'enliser dans des considérations critiques de fond glissent sur le problème de la forme de la communication, des perceptions, ce qui est le vrai terrain de la médiation.

– **Questions fermées** : ces questions sont alternatives, c'est oui ou c'est non; ou la réponse attendue est nécessairement précise : « Êtes-vous parti en vacances? Combien de temps? Où? » etc. Avec ce genre de questions, il ne faut pas s'attendre à avoir des précisions de natures différentes de celles induites.

– **Questions ouvertes** : la formulation est une invitation à s'exprimer largement sur un sujet : « Quel est votre avis (votre attente, votre sentiment) sur cette situation? », « Comment est-ce arrivé? », « Qu'avez-vous fait (pensé, imaginé, ressenti)? »

Les trois axes de l'altero-centrage peuvent être résumés par des débuts de phrases qui permettent la relance des propos de l'interlocuteur.

L'altero-centrage est l'outil de la purge. La personne qui s'exprime doit se sentir en confiance pour s'exprimer librement concernant les tenants et aboutissants de son point de vue sur le conflit.

À titre d'exemples, voici des débuts de phrases classiques :

Axe bleu raison, verbal, auditif	Axe rouge affectif, émotion, sensitif	Axe jaune analogique, actif, visuel
- Vous dites que... - Vous avez compris... - Vous pensez que...	- Vous ressentez... - Vous éprouvez... - Vous avez le sentiment... - Vous craignez...	- Vous envisagez - Vous avez le projet de... - Vous imaginez... - La solution qui s'impose à vous, c'est...
- Permet d'accompagner l'expression sur les faits, les jugements et les interprétations	- Permet d'accompagner l'expression sur les ressentis, les craintes et les prêts d'intention	- Permet d'accompagner l'expression sur les conséquences des faits, les représentations de contraintes

À l'occasion, le médiateur devra ponctuer ses reformulations par des phrases de synthèse. Celles-ci peuvent commencer par :

– *Ce qui est important pour vous, c'est...*

– *Qu'il soit bien clair...*

– *Que je comprenne...*

– *Que l'autre partie comprenne...*

Le médiateur sait si son travail d'écoute active a abouti lorsqu'il a pu accompagner son interlocuteur jusqu'à :

– une clarification des faits qui ont provoqué et entretenu la relation conflictuelle,

– l'énoncé de leurs conséquences,

– et l'identification des différents états émotionnels qu'ils ont générés.

Autrement dit, une écoute active réussie est une écoute qui ouvre à l'affirmation de soi.

Lorsque le médiateur possède l'art de s'exprimer sans hésitation en assumant sa position, ses sentiments, ses perceptions, et l'art de refléter ceux des autres, il lui reste encore à enrichir sa pratique d'intervention de techniques de créativité.

Dans ce domaine, certaines personnes ont le sentiment d'être suffisamment dotées, d'autres se sentent en infériorité.

Ici, il s'agit moins de faire preuve de créativité, que d'accompagner des personnes dans un processus créatif.

La créativité

Le médiateur doit être capable de créativité et d'imagination et de préconiser des solutions interactives[6]

Un médiateur non créatif peut toujours faire de la médiation, mais il connaîtra souvent des limites. Le médiateur est un facilitateur qui doit connaître le plus grand nombre possible de techniques de créativité[7].

En matière de résolution des conflits, la créativité est un moyen d'anticipation.

L'objectif n'est pas de découvrir pour chaque conflit la solution la plus adaptée, mais de savoir accompagner les parties vers cette solution. Le médiateur sans imagination, le médiateur qui s'en tient à des règles de droit, à des principes moraux, ne saurait accompagner un *brainstorming*, par exemple.

De plus, la question de droit n'appartient pas au médiateur : les professionnels du droit doivent si nécessaire intervenir pour assurer la validité des accords.

Savoir introduire une approche créative dans le cadre d'une médiation est en soi un vrai métier. Le climat de confiance est gagné, les personnes sont motivées, les parties se parlent directement.

La rigueur de la démarche souvent adoptée par le facilitateur des cercles de qualité n'est pas de mise en médiation. Néanmoins, le médiateur doit maîtriser le processus du *brainstorming*.

Cette technique inventée par un Américain, Osborn, fonctionne selon des règles rigoureuses. Elles sont au nombre de cinq :
– la roue libre des idées,
– ni approbation ni désapprobation,
– le maximum d'idées,
– le pillage et le braconnage intellectuels,
– la prise de notes systématique.

L'animation d'un *brainstorming* dans une séance de médiation n'est réaliste que si le médiateur est déjà lui-même rompu aux techniques créatives. Si au cours de la médiation, il a su introduire à différents moments une dimension d'apprentissage de la communication et l'écoute des autres sans porter de jugement, sa démarche est bien accueillie, sinon les parties énoncent des propositions.

Dans l'utilisation du *brainstorming*, on peut assister à des échanges qui auraient pu paraître surréalistes, avec une partie qui va proposer dans la liste des idées possibles la solution qui avait été antérieurement adoptée par l'autre.

---

6. Jacques Salzer, Maître de Conférence à l'université de Paris-Dauphine. In *La médiation judiciaire*, p. 49, Éd. Chambre Sociale, CA-Grenoble.

7. N'hésitez pas à vous reporter à *Animer un cercle de qualité*, de Didier Noyé et de Christie Ravenne, INSEP Éditions, 1985.

C'est ici qu'il ne s'agit ni de juger, ni de critiquer : le *brainstorming* n'est pas l'occasion de discuter les idées, mais de faire un déballage. Le médiateur doit savoir intervenir pour rappeler éventuellement cette règle qui a été préalablement énoncée.

Il est aussi possible au médiateur de remettre aux parties une feuille d'incitation à la créativité à la fin d'un entretien, en leur proposant de réfléchir aux solutions possibles.

La liste que j'ai établie, en forme d'acrostiche et que j'ai nommée la « stimuliste » fait souvent l'affaire et débride les imaginations…

La stimuliste

Le seul problème, c'est de choisir une solution

Réduire : diminuer, raccourcir, user, rétrécir…
Échanger : substituer, modifier, remplacer, métamorphoser…
Inverser : retourner, opposer, contrarier, torsader…
Neutraliser : blanchir, approuver, abandonner, arrêter…
Vider : retirer, expulser, chasser, extérioriser…
Exciter : énerver, aggraver, stimuler, dynamiser…
Niveler : homogénéiser, uniformiser, égaliser…
Trancher : briser, dissocier, diviser, déformer…
Enlacer : associer, comparer, enserrer, fusionner…
Rajouter : augmenter, remplir, agrandir, élargir, améliorer…

4. L'éthique

En guise de développement sur ce sujet qui concerne l'utilisation des outils de communication par le médiateur, voici un conte dont une partie correspond à la version déjà citée, p. 32 :

■ Un homme avait été contraint de signer un contrat qui prévoyait la vente de sa maison au bénéfice d'un escroc. Il n'avait que cette maison. Il réfléchit et imagina une solution : il vendrait la maison pour une pièce de monnaie, mais elle serait vendue avec un pot de fleurs.

Il fixa le prix du pot à la valeur réelle de la maison. Il trouva facilement un acquéreur.

Enfin, notre homme s'acquitta de sa dette : il remit la pièce à l'escroc et garda la valeur du pot.

Un autre homme qui avait des problèmes personnels crut opportun de mettre cette histoire à profit. Il fit le serment que, libéré de tous ses problèmes, il vendrait ses biens et donnerait aux pauvres le montant de leur vente.

Ce jour arriva.

Évidemment, il fixa un prix infime pour la maison, mais il fallait acheter un chat pour une somme très élevée, qui correspondait en réalité au prix de la maison. Il fit la vente et donna son obole aux pauvres.

Cet homme raconte encore avec une feinte humilité qu'un jour, il tint un serment par lequel il vendit tous ses biens pour en faire profiter les pauvres…

Nombreux sont ceux qui prennent la résolution d'appliquer les règles d'un enseignement et qui le détournent à leur avantage. Tant qu'ils se comporteront de cette manière, ils n'auront rien appris.[8]

En conclusion de cet exposé sur les outils du médiateur, je reprendrai cette phrase que Lionel Bellenger a choisi pour conclure le cinquième exposé de son ouvrage sur *La force de persuasion*[9].

Être irréprochable… une piste à méditer avant d'exercer quelque influence sur qui que ce soit!

8. Histoire inspirée du Serment, Idries Shah, *Contes Derviches*, Éd. Le Courrier du livre, 1988.

9. ESF éditeur, août 1997.

Un processus de médiation

exposé 6

Il dépend de celui qui passe
Que je sois tombe ou trésor
Que je parle ou me taise
Ceci ne tient qu'à toi[1]

Ce sixième exposé consiste en une synthèse des points que nous avons étudiés. Il vous invite à reprendre les applications pratiques de l'ensemble des acquis.

Dans les exposés précédents, j'ai développé le positionnement du médiateur dans le cadre de la médiation, sa philosophie, la maîtrise de ses sentiments, de ses pensées, le point sur ses croyances et la création de sa boîte à outils.

Ce dernier exposé a également pour intérêt de vous faire repérer les différentes étapes d'une médiation.

Comme il existe des paliers en plongée, il existe des étapes pour la médiation. L'idée n'est pas de dire qu'il y a un processus et un seul. Elle est de mettre en relief des étapes incontournables.

Dans la réalité, ces étapes se fondent les unes dans les autres et parfois il est préférable d'avoir sa propre recette que de suivre un itinéraire trop rigoureux.

Je disais dans l'exposé 5 que le médiateur est un facilitateur. Maintenant, je peux affirmer que le médiateur est un *coach* : il a pour mission d'accompagner, de soutenir l'effort des parties, et de les orienter pour qu'elles réussissent leur médiation.

Lorsque le médiateur reçoit un appel téléphonique d'une personne qui souhaite utiliser les voies de la médiation pour dénouer un conflit, la question du processus est rapidement posée.

Mais préalablement à la médiation, le médiateur est attentif à la qualité de ses interlocuteurs : ont-ils réellement les pouvoirs nécessaires à assumer les points de vue en cause ?

1. Paul Valéry, *Œuvres*, tome 2, La Pléiade, 1960, p. 1582.

Une médiation qui réunirait le comptable d'une entreprise pour représenter les intérêts de l'employeur et un salarié serait aussi peu crédible qu'une médiation pour un divorce qui réunirait les beaux-parents.

Le médiateur doit également pouvoir répondre à des questions de méthode :

– Quel est le contenu du premier entretien téléphonique ?

– Quel est le déroulement de la première rencontre ?

– Où a lieu la médiation ?

– Faut-il avoir un entretien individuel préalable ?

– Quelles sont les règles qui régissent une médiation ?

– Quelles sont les caractéristiques des différentes étapes d'une médiation ?

– Quelles sont les règles de fonctionnement de la médiation : durée des entretiens, espacements, conditions intermédiaires ?

– Quelles sont les règles de communication de la médiation : modalité de prise de parole, contenu des prises de parole, relation à la forme et au fond des interventions ?

– Quel est le rôle des avocats s'ils sont présents ?

– À quel moment s'arrête la médiation ?

– Faut-il écrire un rapport de médiation, une convention ou un contrat ?

– Que se passe-t-il si ça ne marche pas ?

1. Le rituel

Début des entretiens de médiation

Pour les entretiens, le médiateur instaure un rituel. À chaque début d'entretien, une synthèse des entretiens précédents est faite.

Le médiateur peut la faire ou la demander aux parties. Il indique aussi la durée de l'entretien.

Il rappelle les règles de fonctionnement et les règles de communication, situe l'étape dans l'ensemble du processus et demande aux personnes d'indiquer si elles adhèrent toujours.

Clôture des entretiens

La fin de chaque entretien s'inscrit dans un rituel de message de reconnaissance. Les parties doivent se sentir respectées, voire respectables dans l'expression qui pourrait être considérée comme excessive de leurs états émotionnels.

Le médiateur rappelle également que la médiation se poursuit au-delà des simples rencontres et les règles choisies par les parties doivent être maintenues après la rencontre.

Il demande à chacun ce qu'il pense de l'entretien et ce qu'il va faire des règles de la médiation ou des autres aspects abordés, en dehors de sa relation avec l'autre protagoniste.

2. Les six étapes de la médiation

La notion d'étape en médiation est délicate à affirmer. Toutefois, nous pouvons en identifier 6 :

L'étape zéro ou étape de création de contexte

Cette étape est certainement la plus délicate et la plus longue. Elle se déroule en deux temps, un pour soi, l'autre pour la médiation.

D'abord, le médiateur vérifie sa propre prédisposition. C'est le moment de vérifier la qualité de *l'eau du bocal* : suis-je disponible pour écouter un conflit, se demande le médiateur ? Qu'est-ce que ce conflit évoque pour moi ? Qu'est-ce qui peut faire écho en moi ? Quelles sont mes craintes ? Le médiateur fait le point sur ses éventuels parasites, pour les connaître et les purger. Il conduit cette réflexion sans précipitation, parce qu'il sait qu'il peut être conduit à entendre toutes sortes de propos dans lesquels il pourrait se retrouver lui-même. S'il ne maîtrise pas cette « retrouvaille », il risque de compromettre la qualité de la médiation et de la faire dévier sur le terrain inadapté de la psychologie analytique.

Ensuite, il s'attache à créer un climat de confiance entre lui et les parties. Il permet à chacun des interlocuteurs de se sentir reconnu, selon la dynamique d'intention positive propre à chacun. Dès ce moment, il ouvre la voie de l'identification de ce qui est important pour chacun.

À cette étape, le médiateur a généralement un échange téléphonique avec les parties, puis il les reçoit séparément.

Dans le cas où il n'y a pas d'échange téléphonique, deux entretiens sont nécessaires : l'un pour présenter la médiation, l'autre pour en définir les règles.

La présentation de la médiation doit être claire et suppose d'être reformulée par chacune des parties, avec ses propres mots.

Si la médiation a déjà été présentée par un professionnel (conseil, avocat, notaire, huissier, juriste…) ou que l'une des parties affirme déjà connaître le principe et y adhérer totalement, le médiateur sera suffisamment professionnel pour s'assurer de ce qui a été dit, perçu et compris…

Dans tous les cas, il remercie les protagonistes de leur choix de résoudre leur conflit en dehors du système habituel des rapports de force. Il met en évidence que le choix de la médiation est judicieux et demande aux parties ce qu'elles en pensent.

Ce préambule peut paraître long, mais il permet de s'assurer de la compréhension et de l'implication des parties au-delà de leur réactivité émotionnelle.

Dans le second temps de cette première étape, lors des entretiens individuels, le médiateur demande à son interlocuteur de faire une synthèse de ce qui, à son avis, a généré le climat conflictuel.

Il écoute chaque version, avec une attention particulière sur les questions de forme.

Le médiateur repère les différents obstacles à la qualité relationnelle : les jugements, les critiques, les prêts d'intention, etc. Il fait un premier retour et permet à ses interlocuteurs d'observer que ces manières de communiquer sont identifiées depuis longtemps comme des moyens efficaces pour dégrader les relations.

Au cours de l'entretien en face à face, lorsqu'il fait observer à son interlocuteur l'usage des risques d'obstacles à la communication (interprétation, jugement de valeur…), il peut annoncer que son rôle est justement d'être vigilant tout au long de la médiation aux écarts de ce type. Il ménage cependant la bonne volonté :

– Habituellement, nous n'avons guère de raison d'être autant vigilant concernant notre langage, mais en situation conflictuelle, nous le devons et c'est nos habitudes – de véritables réflexes conditionnés – qui nous empêchent d'être aussi précis que nous le voulons en réalité.

Le médiateur sait que cette réalité qu'il vient d'évoquer est celle de l'intention de la personne qui s'exprime. Cet acte de reconnaissance important doit être réitéré à chaque fois que c'est possible, car avec cette reconnaissance le climat de confiance s'établit et se consolide.

Si nous en sommes à l'échange téléphonique, le médiateur prend rendez-vous. Il doit le faire dans un lieu neutre, en tout cas pas au palais de justice. Si c'est un conflit du travail, le lieu de l'entreprise n'est pas à écarter. Au contraire.

Dans le cas d'une situation où les parties ont déjà choisi un avocat, le premier rendez-vous a lieu chez les avocats respectifs, avec lesquels il convient néanmoins d'avoir une discussion préalable.

Lors de l'échange téléphonique, il présente le processus de la médiation et insiste tout particulièrement sur le contenu du premier entretien.

Lors du premier entretien, le médiateur propose de faire un point précis au sujet de la qualité de la communication. Il rappelle que la première étape de la médiation consiste précisément à clarifier les règles de fonctionnement et de communication de la médiation.

Il se peut qu'un deuxième entretien individuel soit nécessaire pour permettre à l'une des parties de bien intégrer les principes et les règles de la médiation.

Le médiateur peut aussi demander à chacune des parties ce qu'elle imagine qui pourrait faire obstacle à l'aboutissement de la médiation. La réponse est souvent centrée sur l'autre partie. Le médiateur saisit cette opportunité pour rappeler à son interlocuteur que chacun doit être garant de son engagement.

Lors de cette première étape, le médiateur présente son rôle : règle de confidentialité, définition de règles de communication, responsabilité sur le climat, proposition méthodologique, accompagnement vers une solution, choix d'une solution, présence ou non jusqu'à la rédaction d'un protocole...

De cette étape, nous devons retenir cinq points essentiels :

– présenter la médiation, son déroulement, son caractère confidentiel, le principe de bienveillance, de neutralité,

– envisager les risques d'obstacle à la médiation,

– adhésion à la finalité de la médiation : les parties expliquent pourquoi elles préfèrent la médiation à un rapport de force (grève, action judiciaire),

– règles de fonctionnement,

– règles de communication.

L'étape d'écoute

Cette étape commence dès le premier entretien en tête-à-tête. L'utilisation de la technique d'écoute est permanente. L'objectif est de travailler le contexte dans lequel se déroulera la médiation. Le travail du médiateur consiste à refléter la forme et d'accompagner des prises de conscience. Le fil conducteur est celui du « besoin de s'exprimer et d'être écoutée » de chacune des parties.

L'écoute active, avec ses variantes de reformulation, de recadrage, de recentrage et de synthèse, doit faire partie des réflexes du médiateur. À l'occasion, il utilise les métaphores que nous avons évoquées lors du deuxième exposé.

Le médiateur accuse réception des points de vue. Il favorise leur expression et accompagne leur clarification grâce à l'écoute active : il se fixe pour objectif de déparasiter la communication des parties. Chacun doit arriver à exprimer le sujet du conflit en termes précis : faits, conséquences, émotions.

Dès le premier entretien, il a introduit la notion de distinction entre les faits et les interprétations, les états émotionnels et les prêts d'intention, les conséquences et les solutions unilatérales, les personnes et leurs valeurs, leurs croyances et leurs comportements.

À partir du second entretien, il fait le point avec chaque partie des intérêts en cause : besoins matériels et immatériels, financiers et en terme de reconnaissance. Il indique à chaque partie qu'elle doit être consciente que chacune des choses évoquées peut évoluer.

Cette deuxième étape est franchie lorsque les choses sont devenues claires. Un entretien d'une heure trente à deux heures peut suffire.

Le médiateur fait circuler la parole, comme si elle nécessitait un micro.

De cette étape, nous retenons deux points :
- mise en pratique des règles de communication,
- rétablissement d'une communication sereine entre les parties.

L'étape de définition

Le médiateur accompagne la clarification des faits, des intérêts, des attentes et des besoins. La définition d'un problème peut avoir évolué. Le problème lui-même s'est peut-être déplacé après les discussions.

Cette troisième étape est l'occasion de reprendre les faits et d'avoir des échanges sur les différents points de vue. C'est aussi l'occasion d'évoquer les « bruits de couloir » et les « qu'en dira-t-on ».

Dans la définition et la résolution d'un problème relationnel, le médiateur ne doit pas négliger l'influence du tiers absent, avec les rumeurs passées, présentes et à venir : beaucoup de conflits ne reposent que sur le lit de la fierté blessée.

Pour aboutir à une définition claire du problème, le médiateur doit utiliser beaucoup de techniques d'écoute. S'il a le sentiment d'être dans une impasse, il ne doit pas hésiter à le dire et à demander à ses interlocuteurs de l'aider à les aider.

De cette étape, nous retenons quatre points essentiels :
- identification des faits,
- clarification des conséquences réelles,
- expression des implications affectives,
- énoncé des besoins (le plan matériel),
- énoncé des attentes (le plan humain).

L'étape de résolution

Cette quatrième étape va de la recherche à l'évaluation des solutions et à la sélection de la solution la mieux adaptée. C'est la partie *créativité* de la médiation.

Un problème a toujours au moins une autre solution à laquelle on n'avait pas pensé ou que l'on n'a pas osé proposer. Les parties peuvent se mettre d'accord pour que la solution ne soit pas définitivement arrêtée.

Il m'est arrivé que les trois premières étapes aient créé un contexte si propice à un règlement amiable du conflit que cette étape et les suivantes ont eu un caractère symbolique.

Mais chacune est indispensable. Le médiateur doit les marquer une à une : c'est comme les derniers mètres d'une course, on n'est arrivé que lorsque l'on a franchi la ligne et chaque mètre compte. Parfois, il est même préférable d'être très vigilant.

La colère peut ressurgir. Ici, certains médiateurs s'exaspèrent : ils touchent leur limite. C'est le moment de reprendre l'écoute active. Ils peuvent avoir le sentiment que tout ce qui a été fait n'a servi à rien, qu'il faut tout reprendre. C'est le moment de faire des synthèses, de prendre un instant pour réfléchir et de proposer un recadrage.

Le médiateur peut dire sa surprise de ce que la colère surgisse ou ressurgisse, si c'est le cas, en s'exprimant à la première personne, sinon la solution immédiate est dans l'écoute, la reformulation, le recentrage...

Parfois, la solution de l'une des parties est finalement adoptée. Mais en réalité, il ne s'agit que de la solution matérielle, parce qu'elle n'est plus la même : elle a changé depuis le début de la médiation. Elle est devenue la solution des deux parties. Si nous sommes tenté de dire que l'une a mis du temps à adopter cette solution, on peut dire aussi que l'autre a mis du temps à exprimer correctement son idée...

Pour résoudre un problème, il faut souvent le reformuler sous de multiples formes. Par exemple, il faut changer de contexte, imaginer qu'il appartient à quelqu'un d'autre. Dans ce cas, quels seraient les conseils qu'on donnerait à cette autre personne ?

Outre la créativité, le médiateur doit s'assurer de la validité juridique de la solution adoptée. Mais d'abord, avant de recourir à un cadre quelconque, l'imagination doit être libre.

Dans tous les cas, les solutions sont énumérées et envisagées selon différents points de vue : avantages et inconvénients, caractère pratique et équitable.

Lorsque les solutions sont énoncées, le médiateur doit faire attention à ne pas ouvrir la porte à la dérision et même à l'autodérision, quitte à se faire considérer comme n'ayant pas d'humour par l'une ou l'autre des parties. Cette attention particulière s'inscrit dans l'attention à ne pas creuser le lit à la dévalorisation.

Lors du choix de la solution, il insiste sur l'engagement mutuel des parties. Elles doivent pouvoir dire ce qu'elles vont faire et s'engager à faire ce qu'elles auront dit.

Le médiateur doit ici être attentif à ne pas jouer de son influence, notamment en évoquant le « raisonnable » en chacun. C'est un risque des professions juridiques qui exerceraient la fonction de médiateur en y mêlant leurs compétences professionnelles, et leur intime conviction...

La décision ne doit pas s'emporter. Chaque partie doit l'écrire (elle-même) et laisser passer au moins une semaine avant l'étape suivante.

De cette étape, retenons trois points essentiels :
– recherche d'idées,
– évaluer les idées,
– procéder à la sélection d'une solution.

L'étape de validation

Cette avant-dernière étape est en deux temps.

À cette occasion, le médiateur demande aux parties de se situer dans le futur et de s'imaginer en train de maintenir leur engagement. Chaque partie exprime sa manière de se projeter, comment elle a intégré son engagement dans sa vie, sa pratique. Elle dit comment elle a présenté cette manière de résoudre un conflit à des tiers et ce qui fait qu'aujourd'hui encore elle est contente de son choix.

Dans cette étape de validation, il est important de dire QUI fait QUOI, QUAND et COMMENT. Rien ne doit être laissé de côté : les biens, les répartitions financières, les durées, les relations avec les tiers absents.

Deuxième temps, il s'agit d'une validation sur le plan juridique. Chaque partie peut avoir besoin de son propre conseil. Mais dans de nombreux cas de divorce et de conflit du travail, un seul avocat est souvent suffisant.

De cette étape, retenons un point :

– Imaginer la mise en œuvre de la solution et de ses implications.

L'étape de conclusion

Le médiateur doit savoir conclure chacun des entretiens de médiation en procédant à une évaluation des acquis de chacune des parties.

Selon la nature des conflits, le médiateur peut avoir affaire à des personnes en larmes. Certaines disent leur reconnaissance pour avoir pu exprimer des émotions pesantes, d'autres expriment des reproches : le médiateur doit savoir accueillir les mots des uns et des autres en donnant une touche de reconnaissance à chacun pour leur investissement dans ce processus délicat et impliquant.

Finalement, la dernière étape d'une médiation est la rédaction des actes. Cet accompagnement relève de la compétence des conseils juridiques que le médiateur doit éviter de cumuler, quand bien même en a-t-il les compétences.

Le médiateur n'implique pas sa responsabilité dans ce domaine. Il doit rester sur la réserve pour permettre aux parties d'éventuellement recourir à son intervention si, lors de la finalisation d'une clause, la médiation devait reprendre.

De même, il n'est pas censé faire un accompagnement post-décision. Mais les parties peuvent très bien demander ce type de suivi.

Cette étape ponctue chaque entretien et termine la médiation.

Retenons quatre points essentiels qui concernent l'étape de conclusion :

– savoir reconnaître les bonnes intentions,

– faire de la prévention,

– expliquer les difficultés et la maladresse,

– remercier les personnes de leur implication, comme élément indispensable pour la réussite de la médiation,
– valoriser le 100 % responsable.

En conclusion de cet exposé, j'insisterai sur le fait que le médiateur doit démarrer sa médiation avec un plan d'entretien.

Lorsqu'il lance son premier entretien, il commence systématiquement par faire exprimer à son interlocuteur ce qu'il attend de la médiation. Ce premier échange permettra de repositionner éventuellement les objectifs, intérêts et effets de la médiation. Ces points étant clairement énoncés, le médiateur pourra revenir dessus en s'en servant comme d'un fil conducteur de la médiation.

Conclusion

Une qualité relationnelle est une alternance de centrage sur soi et de centrage sur l'autre...

Les compétences des médiateurs ne s'improvisent pas. Savoir mitonner des plats délicieux ne fait pas le cuisinier; lire des livres de cuisines est un régal, mais ne nous fait pas maître-coq. Il en va de même pour ce qui est de la médiation et du médiateur, d'où la démarche de l'Union nationale des Médiateurs pour valider les aptitudes et compétences professionnelles des médiateurs par un diplôme délivré en toute indépendance depuis trois ans : le Certificat d'aptitude à la profession de médiateur, CAP'M®, ouvert à tous les médiateurs civils en exercice mais dont peu sont capables de l'obtenir sans une formation préalable.

En effet, nombreux sont ceux qui, au nom d'une expérience technique ou de celle de la vie, se considèrent médiateurs *en toute légitimité*. Leur position d'autorité de savoir ou de fonction leur donne ce sentiment. Mais n'est-ce pas une confusion? Dans leurs médiations, ils conduisent les parties à abandonner leur cause ou au mieux, ils font un arbitrage sympathique. En moyennant, ils font aboutir un marchandage. Souvent, faute de pouvoir juger et trancher, ils font des recommandations et donnent des conseils, laissant les parties dos-à-dos avec chacune leurs revendications. Le *« médiateur »* abandonne alors la partie avec un paradoxal sentiment de n'avoir pas été compris dans sa démarche. Comme s'il était là, *lui*, pour se faire écouter. Comme s'il intervenait pour se faire comprendre, *lui*, dans ses bonnes intentions. De médiation, point, et c'est en soi l'échec de l'esprit même de cette discipline qui est véhiculé dans la presse.

En approfondissant le sujet, ces professionnels font des découvertes. Ils découvrent que le travail qu'une personne entreprend pour acquérir les techniques de médiation implique une remise en cause de ses propres croyances, de ses valeurs, de ses convictions et de ses comportements. Ils découvrent qu'ils étaient loin de la connaissance pratique de la médiation. Ils découvrent aussi comment, sans pour autant être mal intentionnés, ils ont été et sont générateurs de conflits. Ils découvrent comment ils interfèrent sur ce qui fait l'implication pleine et entière des personnes dans le processus de médiation et sur leur motivation dans le respect des accords qu'elles passent. Puis, une fois formés, ils agissent en médiateurs et, curieusement, ils prennent conscience que les comportements des autres changent également...

Toutefois, si être médiateur ne s'improvise pas, sinon pour en avoir le titre, la médiation a pour vocation d'être connue de tous. Car il est intéressant pour tous de connaître les techniques concrètes qui permettent de se centrer sur une autre personne, techniques que j'ai nommées **altero-centrage**.

Ces techniques redéfinissent les notions d'empathie et d'écoute active et se fondent sur un modèle de perfectionnement de soi, le modèle SIC®, utilisé en médiation et en entreprise pour consolider les acquis en management et communication, non sur des tentatives illusoires de décodages des autres.

En médiation, savoir se centrer sur l'autre, sans se recentrer sur soi **(ego-centrage)** permet de conduire cette **inimaginable discussion** qui débouche sur une **négociation contributive** et se conclut par un accord pérenne. Celle-ci s'applique plus particulièrement dans le cadre des **relations durables**, puisqu'elle implique que les parties contribuent l'une et l'autre à la réussite de la partie qui était perçue, avant la médiation, comme adversaire ou potentiellement adverse.

Les succès des médiateurs permettent de développer de nouvelles pratiques qui sont à la disposition de ceux pour qui la motivation et l'implication dans les décisions doit se vérifier dans le temps.

Dans tous les cas, pratiquée de manière sauvage, avec dilettantisme, ou de manière rigoureuse, avec professionnalisme, la médiation avance. Elle ajoute un moyen que certains définiront comme plus rentable et d'autres comme bien plus respectueux des personnes pour aborder les difficultés naturelles dans les relations humaines. Dépassant les idéologies, outillée de sa propre rhétorique, elle réactualise le caractère très concret de la philosophie.

Les progrès techniques de la médiation, l'évolution des pratiques et les conceptuelles conceptualisations facilitent l'acquisition de cette discipline par des professionnels de plus en plus nombreux : avocats, notaires, comptables, experts dans tous les domaines, spécialistes du droit des marques, consultants d'entreprise, coachs, négociateurs… Il revient à tous les médiateurs de continuer à se perfectionner et d'apporter à leurs clients les garanties de professionnalisme [1].

En conséquence, il revient aux médiateurs professionnels de partager leurs savoir-faire, sans les vulgariser au point de les rendre illusoires.

Ces savoir-faire apportent de nouvelles pratiques en négociation, en management et dans l'ensemble des relations humaines. Les techniques de négociation sont certainement les premières concernées, puisque le passage obligé d'une médiation est la création d'un contexte favorable à une négociation fondée sur la prise en compte des positions, non des intérêts et des enjeux.

En identifiant correctement les techniques opérationnelles, il devient possible de les acquérir sans pour autant devenir un professionnel de la médiation. D'ailleurs, à peine formalisée, cette pratique de la négociation contributive a été adoptée par des entreprises du tourisme, de l'industrie et des assurances.

Chacun trouve ainsi avec cette approche des repères et des stratégies pour agir avec qualité et efficacité dans ses relations.

1. La Chambre syndicale de la médiation – UnaM…

Deuxième partie

APPLICATIONS PRATIQUES

Identifier la médiation

1

Travail individuel ou en groupe de deux ou trois.
– Liste thématique de mes conflits.
– Qu'est-ce qui peut faire l'objet de médiation dans mes activités, ma vie personnelle et professionnelle ?

Corrigé p. 193

Le journal et les médias 2

Chaque participant prend un article sur son journal préféré et identifie les expressions significatives de certains positionnements, d'interprétation. Il pointe les termes qui véhiculent les valeurs.

Corrigé p. 193

Les règles de la communication

3

L'animateur demande au groupe de dire ce qui peut favoriser une bonne communication. Il vérifie que les implications des propositions sont bien comprises par chaque participant. Il note au tableau de papier les différents points.

Ce travail peut être fait en deux temps, deux sous-groupes. Pour lancer la formation, c'est une bonne méthode d'implication. Un sous-groupe réfléchit à ce qui peut favoriser une bonne entente, un bon climat.

Corrigé p. 193

4. Les habitudes et les conflits

4

Deux sous-groupes et à chacun un sujet :

– les habitudes comportementales créatrices de tension et de conflit,

– les comportements qui, à la fois, sont créateurs d'un bon climat dans un groupe et développent l'implication et la motivation.

Corrigé p. 194

Le jeu de l'île

5

Les participants de la formation sont partis sur un bateau et c'est le naufrage. Ils sont les seuls survivants. Ils sont perdus au milieu de nulle part sans carte, loin de tout, sans moyens de communication, sans boussole, sans vivre, rien. Aucun n'a de compétence maritime, ni d'armateur. Aucun moyen d'appeler, de partir ou de retrouver le navire qui a coulé dans les profondeurs de l'océan.

Lorsqu'ils font le tour de l'île, c'est l'Eden. Ils la découvrent verdoyante, quoi que très petite et inhabitée. Elle contraint chacun des nouveaux habitants de fréquenter quotidiennement les autres.

Dans ces conditions, ils doivent imaginer leurs styles de vivre, leurs règles, leur organisation, la répartition des rôles : manger, habiter, s'habiller, ce qui est commun, ce qui ne l'est pas, etc. Ils doivent scénariser la vie affective, familiale, sociale, politique et d'entreprise qu'ils inventent sur l'île… Ils doivent se positionner pour ce qui est des priorités : organiser la vie sur place en attendant les secours, préparer le départ avec toutes les contraintes que cela implique…

Désignez un rapporteur. Il doit noter tous les comportements des participants : mécanismes des relations, règles, les non-dits (évidences…), les valeurs morales… Il en fera ensuite une restitution.

La salle est l'île : impossible d'en partir, au moins avant la fin de l'activité. Les décisions doivent faire l'adhésion de tous.

Durée sur l'île : 1 heure à 2 heures, selon l'importance du groupe. L'animateur peut intervenir au bout d'une heure pour introduire des éléments supplémentaires.

Il dit que plusieurs sacs de récolte ont disparu, ainsi que des planches spécialement préparées pour construire un bateau.

Il peut ajouter qu'une silhouette a été vue pliant sous une charge, que l'un des participants avait justement pris l'habitude de se promener le soir (il le nomme), et qu'un autre est connu pour ses réactions plutôt violentes et son envie de partir très vite (il le nomme aussi). Bien sûr, le formateur fait ses choix en prenant en compte les données qu'il a recueillis en observant le groupe.

Corrigé p. 194

Dénouement d'un conflit le nœud gordien

6

Cette activité est en trois parties et nécessite un petit matériel : un rouleau de ficelle et une paire de ciseaux.

Première partie sur le système de justification des rapports de force et solutions unilatérales

Dans un premier temps, le formateur raconte l'histoire du nœud gordien. Il propose aux participants de se mettre en deux sous-groupes pour examiner toutes les implications, directes et indirectes (culturelles, morales...), du geste d'Alexandre et du problème posé par Gordias. Ce travail de sous-groupe est d'une durée totale de 20 minutes.

Il demande aux sous-groupes de discuter de ce sujet pendant 10 minutes et pour conclure :

– au premier sous-groupe, après la discussion, de lister les expressions, notamment les lieux communs, abondant dans le sens de la solution d'Alexandre,

– et au deuxième, les expressions allant dans le sens d'une recherche plus posée de la solution au problème posé par Gordias.

Le corrigé est le travail du groupe qui tire ses conclusions sur ce qui caractérise notre culture et fait pencher le fléau d'un certain côté.

Lorsque les participants ont terminé la mise en commun, le formateur peut alors proposer la réalisation d'un jeu sur les conditions d'émission et de réception des messages.

Deuxième partie sur les généralités relatives à la communication

Le formateur demande quelqu'un qui sache faire un nœud. Il lui donne un morceau de ficelle (80 cm). À l'écart des autres, le volontaire (qui sera appelé l'émetteur) s'entraîne un instant pour un nœud de cravate par exemple. Le formateur donne à un autre participant la même longueur de corde.

Maintenant, il demande à l'émetteur de se mettre de profil et d'expliquer sa manière de procéder pour que l'autre participant (le récepteur), également de profil, puisse réaliser le même nœud sous sa directive et face au groupe. Les deux participants sont donc dos à dos. Dans un premier temps, le récepteur est interdit de parole : il exécute sans même répondre oui ou non ; dans un second temps, il a le droit d'utiliser le oui et le non, et seulement ces deux réponses ; et dans un troisième temps, il peut interroger, demander que l'on revienne en arrière, s'assurer d'avoir bien suivi...

Après le corrigé, le formateur peut passer à la troisième partie de l'affaire des nœuds, avec le nœud gordien de Samuel Loyd.

Troisième partie sur la philosophie de la médiation

Le formateur montre la photo et donne les indications pour faire le nœud. *Prenez une ficelle d'un mètre cinquante environ, réunissez-en les bouts par un nœud afin d'en faire un anneau sans fin. Prenez une paire ordinaire de ciseaux et disposez la ficelle exactement comme sur la photo. Placez-la comme un collier au cou d'une personne confortablement assise et qui vous aidera à gagner la couronne d'Asie en détachant les ciseaux comme Alexandre aurait dû le faire du socle de la charrue. Vous pouvez accrocher cette ficelle à votre cou, ce qui évitera éventuellement que vous mobilisiez une personne pendant trop longtemps...*

Cette activité est à placer en fin de session, pour permettre aux participants de partir avec ce problème à résoudre.

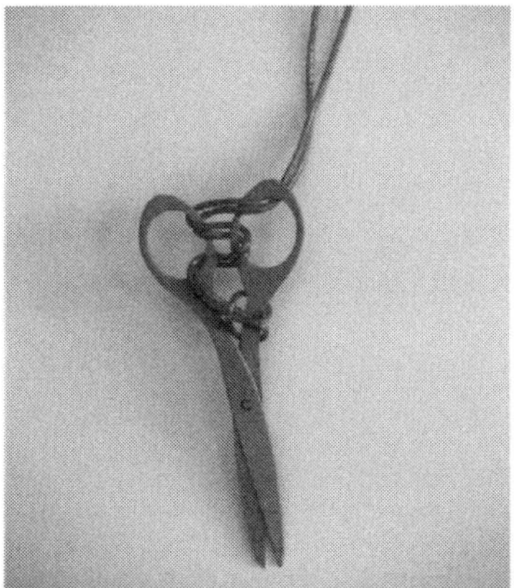

Chacun peut ainsi repartir avec le nœud gordien, des réflexions sur les relations des extrêmes et des positions intermédiaires, les solutions unilatérales qui souvent laissent les problèmes entiers, quoique résolus d'apparence par quelque manipulation ou contrainte, etc.

Lors de la session suivante, il peut, s'il le souhaite, donner la réponse proposée par son auteur : *Les ciseaux peuvent être séparés de la cordelette en faisant remonter la boucle du bout le long de la corde. D'abord à travers l'anneau de gauche puis à travers l'anneau de droite, puis de nouveau le gauche, et enfin le droit. Terminez en passant la boucle autour des ciseaux eux-mêmes et ceux-ci seront dégagés à moins que vous ayez provoqué un fâcheux embrouillamini en tordant la cordelette.*

Corrigé p. 194

Le fatalisme fonctionnel

7

Les participants font deux choses : la liste des phrases qu'ils utilisent dans leur vie personnelle, leur vie sociale et leur vie professionnelle révélatrice de ce fonctionnement; la liste des phrases de ce genre qu'ils entendent autour d'eux.

Corrigé p. 195

Fatalisme fonctionnel et enchaînement

8

À partir d'une affirmation sur soi, sur les autres, sur les relations ou sur la vie, écrire 12 implications. Les participants peuvent reprendre l'une des phrases de l'exercice sur « Les habitudes et les conflits » ou un énoncé sur leur « fatalisme fonctionnel »...

Le formateur présente l'exemple ci-dessous. Le principe est que lorsque la première phrase est tournée vers soi, on en tire la conséquence vis-à-vis des autres. L'enchaînement doit faire jouer les interactions des différents paramètres : soi, les autres ou soi, le monde, ou/et soi en tant qu'acteur dans le monde et soi en soi.

Je me dis : « Tu ne peux pas compter sur les autres »		Si le premier message est validé par une expérience au moins
1	Donc : Tu ne peux compter que sur toi	
2	=> Ne compte que sur toi : tu en as la preuve permanente	
3	J'ai bien raison de ne compter que sur moi et pas sur les autres	
4	Les autres ne m'aident pas	
5	Les autres préfèrent que je sois embarrassé ou dans des situations à problème	
6	Donc ils ne veulent pas m'aider et ils me font du mal	
7	Je gagne à m'éloigner des autres et à m'isoler	(personne ne se souhaite du mal, si ce n'est pour se faire du bien, auquel cas, personne ne se souhaite du mal...)
8	En m'isolant, je m'exclus moi-même et je ne résous pas mes problèmes, notamment ceux que j'ai avec les autres.	
9	Je ne peux même pas compter sur moi, si ce n'est pour me faire le même mal que les autres me font	
10	Je me parle à moi-même comme les autres me parlent	
11	Décidément, je ne peux même pas compter plus sur moi que sur les autres	
12	Je ne vaux pas mieux que les autres et ne peux pas compter sur moi...	

Corrigé p. 195

Liens et compétences

9

Pour illustrer les « certitudes anticipées » et la relation aux habitudes, j'ai inventé ce petit problème fondé sur un exercice que l'on doit probablement à Sam Loyd.

Relier tous les points par une ligne brisée de quatre segments, sans lever le crayon.

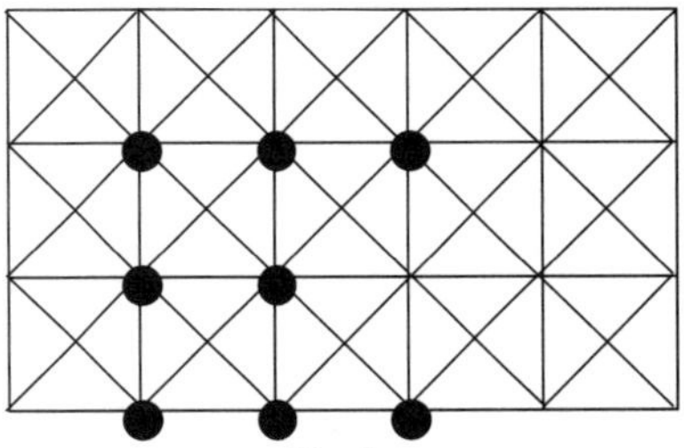

Fig 1

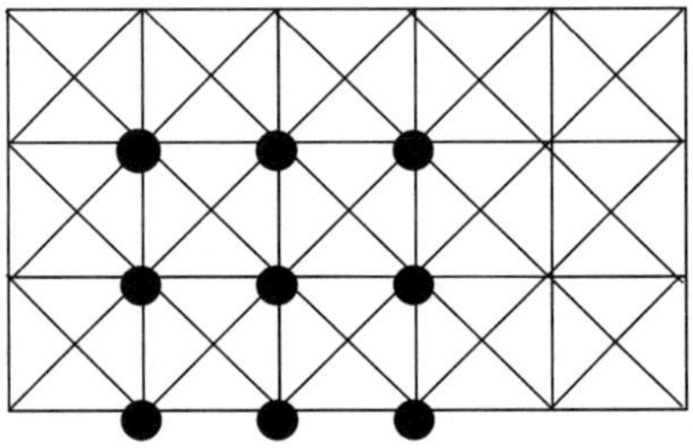

Fig 2

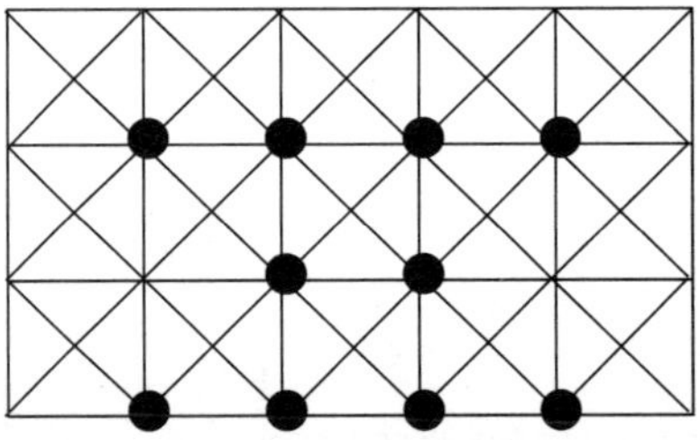

Fig. 3

Corrigé p. 195

Allégorie de la caverne

10

Utiliser le texte de la *République* de Platon, Livre VII ou, dans cet ouvrage, p. 82 et s. Lorsque la description de la situation des prisonniers dans la demeure souterraine est faite, il est demandé aux participants d'indiquer si la chose est claire. Le formateur prend soin d'interroger le plus de personnes et de laisser un instant de silence pour permettre à d'autres de s'exprimer. Puis il demande à chacun de dessiner sa représentation personnelle de cette situation.

Cette activité alimente maintes réflexions au cours de la formation.

Corrigé p. 196

Émotions et manifestations 11

1. Identifier les manifestations physiques correspondant à vos états émotionnels :

Émotions	Inscrivez dans cette colonne les numéros correspondant à une ou plusieurs manifestations	Les manifestations physiques associées à vos émotions
Joie		1 - Tremblement
Surprise		2 - Bégaiement
Tristesse		3 - Saturation respiratoire
Colère		4 - Crispation
Dégoût		5 - Douleur
Mépris		6 - Grattement
Peur		7 - Frissons
Honte		8 - Transpiration
Culpabilité		9 - Chaleur
Tendresse		10 - Froid
Bonheur		11 - Rougeur
Exaltation		12 - Pâleur
Timidité		13 - Fourmillements
		14 - Accélération cardiaque
		15 - Blocage physique

2. Après avoir procédé à cette identification pour vous-même, pensez à une personne qui vous est proche, une personne que vous fréquentez tous les jours. Indiquez ce que vous pensez qu'elle a comme sensations physiques lorsqu'elle éprouve chacune de ces émotions.

Corrigé p. 197

Émotions, attitudes et comportements

12

1. Associer les émotions suivantes aux attitudes et comportements[1] de la troisième colonne :

Émotions	Inscrivez dans cette colonne les numéros correspondant à une ou plusieurs manifestations	Les attitudes et comportements
Joie		1 - Agressivité
Surprise		2 - Abattement
Chagrin		3 - Douceur
Colère		4 - Protection
Dégoût		5 - Gratitude
Mépris		6 - Recherche (de satisfaction)
Peur/crainte		7 - Agitation
Honte		8 - Silence
Culpabilité		9 - Sanglots
Tendresse		10 - Sourire
Bonheur		11 - Froncement de sourcils
Exaltation		12 - Frottement des mains
Désir		13 - Cris
		14 - Parler plus fort
		15 - Ton confidentiel
		16 - Propos brutal

Exemple : si la joie vous fait froncer les sourcils, devenir plus protecteur et rester longtemps silencieux, vous inscrivez : 11, 4, 8.

2. Après avoir fait ce pointage, demandez à un proche de vous dire s'il partage votre avis sur votre observation de vous-même. Ne discutez pas ce que vous dit cette personne. Contentez-vous de constater que l'autre vous voit de l'extérieur tandis que vous ne pourrez jamais vous voir que de l'intérieur...

Corrigé p. 197

1. Exercice tiré des travaux de Mac Lean (1966) sur les variétés des émotions.

La réactivité à l'apparence

13

Quelles sont les caractéristiques physiques qui, chez une personne, vous font éprouver une certaine répulsion ? Quels sont les traits qui vous font ressentir de l'agressivité, de la peur, de la méfiance ?

Décrivez le portrait de sympathie et le portrait d'antipathie. Précisez les formes. Par exemple, pour « Front », dans attirance, vous pourriez préciser « bombé » et dans rejet « bas et étroit » ou le contraire...

Caractéristiques physiques	Attirance	Rejet
Front...		
Nez...		
Bouche...		
Menton...		
Joues...		
Oreilles...		
Forme du visage...		
Dents...		
Yeux...		
Sourcils...		

Un tableau complémentaire peut décrire les attitudes et comportements. Ici aussi, il y a matière.

Corrigé p. 197

Les stratégies de traitement de l'information

14

Le tournoi de tennis

113 joueurs sont inscrits. Un seul gagnant. Tous les matchs sont joués en simple, avec élimination directe. Pas de match nul. Combien de matchs sont joués ?

Corrigé p. 197

Le « Je » et le « Moi »

15

Travail de réflexion individuel ou en sous-groupes.

1. Quelles relations entretiennent le « je » et le « moi » ? Comment se traduisent-elles sur le plan comportemental ? Qu'est-ce qui, concrètement, provoque des conflits intérieurs ? Prendre au moins un exemple.

2. Lorsque je parle de quelque chose ou de quelqu'un, de quoi ou de qui est-ce que je parle le plus : de la chose, de la personne ou de moi ? Prendre au moins un exemple.

Corrigé p. 198

« Jeu de Babel » 16

L'objectif est ici de s'entraîner à la diversification de son langage.

Ne détournez pas cette approche pour en faire la même chose que toutes les approches de « décodage comportemental » ou psychologique. Il s'agit ici de jouer un rôle, d'incarner des styles... non de se faire une leçon induisant que le mimétisme pourrait permettre d'identifier les modes de fonctionnement d'autrui.

Pour faire cet exercice, vous avez besoin de l'étude SIC® et du modèle.

Vous pouvez vous renseigner auprès de Médiateurs Associés® pour les conditions d'utilisation de l'étude SIC® :

http://www.lesmediateurs.com

Vous pouvez commencer par interroger votre assistance sur les points suivants :

– Pensez-vous que quelqu'un puisse identifier votre manière de réfléchir ?

– Pensez-vous que quelqu'un puisse identifier la manière dont vous recevez des informations ?

Préparation et mise en scène de médiations

Situation 1 : évadée du Harem

■ Vous êtes médiateur. Vous avez eu une communication téléphonique avec un interprète (cf. typologie dans Exposé 4, personnage joué 1.2.1.). Ce dernier vous a demandé si vous pouviez recevoir une jeune femme d'origine saoudienne qui souhaite divorcer. Elle ne veut pas retourner dans son pays où elle est mariée sous le régime de la polygamie. Elle n'a aucun papier sur elle (cf. Exposé 4, personnage joué 3.1.2.). Lors d'une discussion avec un avocat, vous avez eu un échange sur le droit international privé. En France, la polygamie est contraire au droit. Cet avocat vous a indiqué que la situation lui paraissait délicate... Il vous a posé quelques questions auxquelles, faute de précision, vous n'avez pu répondre. Vous avez pu constater l'ampleur de vos lacunes juridiques...

La situation est suffisamment atypique pour que vous vouliez aller plus loin. Vous avez accepté le rendez-vous.

1) Qu'allez-vous faire ?

2) Comment allez-vous recevoir celle que le juriste a appelée « l'évadée du harem » ?

3) Comment prévoyez-vous la conduite de l'entretien ? Quel objectif pouvez-vous imaginer ?

4) Un Code Civil vous serait-il nécessaire ? La présence d'un avocat peut-être…

C'est à vous…

Situation 2 : reproduction illicite d'un modèle déposé

■ Un commerçant (cf. Exposé 4, personnage joué 2.1.1.) a fait imprimer sur des sacs en toile un dessin de sa création qu'il a déposé à l'INPI. Les sacs sont encore dans des cartons chez le commerçant et une personne est vue dans la rue avec un exemplaire du produit. L'explication fournie par cette personne est claire : elle est cliente d'un imprimeur et ce sac lui a été donné en cadeau. Elle accepte de consigner son propos par écrit et d'être prise en photo.

Le dirigeant de l'imprimerie (cf. Exposé 4, personnage joué 1.2.2.) assure qu'il n'est pas au courant de ce cadeau et que si l'affaire devait aller en justice, il licencierait l'employé qui a pris l'initiative de donner ce sac. Il affirme qu'aucun sac n'a été tiré en plus de ceux commandés et en conclut qu'il s'agit d'un essai qui a été donné par un employé. Il comprend, c'est inacceptable. Il s'engage immédiatement à trouver le fautif et à faire passer une directive de manière à ce que ce genre d'agissement ne se reproduise plus.

Le commerçant se sent lésé et fait appel à vos services… Il hésite entre la procédure judiciaire et la médiation.

Qu'allez-vous faire ?

Recommandations :

– n'oubliez pas l'objectif de départ;

– les participants en position d'observation doivent se centrer sur la forme et non sur le fond…

Corrigé p. 199

La négociation contributive

17

Approche nouvelle de la négociation, « la négociation contributive » est issue des succès des médiations. Beaucoup de professionnels m'ont recommandé de déposer la marque, mais je souhaite ici apporter cette nouvelle *contribution* pour faire avancer la médiation en tant que discipline à part entière, avec ses apports en techniques et spécificités linguistiques.

La négociation est inévitablement inscrite dans l'étape de « résolution ». Une fois le contexte de médiation défini avec ses règles, la démarche doit être conduite de manière à favoriser la contribution de chacun dans la réussite de la médiation, l'aboutissement à un accord et la réussite des personnes au-delà de l'antériorité qui faisait le différend.

La négociation contributive prend en compte :

– les enjeux, les intérêts (le « passif ») ;

– les acteurs du différend et leur positionnement (la situation présente) ;

– la résolution créative et le suivi de la relation (la projection dans le futur).

Pour aborder ce sujet, les réflexions des participants peuvent porter sur les points suivants :

– Comment définir une personne difficile ?

– Quels sont vos comportements lorsque vous êtes insatisfait(e) ?

■ Attention, poser directement la question « Quand êtes-vous une personne difficile ? » ou « Quand pouvez-vous être perçu comme telle ? » peut heurter des susceptibilités et provoquer des démissions d'apprentissage…

– Comment agir face à une personne difficile ?

– Démarche contributive et négociation contributive ?

– Avec qui négocier de manière contributive ?

– Quelles sont les limites de la démarche contributive ?

Situation 1 : erreur fatale ? - pas de médiateur

L'un des participants incarne un prestataire de service. Un deuxième participant est un client de ce prestataire.

Le client a demandé plusieurs devis et, au regard de la proposition faite par son prestataire habituel et des conditions tarifaires, il décide de poursuivre sa collaboration.

Mais, après l'acceptation, le prestataire s'aperçoit que dans le récapitulatif des prix, il a omis de faire apparaître un point qui est cependant bien développé dans sa proposition commerciale. Le différentiel est de plusieurs milliers d'euros. Il téléphone immédiatement à son client et lui fait part de son embarras...

La discussion commence par une remise à plat de la proposition... Le client convient que la proposition est claire et qu'en effet l'erreur de lecture est aussi évidente que l'erreur de rédaction... Cependant, le budget est serré et la décision a été prise par la hiérarchie.

Ainsi, du côté du client, une autre personne intervient : la responsable hiérarchique. Cette dernière admet la situation mais insiste sur le fait que les aspects financiers ont pesé quant au choix du prestataire...

Il reste aux participants à imaginer la suite...

Situation 2 : avec médiateur

Reprenez ici des situations rapportées par les participants.

Faute de situations suffisamment caractéristiques, ce qui serait étonnant, vous pouvez prendre la situation 2 sur la reproduction illicite (cf. Exercice 16).

Pour un exemple de médiation familiale, vous pouvez prendre une situation de divorce.

■ Par exemple : « Le divorce a été prononcé en faveur de l'épouse. Le mari, accusé d'avoir eu des comportements équivoques avec ses enfants, ne peut les recevoir que s'ils sont accompagnés.

Dans cette situation, il faut prendre en compte que :
- le mari est parti avec une autre femme ;
- l'épouse a désormais un nouveau compagnon, mais qu'elle fait toujours des reproches d'abandon à son ex-époux. »

La participante qui incarne l'épouse doit savoir que les informations sur les comportements équivoques du mari sont faux. Elle a trouvé ce moyen pour déstabiliser son époux, et sa vengeance sera d'obtenir qu'il ne voie pas les enfants. Des photos semblaient bien accréditer sa version. Suite à cela, le mari avait fait une dépression et c'est en état dépressif qu'il avait été reçu par des experts psychiatres...

Le jugement avait donc été rendu en considérant qu'il fallait tout mettre en œuvre pour protéger les enfants des agissements du père.

Dans un premier temps, le médiateur reçoit la mère qui lui raconte qu'elle a menti et qu'elle se sent coupable...

Cette situation est basée sur un cas réel.

Considérant qu'un jugement a été rendu, quelle va être, selon vous, la démarche du médiateur ?

Recommandations :

Le participant qui endosse la position du médiateur doit être rigoureux dans l'application des techniques d'*altero-centrage.* Il recevra d'abord l'épouse, puis l'époux, puis il recevra les deux parties.

Le formateur utilisera la vidéo pour ne rien perdre de l'échange.

Corrigé p. 200

Corrigés des exercices

Corrigé de l'exercice 1

Le formateur peut accompagner la classification des conflits selon trois domaines :
– personnel (en soi),
– familial et social (avec des proches ou/et des voisins),
– professionnel (avec des collègues, associés, patrons, subordonnés, clients, fournisseurs…) ;

Il rajoutera les variables suivantes :
– affectif, idée, matériel, économique.

Après avoir fait le point individuellement, les participants sont mis en groupe de trois. Après une synthèse de la liste de ses tensions et conflits, chacun présente aux deux autres participants sa réponse à la deuxième question. Ils lui disent ce qui, à leur avis, peut effectivement faire l'objet de médiation dans ses activités, sa vie personnelle et professionnelle. Il passe tour à tour.

L'activité est bouclée par une mise en commun reprenant :
– des exemples de tensions et de conflits,
– les tensions et conflits qui peuvent faire l'objet de médiation,
– la définition des *obstacles à la médiation.*

Corrigé de l'exercice 2

Réflexion commune sur l'état d'esprit du médiateur, sa manière d'aborder l'actualité et les événements.

Corrigé de l'exercice 3

Les règles de communication permettent de pointer les risques d'obstacle. On préférera les formulations positives aux négatives.

Par exemple : *parler en énonçant les faits* au lieu de *ne pas faire d'interprétation.* Toutefois, on n'hésitera pas à faire dans la redondance : plus on diversifie l'expression d'une même idée dans ce domaine, moins il y a de risque d'ambiguïté et d'incertitude.

Corrigé de l'exercice 4

Même principe de mise en commun que dans l'exercice sur les règles de communication.

Corrigé de l'exercice 5

Les enseignements à tirer de cette activité sont nombreux. Je retiens cependant quatre leçons essentielles. Pour fonctionner correctement, un groupe doit choisir :

– des méthodes de travail et contrôle du résultat. Pour rechercher une méthode de travail, la technique du *brainstorming* est recommandée. Selon la grandeur du groupe, des commissions auront pu être organisées, notamment pour envisager les méthodes de contrôles, les étapes intermédiaires;

– des règles : il faut se donner des moyens et des méthodes : énoncer les règles de fonctionnement et de communication et en vérifier la compréhension auprès de tous; établir des procédures et les valider (la loi) ; lister les problèmes et identifier les méthodes les mieux adaptées à leur résolution;

– un objectif : il faut se choisir un objectif et éventuellement décliner les étapes intermédiaires, des moyens de mesure des résultats et des procédures de contrôle et de remise en cause;

– une personne : il faut choisir un animateur qui pourra également intervenir comme régulateur ou médiateur en cas de désaccord… Des animateurs auront pu être choisis pour chacune des commissions. À chaque fois, le groupe s'engage à soutenir son animateur, que l'on peut également appeler « leader par objectif ».

Cette activité est l'occasion pour les participants d'amorcer une réflexion sur les valeurs que sous-tendent les comportements.

Corrigé de l'exercice 6

On retrouve dans cette activité les bases théoriques de la communication. Le formateur saura conclure que pour résoudre un problème, il faut savoir remonter jusqu'à la personne qui le porte et que le meilleur résultat est garanti par une communication plus libre.

C'est aussi pour lui l'occasion de faire un rappel des règles de communication, notamment :

– de la prise de parole dans un groupe,

– de ce que chacun s'exprime en « je »

– de préférer les termes précis, descriptifs, aux termes ambigus et subjectifs

– de ce qui implique de se mettre d'accord sur la terminologie utilisée. Par exemple, dans le cas de la corde se faire un vocabulaire[2].

Le formateur saura entraîner les participants dans une réflexion relative au positionnement que peut avoir un médiateur par rapport au cœur même d'un problème.

Corrigés des exercices 7 et 8

Mise en commun.

L'exercice 8 conduit à la conclusion que je suis en conflit avec les autres comme je le suis avec moi-même. En identifiant mes propres mécanismes conflictuels, j'identifie ceux qui s'appliquent à toutes mes relations.

Corrigé de l'exercice 9

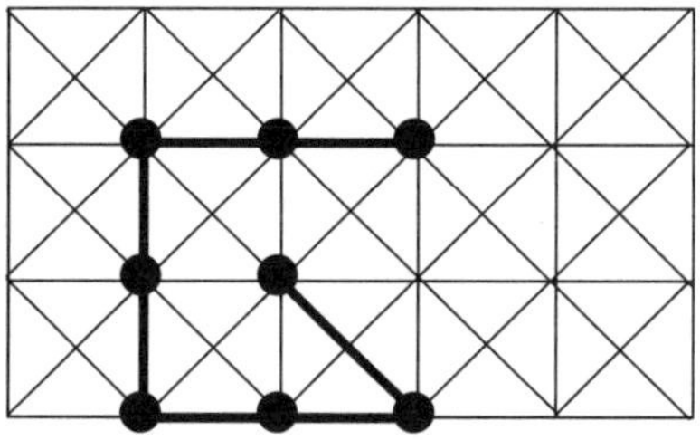

Fig. 1

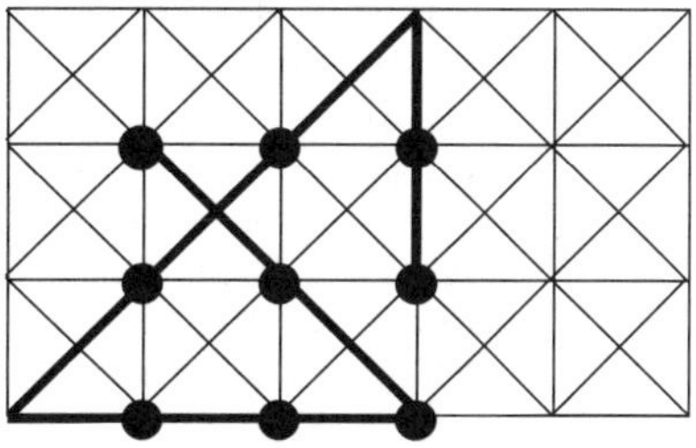

Fig. 2

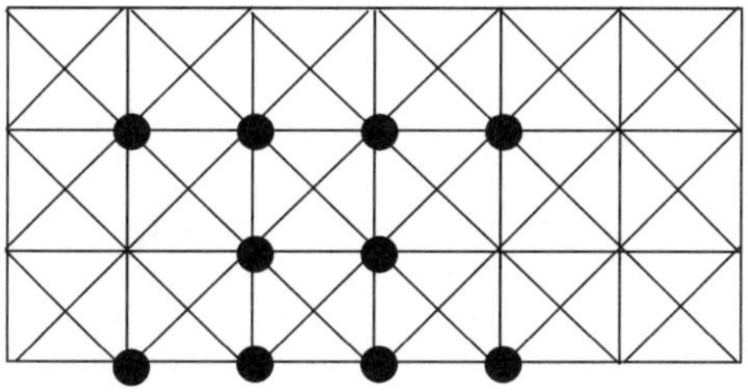

Fig. 3[3]

2. La corde à deux extrémités, l'une que l'on tient (brin à nouer), et la seconde que l'on ne tient pas pour la circonstance (brin libre). Lorsque les deux brins sont croisés, c'est une boucle, lorsque la corde est en anneau et que les brins ne sont pas croisés, c'est une ganse. Toute la corde entre les deux brins est appelée le mou. Voir le *Livre des nœuds*, de Geoffrey Budworth, éd. de Vecchi Poche, 1999, page 23.

3. L'auteur attend vos solutions sur Internet, redact@pythagore.com.

Le même exercice sans les grilles perd de son intérêt, puisque le but du jeu est de mettre en évidence que l'on a des repères qui guident notre pensée.

Les enseignements sont riches sur les inconvénients de nos habitudes de fonctionnement. Avec la surface en L, je peux conclure que face à la nouveauté mes acquis peuvent être totalement remis en cause. Ici, je peux conclure que je dois modifier ou savoir enrichir ma manière de traiter les informations. Mes grilles d'analyse ne doivent pas rester figées : je dois savoir m'en faire de nouvelles, rester ouvert et être vigilant aux risques de surcharge…

Dans les deux cas, l'immobilisme mental est remis en question.

Favoriser des échanges sur :

– les méthodes systématiquement appliquées; le sentiment de compétence; la difficulté à s'adapter au changement lorsque l'on ne fonctionne qu'avec les mêmes références; les conséquences (risques et intérêts) des *grilles* avec peu ou trop de repères…

Corrigé de l'exercice 10

Le formateur fait remarquer que tout le monde avait la même information préalable. Il fait remarquer que tout le mode avait le sentiment d'avoir compris. Il demande aux participants si maintenant tout le monde est satisfait de ce qu'il a produit. Il reçoit les réponses avec un merci. Il demande à voir les dessins. Les participants qui le veulent sont invités à expliquer leur croquis : certains sont vus de dessus, d'autres de l'intérieur, d'autres sont des coupes, d'autres encore sont des vues très personnelles… Le formateur sélectionne la meilleure représentation et propose à chacun de la reproduire sur ses notes.

Puis, il demande les conséquences que le groupe tire de cette activité.

Lorsqu'il a noté les propositions, il vérifie que les conséquences sur la communication y figurent :

1. décalage entre ce que l'on pense avoir compris et ce qu'on représente,

2. décalage entre ce qu'on veut dire et ce qu'on dit, ce que l'on imagine et ce que l'on représente,

3. décalage inévitable entre ce que l'on dit et ce qui est perçu,

4. décalage entre ce que l'on perçoit et ce que l'on analyse.

Tous ces décalages sont étudiés grâce au modèle SIC® que l'on verra dans l'exposé 4.

Il énonce également ces autres conséquences :

5. nécessité de diversifier sa manière de s'exprimer,

6. nécessité d'être humble quant à ses certitudes de tout faire pour être compris,

7. nécessité de demander un retour pour identifier ce qui a été compris.

Corrigés des exercices 11 et 12

L'intérêt de cet exercice est de favoriser des échanges entre les participants, pour éclairer les différences entre les personnes. Le corrigé se valide par la mise en commun.

À savoir cependant que le sociologue Mac Lean, auteur du modèle représentant l'évolution du système cérébal, a présenté le tableau p. 185 pour 6 émotions :

Le désir = > recherche (de satisfaction)
La colère = > l'agressivité
La crainte = > protection
Le chagrin = > l'abattement
La joie = > gratitude
Tendresse = > douceur

Corrigé de l'exercice 13

Konrad Lorenz a fait de nombreuses observations sur les attitudes de rejet des animaux. Il observait notamment qu'une oie repoussait aussi bien des œufs en carton de couleur que ses propres œufs qui avaient roulé en dehors du nid.

Chez l'homme, une tête et des joues rondes, un front bombé et des yeux placés bas sur le visage, déclenchent un certain attendrissement, que les caractéristiques soient perçues chez un enfant ou un animal. Les industriels, fabricants de jouets et producteurs de dessins animés, savent bien utiliser cette sensibilité. Mais la règle ne s'applique pas à tous les individus. Il convient de savoir ce qui peut être la cause d'a priori en nous pour être vigilant.

Corrigé de l'exercice 14

Chacun a sa manière de traiter l'information. Nous distinguons :

– le style analytique : séquentiel et explicatif,
– le style analogique : intuitif et global,
– et le style affectif : émotionnel et implicatif.

Les premiers ont tendance à raisonner. Ils constatent d'abord que 113 est impair; pour d'évidentes raisons mathématiques, ils font leur calcul avec 112. Ensuite, ils calculent qu'au premier tour, 56 matchs sont joués et 56 joueurs éliminés, puis au deuxième : 28, puis au troisième : 14, puis au quatrième : 7, puis au cinquième, ils font entrer le joueur mis de côté pour faciliter l'organisation du tournoi : 4 matchs; puis au sixième : 2, et au septième : 1 match et un vainqueur. Enfin, une petite addition : 56 + 28 + 14 + 7 + 4 + 2 + 1 = 112 matchs.

Ceux qui ont tendance à trouver les solutions comme une ampoule jette la lumière dans une pièce se disent simplement : 113 joueurs dont un gagnant, cela fait 112 parties. Mais une certaine incertitude plane sur leur brusque illumination.

Quant aux plus affectifs, si en plus ils jouent au tennis, ils sont embarrassés par l'intégration d'un joueur à un moment indéterminé du tournoi. Risque de favoritisme. Il faudrait agir sur la sélection. Pourquoi ne pas ajouter un très bon joueur d'un niveau inférieur, ça lui donnerait une chance aussi...

Parmi les analogiques et les affectifs, certains ont un système déroutant. Ils se *disent* (mais les mots sont à peine évoqués) que la même règle s'applique dans tous les cas. Ils voient le nombre 113 = impair. Ils mettent en parallèle le chiffre trois (le plus petit impair). S'ils sont plus analogiques, ils se font un film rapide du tournoi avec 3 joueurs = en 2 matchs, on a le gagnant. S'ils sont plus analytiques, ils vérifient avec 5 joueurs = 4 matchs. Alors ils en *déduisent* qu'avec 113 joueurs, on doit avoir pareil : le chiffre pair juste en dessous, soit un match de moins que de joueurs, c'est donc 112...

L'efficacité des différents systèmes n'a fait l'objet d'aucune étude comparative, si ce n'est depuis quelques années pour constater qu'il existe plusieurs styles de traitement de l'information. On remarquera néanmoins que seul un système de calcul est enseigné.

Autres sujets de réflexion : pourquoi certaines personnes ont-elles une préférence pour l'approche séquentielle? Quelles sont les conséquences de cette préférence dans l'enseignement, la publicité (le jeu des sondages et des pourcentages), la vie d'entreprise, du recrutement à l'évaluation du personnel?

Corrigé de l'exercice 15

1. la mise en commun permet de dégager les points suivants :

– les relations entre le « Je » et le « Moi » sont fondées sur des intérêts mutuels; leurs relations connaissent les mêmes aléas que les relations avec autrui;

– fondé sur le fait qu'on ne diffère pas dans nos modes relationnels, on observera que les relations qu'une personne entretient avec les autres sont à l'image de ses relations avec elle-même.

Ni plus ni moins. L'implication directe est que l'on n'est pas plus dur ou gentil avec les autres qu'avec soi-même, on est tout simplement aussi maladroit;

– l'indécision personnelle est une source de conflit;

– la maladresse également, en même temps qu'elle est la cause de la culpabilité et de l'accusation ;

– le corollaire est que lorsqu'on accuse l'autre, on peut se demander en quoi il est maladroit et si la culpabilité ne serait pas une cause de son comportement ;

– lorsqu'il y a conflit, c'est la notion d'intérêt qui est le moteur. L'indécision alimente la tension intérieure. La peur (crainte, appréhension) de mal faire, de mal prévoir, de provoquer l'insatisfaction (de soi, des autres...) fait la surenchère. Parfois le conflit est directement entre le « moi » et le « je » (l'image de soi et le soi physique) ; parfois il est plus intériorisé et provient d'un conflit du type précédent ;

– le corollaire est que l'action de médiation que nous pouvons avoir pour accompagner une résolution de conflit entre deux personnes exige une rigueur de même nature que celle que nous pourrions avoir pour accompagner une résolution de conflit personnel ;

– tel je suis avec moi-même, tel je suis avec les autres = je me traite comme un autre !

Corrigé de l'exercice 16

Tout ce que l'on peut éventuellement identifier, c'est votre manière de vous exprimer. Et encore !

Ce qui est valable pour vous l'est également pour les autres. On ne peut se fier à l'information dite pour en déduire la manière dont elle entre et la manière dont elle est traitée.

En revanche, apprendre à diversifier ses modalités de communication est immédiatement applicable.

Pour cela, il convient d'arrêter de communiquer comme nous le faisons habituellement.

Ainsi, vous apprendrez à mieux communiquer et à être reçu par des personnes qui ont besoin que l'on s'adresse à elle dans un style différent du vôtre, un style qui correspond à leur manière de recevoir.

Ceci relève d'un vrai perfectionnement rhétorique...

En tant que médiateur, vous devez être vigilant sur vos propres risques de surenchère : chercher à expliquer, à sensibiliser ou à faire imaginer une solution...

Au lieu de poursuivre dans vos mécanismes, changez d'axe !

Changez... ne continuez pas à répéter la même manière de communiquer !

Vous pouvez vous rendre compte du moment où il convient de changer d'axe d'expression lorsque vous commencez à être dans l'effort de communication ou que vous commencez (en vous-même) à porter des appréciations sur votre interlocuteur.

Corrigé de l'exercice 17

La réflexion sur la négociation contributive conduit à établir des liens entre les différents outils et techniques de la médiation. Elle repose sur la reconnaissance de la légitimité des positions pour, partant de là, envisager la manière dont le négociateur – qui a préalablement clarifié ce qu'il peut attendre, quitte à ce que ses attentes évoluent ou changent – va apporter sa contribution à l'autre.

Par ailleurs, la logique contributive ne se fonde pas *nécessairement* sur ce que nous pouvons appeler le rationnel avec une idéologie économique « gagnant-gagnant ». La prise en compte du réel, de l'imaginaire et de l'affectif fournissent autant d'autres éléments de la relation contributive...

Les mises en commun peuvent porter sur le thème de la réussite : de soi, de l'autre, d'une relation et d'un accord... En prenant en considération que l'on négocie pour soi ou que l'on négocie pour un tiers (en tant que représentant).

Compte tenu des contextes : enjeux financiers ; besoins de reconnaissance personnelle ; situations conflictuelles ; situations non-conflictuelles.

Quels sont les freins ? Quels sont les contextes où ce type de négociation peut paraître inimaginable ? Ici, il convient de faire référence à l'inimaginable discussion...

Il s'agit aussi de ne pas confondre négociation et éducation et quand même de bien réfléchir à ce qui permet à chacun de considérer que le résultat lui permet de réussir, avec un accord d'une indissociable qualité, voire d'une démarche satisfaisante et motivante.

Il découle qu'une distinction doit être faite entre la démarche contributive et la négociation contributive.

La démarche contributive consiste dans l'apport que nous faisons (ou que nous sommes supposés faire) à nos enfants. Par exemple, puis-je avoir le sentiment d'être « gagnant » lorsque ma fille ou mon fils s'engage à faire quelque chose que je lui confie en échange d'un jouet ? Si je dois considérer que mon gain est le bonheur que j'éprouve dans la relation, alors n'est-ce pas réduire cette relation à quelque chose que le monde affectif ne saurait intégrer ? Avec une telle idéologie, comment ne pas laisser imaginer que le plaisir et le bonheur puissent s'acheter ?[4]

S'il y a des choses qui ne sauraient entrer dans le domaine de la négociation, **la négociation contributive** fait des liens avec :

– **l'inimaginable discussion**. Ce que nous ne pouvons pas imaginer, nous ne pouvons pas le faire, sinon par « hasard » ; cette inimaginable discussion implique que chaque partie participe à entretenir le climat créé par le médiateur et grâce auquel les parties

4. Le film « *Proposition indécente* » en est une saisissante caricature.

entrent dans un mode de communication où l'inimaginable peut être : la sérénité (re)trouvée, la coopération, avec un éventuel accord – lequel est écrit ou non par un juriste... et la contribution à la réussite de l'accord – de l'autre, par-delà les récriminations, les frustrations qui restent encore après l'accord !

– **l'altero-centrage**, puisqu'il convient de se centrer sur l'autre, non de se mettre à sa place, pour l'aider dans l'expression de ce qui va lui permettre de s'affirmer et de se sentir compris. En médiation, c'est le médiateur qui pratique l'altero-centrage. Mais il peut aussi le conduire, c'est-à-dire qu'il fait en sorte que les parties le fassent elles-mêmes. Cette mise en pratique est un bénéfice secondaire pour les parties. En négociation, c'est celui qui en connaît les techniques qui la met en œuvre, sans pouvoir attendre de l'autre qu'il le fasse. En conséquence, ce praticien de l'altero-centrage s'inscrit déjà dans une démarche contributive... Il porte une attention à l'autre que celui-ci ne saura pas lui rendre, alors que le besoin est parfois tout aussi fort.

– **l'ego-centrage**, puisqu'il est indispensable que nous nous exprimions de manière satisfaisante pour nous-même. Ne pas heurter l'autre avec des jugements, des prêts d'intention ou des contraintes est une chose. Mais en s'affirmant, en informant l'autre, nous pouvons être considéré comme « heurtant ». Si l'autre se sent heurté (par une prise de conscience ou sa propre culpabilité par exemple, ce qui est souvent le cas), faut-il l'éviter ? Certainement pas. L'affirmation de soi en dépend. La reconnaissance de soi, de ses besoins, de ses intérêts, de ses attentes par l'autre est une chose indispensable pour construire l'accord recherché.

– **l'alternance de l'expression de soi et de l'aide à l'expression et l'écoute de l'autre** ; c'est-à-dire des deux pratiques ci-dessus.

– **les pratiques relationnelles au quotidien**; sans saucissonner la vie, ni la compartimenter de manière si abusive que l'on serait si différent à ne pas se reconnaître dans la vie professionnelle et la vie privée tout en étant aussi impliqué et motivé dans l'une et l'autre...

– **l'esprit de médiation**, qui se retrouve inévitablement dans cette démarche de négociation...

Le corrigé de cette activité consiste donc à permettre aux participants d'associer les techniques et idées pour constituer un ensemble cohérent, favorisant l'appropriation.

ANNEXES

Plan d'autoformation

1 Lire l'exposé 1.
Faire l'exercice 10.

2 Lire l'exposé 2.
Faire les exercices 6 et 9. Vous pouvez envoyer votre solution à ces deux exercices à l'auteur de cet ouvrage pour avis, par e-mail : redact@pythagore.com

3 Lire l'exposé 3.
Faire l'exercice 14.
Faire les exercices 11, 12 et 13.

4 Lire l'exposé 4.
Faire l'exercice 15.

5 Lire l'exposé 5.
Faire l'exercice 17.

6 Lire l'exposé 6.
Rédiger une présentation de votre processus de médiation.

Programme de session de formation d'une durée de 4 jours

Initiation à la médiation

▶ Pour 10 à 15 participants

Ce programme de quatre journées peut rassembler jusqu'à quinze personnes. Il constitue une introduction à la médiation de préférence en résidentiel, en deux sessions.

PREMIÈRE JOURNÉE L'ESPRIT DE MÉDIATION

9h – 9h45	Les participants, leurs objectifs de formation – deux outils : questions et reformulation Exercice 1 – Objectifs, moyens et méthodes de la formation
9h45 – 10h15	Les applications de la médiation en France et dans le monde Exposé 1 – chapitre 1
10h15 – 10h30	Le dénouement des conflits – Exercice 6
10h30 – 11h	Le médiateur et la notion d'urgence Théories, principes et règles de la communication et de la médiation Exercice 3
11 h – 12h30	Portraits de médiateurs Définitions de la médiation Qualités de médiateur Exposé 1 – chapitre 2, suivi de l'exercice 4
	Pause déjeuner
14h– 14 h 30	Les stratégies et interactions en communication
14h30 – 15h30	Vidéo des portraits de médiateurs
	Pause
16h30 – 18 h	Debriefing vidéo Appris et acquis de la journée

DEUXIÈME JOURNÉE : PROCESSUS DE LA MÉDIATION

9 h – 9h30	L'action de médiation en groupe Exercice 6
9h30 – 10h30	Exposé 2 : la dynamique des conflits Introduction aux stratégies de fonctionnement Exercice 14

10h30 – 11 h	PICs et risques d'obstacles en médiation
11 h – 12h30	Les six étapes de la médiation
	Pause déjeuner
14h– 14 h 30	Un processus pour une médiation efficace Introduction à l'étape zéro de la médiation : le médiateur face aux conflits
14h30 – 15h30	Introduction aux techniques de base de la médiation centrée sur les protagonistes d'un conflit.
15h30 – 16 h	Écouter, recentrer, recadrer, reformulation et synthèse
	Pause
16h30 – 18 h	Exercices et jeux de rôle Appris et acquis de la journée Bilan des deux jours

Travail en intersession : les participants font un inventaire des valeurs qu'ils assimilent quotidiennement. Ils font chacun une synthèse de l'exposé 2. L'activité peut être fondée sur le principe de l'exercice 2.

Troisième journée : un modèle pour la médiation

9 h – 9h30	L'allégorie de la caverne Exercice 10
9h30 – 10 h	Exposé 3 Métaphores de médiation : travail en mini sous-groupes
10 h – 10h30	Mise en commun en présentant plus particulièrement la fenêtre des humeurs
10h30 – 11h	Les certitudes anticipées et habitudes de traitement de l'information, les a priori… Exercices 9, 11, 12 et 13
11 h – 12h30	Exposé 4 Le « Je » et le « moi » – Exercice 15 Le fatalisme fonctionnel – Exercices 7 et 8
	Pause déjeuner
14 h – 14h30	Modèle des stratégies de communication (SIC®)
14h30 – 15h30	3 schémas et 13 stratégies
15h30 – 16 h	Identifier ses stratégies de médiateurs : Étude SIC ®
	Comprendre le système de communication et les interactions Application pratique de diversification sur un texte
	Pause
16h30 – 18 h	Mises en situation en intervention publique pour pratiquer la diversification du langage. Appris et acquis de la journée
	Retour des trois jours

Quatrième journée : l'action du médiateur

9 h – 9h30	Définition des objectifs en entretien de médiation
9h30 -10h30	Exposé 5 Parler à la première personne La pratique de la reconnaissance
10h30 -11 h	Exposé 5 Parler à la deuxième personne – l'altero-centrage Les techniques d'accompagnement de l'expression
11 h -12h30	Jeux de rôle + Debriefing
	Pause déjeuner
14 h – 14h30	Pratique sur l'exposé 6 Intégration du processus de la médiation
14h30 – 15h30	Mise en situation : conduite d'entretien de médiation – le modèle : passé, présent, futur; les faits, leurs conséquences, le ressenti, la solution
15h30 -16 h	Debriefing des mises en situation
	Pause
16h30 – 18 h	Contrat personnel d'entretien des acquis et de perfectionnement dans sa pratique de médiateur Appris et acquis de la journée Bilan de la formation

Un rituel de la formation : commencer chaque matin en demandant à chacun(e) d'exprimer en une courte phrase (sujet, verbe, complément) sa perception de son implication dans la formation (sentiment, réflexion, interrogation...). Cette introduction est un déparasitage qui permet à chaque personne de se positionner, non par rapport à son état interne, mais par rapport à l'objectif de la journée.

La totalité de la formation de médiateur est d'une durée de dix jours en salle, auxquels chaque participant doit ajouter plus de 100 heures de travaux pratiques, lectures, rédaction d'un rapport de formation. Quels que soient les contenus de formation, les organismes formant des médiateurs s'accordent pour une durée de ce type. Vous pouvez trouver sur Internet quelques-uns des programmes et notamment télécharger celui de médiateurs associés, pour l'obtention du CAPM® sur : http://www.pythagore.com.

Le Certificat d'aptitude à la Profession de Médiateur, CAP'M, est délivré aux médiateurs remplissant les conditions définies par la commission pédagogique de l'Union nationale des Médiateurs.

Lexique

Accord : le premier accord en médiation est le fait d'adhérer au processus de médiation même. Il peut en découler une *convention préalable* de médiation dans laquelle sont définies des règles de fonctionnement et des règles de communication. L'accord final de médiation est souvent désigné sous le nom de protocole.

Altero-centrage : positionnement consistant à se centrer sur un tiers. Il s'obtient grâce à un ensemble de techniques développées au cours des formations proposées par l'auteur. Ce positionnement contribue à la compréhension des motivations de l'autre et à l'échange des points de vue. Un médiateur intervient inévitablement de manière « altero-centrée » puisqu'il favorise et accompagne l'expression de ses interlocuteurs. Mais, s'il donne un conseil, exprime un avis, porte une appréciation, il devient « égo-centré ». Voir aussi la définition de « Langage TU ».

Arbitrage : règlement d'un différend auquel les parties ont choisi de s'en remettre. L'arbitre peut être un magistrat.

Attitude : disposition d'apparence naturelle à avoir certains comportements. L'attitude est généralement considérée comme située en amont des comportements.

Certificat d'aptitude à la profession de médiateur : le CAP'M est le diplôme privé délivré par l'Union nationale des Médiateurs, Chambre syndicale de la médiation.

Coach : entraîneur, accompagnateur. Le mot « gourou » étant particulièrement connoté, le terme de coach utilisé sur les terrains de sport est désormais entré dans le vocabulaire des consultants qui font de l'accompagnement individualisé de cadres et dirigeants.

Codage et décodage : transformation d'un message en vue de sa transmission et de sa réception.

Communication non verbale : tous les signes qui accompagnent ou diffèrent de la communication des mots : les gestes, les mimiques, les comportements, les signes, les rythmes (voix, respiration), les modulations, le volume...

Compétences transversales : compétences très souvent non formalisées qui se retrouvent à différents niveaux d'une organisation ou dans plusieurs domaines de son activité. Les compétences de communication, d'animation, de travail en groupe, d'adaptation sont dites *transverses.* Nous pouvons également citer l'innovation, la créativité, la médiation...

Comportement : ensemble de la communication verbale et non verbale d'une personne. Très souvent, ce terme désigne plutôt la communication non verbale. Les comportements désignent plus ce que fait la personne que ce qu'elle dit.

Conciliateur et conciliation : le conciliateur est investi de pouvoirs d'instruction et rend compte du déroulement de sa mission au juge, à moins que la conciliation ne soit opérée par le juge lui-même. Le conciliateur est nécessairement un bénévole et il ne peut pas s'agir d'un membre des professions judiciaires ou parajudiciaires en exercice. La conciliation est inscrite dans certaines procédures et à ce titre est obligatoire : divorce, contentieux prud'homal. La conciliation est d'ordinaire réservée à des litiges de petite importance.

Conflit : « Choc ». Cette notion évoque celle de heurt, d'opposition. Un conflit est la rencontre d'éléments contradictoires, de sentiments qui s'affrontent. Les émotions ne sont pas toujours les principales actrices d'un conflit. Nous parlons aussi de conflit d'intérêts et de stratégies, indiquant ainsi qu'il n'y a pas dans ce conflit des questions de personne, mais d'intérêts financiers ou de moyens.

Congruence : le comportement qu'il faut avoir au bon moment, dans une situation donnée. Il sait ce qu'il doit faire pour dénouer une situation ou faciliter un passage dans une communication difficile. Qualité associée à l'adaptabilité nécessaire à la profession de médiateur.

Conscience passive et conscience active : ces deux notions désignent l'une la situation de la conscience éveillée, mais qui serait dans un carcan d'habitudes, de certitudes ou associée à un sentiment d'impuissance (« je suis comme ça, c'est comme ça... »), d'incapacité à changer; tandis que la *conscience active* est celle qui d'une manière intentionnelle permet de s'adapter à une situation nouvelle. Elle permet de ne pas se soumettre à une idée reçue. Elle favorise le changement de comportement et facilite l'adaptabilité. La conscience passive est associée au concept de « fatalisme fonctionnel ».

Contentieux : litige qui n'a pas trouvé de solution négociée directement entre les parties et qui a été portée devant le juge.

Contradiction : le débat contradictoire est le fondement même de la procédure civile, en ce qu'il garantit une égalité de traitement aux parties et un égal accès à la Justice. Il s'agit d'un système d'affrontement par l'argumentation.

Convention : accord portant sur un fait précis. La médiation peut ainsi être conventionnelle. Elle peut ne porter que sur une partie seulement du contentieux et laisser à l'arbitre ou au juge le soin de trancher pour le reste.

Culpabilité : ce sentiment est souvent confondu avec la responsabilité. La culpabilité est liée à une faute. Le sentiment qui l'entretient se fonde sur du réel ou de l'imaginaire.

Déontologie : ensemble de règles et de devoirs professionnels.

Désaccord : le médiateur cherche d'abord à identifier les points d'accord et les points de désaccord entre les parties. Il valorise les points d'accord, en les appelant par exemple « points de convergence » et s'appuie sur la qualité des parties qui leur permet d'identifier ces points. Il désamorce ainsi le désaccord.

Différend : ce terme est plus souvent utilisé dans le contexte d'une opposition sur des questions d'opinions. Il s'associe à la querelle, à la dispute, à la contestation, au démêlé...

Écoute active : technique développée par Carl Rogers pour permettre à des personnes de s'exprimer plus largement sur des états émotionnels. Il utilisait pour cela ce que nous appelons ici le « langage tu », centré sur l'affectif. Par exemple : « Tu ressens une difficulté à... », « Tu éprouves un sentiment de... face à... », « Tu as du mal à... »

Égo-centrage : positionnement de centrage sur soi. Voir également la définition de « Langage JE ». À la différence de l'égocentrisme qui consiste à ramener les choses à soi, l'*égo-centrage* consiste à favoriser l'affirmation de soi alors que l'*altero-centrage* consiste à favoriser l'affirmation de l'autre.

Émotion : étymologiquement, émouvoir signifie « mettre en mouvement ». Une émotion crée un mouvement, qu'il soit intérieur ou extérieur. Agréable ou désagréable, une émotion est une réaction physiologique qui peut émerger de la conscience comme la pointe d'un iceberg. : c'est la joie, l'enthousiasme, la surprise, la tristesse, la colère, le dégoût, le mépris, la peur ou l'inquiétude, la honte, la timidité, la culpabilité. On pourrait certainement recenser plus de 600 mots pour désigner nos états émotionnels.

Enchaînement : technique fondée sur l'énonciation des liens internes d'une personne avec ses propres affirmations de type « fatalisme fonctionnel », certitudes, contraintes et préjugés. Elle permet à la personne d'énoncer le raisonnement logique ou analogique qui fonde son affirmation.

Éthique : ensemble de règles morales associées à des pratiques professionnelles qui se concrétisent par des comportements en société. L'éthique d'un médiateur consiste notamment à apporter son concours lorsqu'il assiste à un rapport conflictuel en société.

Expertise : soit il s'agit d'un niveau de compétence, soit il s'agit d'un moment d'une procédure restitué dans un rapport le plus objectif possible, ce qui est loin d'être le cas actuellement compte tenu du manque de formation des experts pour faire preuve de neutralité.

Facilitateur : intervenant dans les cercles de qualité, lors de l'apparition de ce concept (années 1985-90). Nous pouvons y voir un ancêtre du médiateur. Il devait maîtriser l'animation de réunion pour faciliter l'implication et la créativité. Le facilitateur devait être un champion des *brainstormings*.

Fatalisme fonctionnel : toutes les affirmations du style « je suis comme ça, c'est ma personnalité... » relèvent du « fatalisme fonctionnel ». Je l'appelle aussi « passivité fonctionnelle ». Il participe de la conscience passive : « C'est dans ma nature. C'est mon caractère. » Il s'applique et pointe la passivité dans le style d'expression « C'est ma manière à moi, mon style, ma manière de faire ». Il concerne également les « enchaînements », ces pensées liées les unes aux autres avec une logique interne, qui nous enferme dans ce fatalisme même, comme un serpent se mord la queue.

Inimaginable discussion : lorsqu'une personne affirme qu'elle a *tout fait* pour faire comprendre son point de vue, n'a-t-elle pas tout fait selon son point de vue ? Elle n'a certainement pas fait ce qu'elle ne pouvait imaginer faire. Elle n'a certainement pas fait ce qu'un autre, différent d'elle, aurait fait. Le médiateur permet une discussion souvent devenue inimaginable. Il crée ou recrée un contexte apaisé, apporte des règles de dialogue, régule les échanges...

Intention : le médiateur considère que chaque partie est animée d'une intention positive (certains disent que *même l'enfer est pavé de bonnes intentions*), mais que cette bonne intention est entièrement dirigée vers elle, dans une recherche légitime d'être bien, de satisfaire ses besoins propres, quitte parfois à se mettre dans une situation en réalité désavantageuse pour elle.

Langage actif : concept que nous avons créé sur l'idée de la passivité

Langage « JE » : sous cette désignation, nous englobons les messages d'expression de soi, à la première personne, qui favorise son affirmation. Il s'agit d'un langage positif et efficace, non agressif, et destiné à se faire comprendre sans heurter. Lorsque je parle de moi, de ma manière de considérer quelque chose, je le dis en « je », non en « on » ou en « nous » ou en forme neutre, notamment au moyen de verbe à l'infinitif. Par exemple : *« Voir les choses comme cela, c'est bien ; penser autrement c'est mieux. »* Le langage « Je » est un rappel de la trilogie « faits, conséquences, ressentis » appliquée à son expression, pour exprimer un désagrément ou une appréhension (confronter ou solliciter), ou un agrément, ou une satisfaction (reconnaître).

Langage « TU » : sous cette désignation, je regroupe les messages centrés sur l'autre, à la deuxième personne et qui favorise son expression. Il présente les mêmes qualités que le précédent concernant l'interlocuteur. Lorsque je parle en « Tu » (ou en « VOUS »), ce n'est pas pour accuser, critiquer, c'est pour témoigner de mon attention à l'autre. J'applique l'empathie. Je suis centré sur ce que l'autre peut éprouver, se dire, craindre, attendre, espérer, envisager (qu'il l'ait fait, le fasse ou se projette de cette manière). Le « langage Tu » est également un rappel de la trilogie « faits, conséquences, ressentis », appliquée à la reformulation, au recadrage, à la synthèse de ce que l'autre exprime. Nous restituons ainsi à l'autre la compréhension de son besoin d'affirmation et l'aidons à la réaliser.

Litige : contestation donnant matière à procès. Terme générique associé à la controverse, mais dont l'objet peut être un service ou un produit.

Maladresse : tant que l'on n'a pas vraiment appris, à la fois par l'expérience et en conceptualisant, la maladresse est une constante, surtout dans les relations humaines. Certains préfèrent la moindre implication aux risques parfois dévastateurs de leur maladresse. Mais cette forme d'absence comporte également ses conséquences maladroites. Les techniques de médiation sont une réponse au constat de la maladresse naturelle.

Manipulation : là où commence la manipulation commence la séduction. Ce qui est désagréable dans la manipulation c'est de constater (ou de s'imaginer) que le manipulateur a profité de ses connaissances supérieures aux nôtres sur nous-même pour nous faire accomplir quelque chose qui l'a servi, lui seulement, ou (et) que l'on désapprouve maintenant.

MARC : Méthode Alternative de Résolution des Conflits.

Med'arb : technique combinant la médiation et l'arbitrage. Le professionnel conduit une médiation et si les parties le souhaitent il intervient en tant qu'arbitre et tranche.

Motivation : ensemble de conditions déterminant un comportement. *Motiver, c'est* inciter, pousser quelqu'un à faire quelque chose, à se comporter d'une certaine manière, à s'impliquer dans une démarche, à adhérer. *Être motivé, c'est* déployer des efforts pour faire mieux, plus vite ou aussi bien. Les théories de la motivation sont nombreuses, avec en tête d'affiche celle d'Abraham Maslow, selon qui un besoin n'est pas une valeur absolue puisqu'il perd de son importance après sa satisfaction. À noter qu'une motivation ne se formule pas en négatif. Le médiateur prend acte que chaque partie a une motivation positive, centrée sur ses intérêts propres, dans une démarche constructive : être bien, être mieux, préserver ses intérêts, augmenter son capital. Dans une approche de l'individu, il convient de se représenter la motivation sur trois aspects : recherche d'harmonie intérieure, recherche d'équilibre relationnel, recherche de satisfaction de besoins.

Négociation : terme associé aux affaires et à la discussion, au négoce. Ensemble d'échanges, d'entretiens et de démarches visant à conclure un accord entre plusieurs parties. On négocie en termes d'échange de biens ou de services : quelque chose contre quelque chose.

Négociation contributive : expression que l'auteur inscrit dans le processus de médiation. Après la création du contexte favorable à une discussion apaisée entre les parties, après l'énoncé des positionnements de chacun, une négociation va porter sur les intérêts affectifs et matériels, la répartition des biens et celle des responsabilités. Soit chacun discute pour lui sans se préoccuper de savoir si l'autre néglige son propre intérêt (quelle que soit la motivation, au risque d'une frustration avec les conséquences inhérentes), soit chacun apporte sa contribution pour faire réussir l'accord. La négociation est contributive lorsque les parties se soucient également de l'autre dans l'intérêt de la durabilité de l'accord.

Objectif : ce que l'on souhaite atteindre, ce que l'on vise. La différence entre un objectif et un but est une question de position. L'objectif est considéré du point de vue de celui qui vise (le tireur avec son arc ou le joueur avec son ballon), tandis que le but est considéré du point de vue de ce qui est visé (à partir de la cible ou à partir des poteaux). En médiation, le parcours est fait de plusieurs objectifs intermédiaires. Le premier objectif d'une médiation est d'établir la qualité de communication entre les parties pour leur permettre de dialoguer sur le problème lui-même. L'objectif final d'une médiation est de permettre aux parties de trouver un accord satisfaisant pour chacune, en dehors des rapports de force.

Obstacle en communication (les P.I.C.) : nous en identifions trois grandes familles. La première est celle des Perturbations (humour, hors sujet...), la deuxième des Interprétations (analyse, jugement...) et la troisième des Contraintes (solution unilatérale, conseil...).

Pensée latérale : technique inventée par Edward de Bono, dont l'objectif est la *« résolution de problème par des méthodes non orthodoxes ou apparemment illogiques... permettant la génération d'idées nouvelles et l'abandon des anciennes. »*

Polémologie : discipline créée après la guerre mondiale de 1939-1945, relative aux conflits et rapports de force.

Radio mentale : le discours intérieur. La radio mentale continue parfois de fonctionner tandis que quelqu'un nous parle. Le volume augmente ou baisse, selon l'intérêt de ce que l'on se raconte par rapport à l'intérêt que l'on accorde aux propos de celui qui parle (parfois tout seul – à cause de notre radio mentale).

Rapport de mission de médiation judiciaire : pour les missions judiciaires, le médiateur ne rend pas de rapport, car il est tenu au secret, comme le prévoit l'article 131-14 du NCPC, qui dispose : « Les constatations du médiateur et les déclarations qu'il recueille ne peuvent être ni produites ni évoquées dans la suite de la procédure sans l'accord des parties, ni en tout état de cause dans le cadre d'une autre instance. » Cette même condition déontologique s'applique nécessairement à tout médiateur. Cependant, le médiateur informe par écrit le juge de ce que les parties sont ou ne sont pas parvenues à trouver une solution au conflit qui les oppose.

Recadrage : technique de communication verbale avec laquelle le médiateur introduit une relativisation. Le recadrage a pour effet d'indiquer à la personne qui s'exprime qu'elle peut aussi voir les choses d'un point de vue différent ou la ramène sur le sujet plus précis de son propos, soit pour lui permettre de ne pas s'en échapper, soit pour lui permettre de valider la rupture avec le sujet présenté initialement comme essentiel.

Recentrage : technique de communication verbale par laquelle le médiateur ramène la personne qui s'exprime à parler en « je », dès lors qu'elle parle en « on » ou, par exemple, rend fautive une autre personne de ce qu'elle ressent.

Reformulation : technique de communication permettant au médiateur de restituer les propos de la personne qui s'exprime en mettant en valeur les faits, les conséquences et les émotions, et en traduisant le cas échéant les interprétations en faits, les prêts d'intention en sentiments ou émotion et les contraintes en volonté d'amélioration. Dans la reformulation, le médiateur peut utiliser les figures de rhétorique (l'allégorie, la métaphore, la parabole).

Régulateur : modérateur. Autre nom du facilitateur.

Responsabilité du médiateur : le médiateur exerce dans un cadre professionnel et à ce titre ne saurait échapper à toute mise en cause pour les suites ou les conséquences de ses interventions. Ainsi, il doit être attentif au respect scrupuleux des règles éthiques, déontologiques et méthodologiques inhérentes aux responsabilités confiées. Notamment il ne participe pas à la préconisation des solutions en exerçant une influence pour leur choix; il ne participe pas à la formulation juridique de l'accord; il n'est pas le rédacteur d'aucun des actes. L'exercice de sa profession lui confère un devoir de conseil qui doit le rendre vigilant sur le caractère licite de l'accord passé en sa présence ; néanmoins, pour cela il doit informer les parties qu'elles peuvent avoir intérêt à se faire assister de leur avocat lors de l'élaboration de l'accord.

Sensation : les sensations externes sont associées aux sens et les sensations internes sont associées aux émotions.

Sentiment : terme associé à la vie affective, par opposition à la réflexion et à l'action. Voir aussi : émotion.

SIC® : modèle développé pour permettre à chacun de se positionner dans ses Stratégies et Interactions en Communication (SIC) et d'identifier les axes de perfectionnement possible. Un inventaire de 90 items permet ce positionnement et cette identification. Voir http://www.lascoux.com

Stress : tension. Le stress est une réponse physiologique à un excès d'activité ou d'émotion dont l'amorce signale un besoin de repos ou d'adaptation.

Synthèse : étape dans un entretien que le médiateur marque par une restitution brève de l'ensemble des propos exprimés : situation de départ, attentes des parties ou de la personne qui s'exprime, situation actuelle. La synthèse est une reformulation mais elle est globale, tandis que la reformulation accompagne plus ponctuellement l'entretien.

Union nationale des Médiateurs : UnaM, Chambre syndicale de la médiation. Seule organisation syndicale professionnelle de la médiation en France. http://www.lamediation.info. L'UnaM délivre le C.A.P.'M., Certificat d'aptitude à la profession de médiateur.

Bibliographie

ABOTT A., *Flatland*, éd. Anatolia, 1996.

ALAIN, *Propos sur le bonheur*, Gallimard, Idées, 1962.

BARJOU B., *Savoir transmettre son expertise et son savoir-faire*, ESF éditeur, 1995.

BELLENGER L., *La force de persuasion*, ESF éditeur, 1997.

BOURCIER C., PALOBART Y., *La Reconnaissance : un outil de motivation pour vos salariés*, Éditions d'Organisation, mars 1997.

CLAVEL A., *Mieux vivre en apprenant à fixer son attention*, Sciences de l'homme, Éditions Privat, 1987.

DANTZER R., *Les émotions*, PUF, « Que sais-je ? », 1988.

DESCARTES, *Discours de la méthode et méditation métaphysique.*

DEBRAY-RITZEN P., *La psychanalyse cette imposture*, Albin Michel, 1991.

NOYÉ D., RAVENNE C., *Animer un cercle de qualité*, INSEP, 1985.

GORDON T., *Cadres et dirigeants efficaces*, Éditions Pierre Belfond, 1981.

JANKELEVITCH V., *Le paradoxe de la morale*, Le Seuil, 1989.

KENNEDY C., *Toutes les théories du management*, Maxima, 1999.

LABORIT H., *L'agressivité détournée*, La nouvelle grille, 10-18, 1970.

LEBLANC-HALMOS B., *Gêne-Aise de la Con science*, Éditions L'Être-Image, 1989.

NINIO J., *L'empreinte des sens*, Odile Jacob, 1989.

PLATON, *La République* – Livre VII, Flammarion.

REGNIER R. et SAINT-PIERRE L., *Quand le deuil survient*, Éditions Sciences et Culture, Montréal, 2000.

REICH W., *Écoute, petit homme*, Payot 1972.

SAUCET M., *La sémantique générale aujourd'hui*, Éditions Le Courrier du Livre, 1987.

SHAH I., *Contes Derviches* (1988) et *La sagesse des idiots* (1989), Éditions Le Courrier du Livre.

OUVRAGES PUBLIÉS
DANS LA COLLECTION FORMATION PERMANENTE

ROGER MUCCHIELLI

L'analyse de contenu des documents et des communications (8e édition – n° 16).

Communication et réseaux de communications (épuisé – n° 12).

Les complexes personnels (5e édition – n° 11).

La conduite des réunions (17e édition – n° 3).

La dynamique des groupes (17e édition – n° 4).

L'entretien de face à face dans la relation d'aide (17e édition – n° 1).

L'étude des postes de travail (épuisé – n° 7).

L'examen psychotechnique (épuisé – n° 8).

L'interview de groupe (7e édition – n° 6).

La méthode des cas (8e édition – n° 5).

Les méthodes actives dans la pédagogie des adultes (9e édition – n° 13).

Observation psychologique et psychosociologique (5e édition – n° 17).

Opinions et changements d'opinion (4e édition - n° 9).

Organigrammes et sociogrammes (épuisé – n° 14).

Psychologie de la publicité et de la propagande (épuisé – n° 10).

Psychologie de la relation d'autorité (6e édition - n° 19).

Psychologie de la vie conjugale (4e édition – n° 15).

Psychosociologie d'une commune rurale (épuisé – n° 20).

Le questionnaire dans l'enquête psychosociale (10e édition – n° 2).

Le travail en équipe (9e édition – n° 18).

BERNARD ADAM

Animer une étude analyse de la valeur (épuisé – n° 79).

ANNE ANCELIN-SCHUTZENBERGER

Le jeu de rôle (épuisé – n° 43).

BRUNO BARJOU

Manager par projet. Méthodes et comportements pour animer hors statut hiérarchique (3e édition – n° 128).

Savoir transmettre son expertise et son savoir-faire (1re édition – n° 109).

Vendre ses idées et ses projets. Des clefs pour obtenir l'accord (3e édition - n° 141).

BRUNO BARJOU, ANNICK COHEN, JACQUES ISORÉ, JEAN-PIERRE TESTA

Réussir dans ses nouvelles responsabilités. Prise de fonction : mode d'emploi (5e édition – n° 118).

GUY BARRIER

La communication non verbale. Aspects pragmatiques et gestuels des interactions (2e édition – n° 117).

Internet, clefs pour la lisibilité. Se former aux nouvelles exigences de l'hypermédia (1re édition – n° 140).

JEAN-MICHEL BAZIN ET ROGER BAZIN

Comment raisonner pour décider. Apprendre à trouver des solutions (1re édition – n° 129).

ROGER BAZIN

Développement personnel et entraînement mental (5e édition – n° 29).

Le nouvel esprit qualité (épuisé - n° 82).

Organiser les sessions de formation (5e édition - n° 30).

LIONEL BELLENGER

Comment managent les grands coachs sportifs. Des pistes concrètes pour le coaching en entreprise (1re édition – n° 156).

L'argumentation. Principes et méthodes (5e édition – n° 37).

La confiance en soi (7e édition – n° 100).

Être stratège. Éduquer l'esprit de compétition (1re édition – n° 130).

L'excellence à l'oral (2e édition – n° 149).

L'expression orale (épuisé – n° 44).

La force de persuasion. Du bon usage des moyens d'influencer et de convaincre (3e édition – n° 122).

Les outils du négociateur. Consulter, argumenter, réfuter [2] (2e édition – n° 90).

Piloter une équipe projet (1re édition – n° 158).

Stratégies et tactiques de négociation [1] (3e édition – n° 83).

LIONEL BELLENGER ET MARIE-JOSÉE COUCHAERE

Animer et gérer un projet (épuisé – n° 95).

Plus efficace et moins stressé. Le bien-être, clé de la performance (1re édition - n° 159).

Les techniques de questionnement. Savoir poser les bonnes questions (1re édition – n° 143).

LIONEL BELLENGER ET PHILIPPE PIGALLET
Dictionnaire de la formation et du développement personnel (1re édition – n° 113).
77 études de cas et exercices (épuisé – n° 123).
100 exercices et études de cas pour la formation (1re édition – n° 154).

LIONEL BELLENGER, PHILIPPE PIGALLET, REHBIA COUILLET, MARIE-JOSÉ COUCHAERE, BRUNO BARJOU
C'est moi d'abord (1re édition – n° 150).

PIERRE CAUVIN
La cohésion des équipes. Pratique du team building (4e édition – n° 119).

PIERRE CAUVIN ET GENEVIÈVE CAILLOUX
Les types de personnalité. Les comprendre et les appliquer avec le MBTI (indicateur typologique de Myers-Briggs) (4e édition – n° 102).

ALAIN CAYROL ET PATRICK BARRÈRE
S'initier à la P.N.L. Les basiques de la programmation neuro-linguistique (11e édition – n° 60).

DOMINIQUE CHALVIN
L'affirmation de soi (11e édition – n° 41).
Autodiagnostic des styles de management. À l'usage des cadres et des dirigeants (4e édition – n° 56).
Développez votre intelligence relationnelle (1re édition – n° 155).
Du bon usage de la manipulation (3e édition – n° 148).
Faire face aux stress de la vie quotidienne (5e édition – n° 48).
Histoire des courants pédagogiques. Tome 1 – Encyclopédie des pédagogies pour adultes (2e édition – n° 115).
Méthodes et outils pédagogiques. Tome 2 - Encyclopédie des pédagogies pour adultes (2e édition – n° 116).
Les nouveaux outils de l'analyse transactionnelle. Pour développer l'énergie des individus et des organisations [2] (7e édition – n° 64).
Les outils de base de l'analyse transactionnelle. Pour développer l'énergie des individus et des organisations [1] (9e édition – n° 63).
Tensions et conflits dans les relations personnelles. Comment s'en sortir (3e édition – n° 136).
Utiliser tout son cerveau. De nouvelles voies pour accroître son potentiel de réussite (épuisé – n° 61).

GÉRARD CHANDEZON ET JOËL SALOU
L'insécurité (épuisé – n° 59).

JACQUES CHAUMIER
Travail et méthodes du documentaliste. Pour une exploitation méthodique et optimale de l'information (6e édition – n° 39).

CORINNE CHAUVIN
Le kit de la formation. De la conception à la réalisation (1re édition – n° 145)

JEAN-DOMINIQUE CHIFFRE ET JACQUES TEBOUL
La motivation et ses nouveaux outils (épuisé – n° 74).

JACQUES CLARET
Organiser la pensée. Une formation méthodique au travail intellectuel (5e édition – n° 47).

VIRGINIE CORNET, PHILIPPE AURIOL
Le parler-vrai. La méthode Schutz pour être vrai avec soi-même et avec les autres (1re édition – n° 108).

MARIE-HÉLÈNE COU ET CLAUDE DEMEURE
Utiliser efficacement la vidéo en formation (épuisé – n° 111).

MARIE-JOSÉE COUCHAERE
Éduquer la mémoire (épuisé – n° 50).
Manager son temps et son énergie (épuisé – n° 125).
Le développement de la mémoire. Clés pour une mémoire dynamisée (1re édition – n° 146).

REBIHA COUILLET
Être soi. Une démarche pour se réconcilier avec soi (3e édition – n° 124).

SOPHIE COURAU
Les outils de base du formateur. Parole et supports [1] (5e édition – n° 97).
Les outils d'excellence du formateur. Concevoir et animer des sessions de formation [2] (5e édition – n° 99).

PHILIPPE CRUELLAS
Le temps autrement. Le kit de survie des nouveaux nomades (1re édition – n° 135).

MARC DENNERY
Évaluer la formation. Vers le pilotage économique (1re édition – n° 147).
La réforme de la formation professionnelle. Les clés pour réussir la mise en œuvre (1re édition - hors série).
Organiser le suivi de la formation. Méthodes et outils (2e édition – n° 121).

Piloter un projet de formation. Du diagnostic des besoins à la mise sous assurance qualité (3e édition – n° 132).

GÉRARD DEVAUX
Se préparer à l'oral des examens et des concours (3e édition – n° 77).

MARC DOVERO ET ELISABETH GREBOT
Enseigner, former, conseiller avec la PNL (3e édition – n° 93).

VIVIANE DUBOS
Les émotions. Comment s'en faire des alliées avec les outils de la PNL (5e édition – n° 98).

VICTOR ERNOULT, JEAN-PIERRE GRUERE, FABIENNE PEZEU
Optimiser les ressources humaines dans l'entreprise (épuisé – n° 53).

ODILE FEVRE ET ÉRIC SCHULER
L'affirmation de soi au féminin. L'assertivité au féminin (1re édition – n° 114).

MICHEL FUSTIER
Pratique de la créativité (épuisé – n° 33).

PHILIPPE GABILLIET
Savoir anticiper. Les outils pour maîtriser son futur (1re édition – n° 137).

PHILIPPE GABILLIET ET YVES DE MONTBRON
Se former soi-même (épuisé – n° 126).

BERNARD GANGLOFF
Les techniques de recherche d'emploi (1re édition – n° 104).

BERNARD E. GBÉZO
Agressivité et violences au travail. Comment y faire face (2e édition – n° 142).

CHANTAL GENSSE
Le manager aux 5 passeports (1re édition – n° 153).

MICHEL GIFFARD
Développez votre intuition et celle de votre équipe (épuisé – n° 92).

PATRICK GILBERT ET CHRISTIAN CHARDON
Analyser l'écriture. Une démarche et un outil nouveaux en graphologie (2e édition – n° 67).

LAURENT GODBOUT
S'entraîner à raisonner juste (épuisé – n° 78).

ELISABETH GREBOT
Images mentales et stratégies d'apprentissage. Explication et critique. Les outils modernes de gestion mentale (2e édition – n° 101).

ANDRÉ GUITTET
Développer les compétences par une ingénierie de la formation (2e édition – n° 107).

HUBERT JAOUI
Créativité, mode d'emploi (3e édition – n° 81).

HUBERT JAOUI, FRANÇOIS-MARIE PONS
La communication pratique au service des entreprises (épuisé – n° 94).

ALAIN JOLIBERT ET MAUD TIXIER
La négociation commerciale. Etudes de cas. Préparation et stratégie (1re édition – n° 76).

PHILIPPE KAEPPELIN
L'écoute (épuisé – n° 70).

JEAN-FRANÇOIS LABOREY
L'entretien annuel d'appréciation et de carrière (épuisé – n° 88).

ANNE-MARIE LAPORTE-CASTELNAU ET BRIGITTE LAPORTE-DARBANS
La gestion de soi. La voie nouvelle du management (2e édition – n° 103).

JEAN-LOUIS LASCOUX
Pratique de la médiation. Une méthode alternative à la résolution des conflits (3e édition – n° 144).

DANIEL LATROBE
Gérer efficacement son temps et ses priorités. Une logique du plaisir (4e édition – n° 139).

PIERRE LEBEL
Améliorer la qualité de vie au travail par la participation (1re édition – n° 80).
Métrologie, mesure et maîtrise des communications (épuisé – n° 28).

CLAUDE LEBŒUF, ALEX MUCCHIELLI
Le projet d'entreprise (épuisé – n° 69).

EDOUARD LIMBOS
L'animation des groupes de culture et de loisirs (5e édition – n° 35).
Les barrages personnels dans les rapports humains (épuisé – n° 55).
Le management des changements sociaux dans l'entreprise (épuisé – n° 85).
La participation (épuisé- n° 65).

YVES-FRÉDÉRIC LIVIAN
Gérer le pouvoir dans les entreprises et les organisations (1re édition – n° 71).

CHRISTOPHE LUNACEK
La délégation efficace. Pour un nouveau management plus responsabilisant (1re édition – n° 105).

LUC MARSAL
La détection des potentiels. Pour une gestion anticipée des ressources humaines et des carrières (1re édition – n° 131).

ALEX MUCCHIELLI
Rôles et communications dans les organisations (épuisé – n° 49).

ARLETTE MUCCHIELLI
Apprendre à coopérer. Repenser la formation (1re édition – n° 134).

JACQUES NIMIER
La formation psychologique des enseignants (1re édition – n° 112).

DANIEL PEMARTIN
Réussir le changement (épuisé – n° 68).

PHILIPPE PIGALLET
Méthodes et stratégies de lecture (épuisé – n° 57).
Les outils de la pensée. Éduquer le sens critique (1re édition – n° 127).

CHRISTIE RAVENNE
Gérer les tournants de carrière (1re édition – n° 72).
Les nouvelles missions du management (épuisé – n° 75).
Rechercher et innover en groupe (épuisé – n° 58).

GUY ROUDIÈRE
Décrypter les débats télévisés. Outils et pratiques (1re édition – n° 138).
Mieux s'exprimer pour convaincre et agir (1re édition – n° 120).
Traquer le non-dit (1re édition – n° 151).

GUY SABON
Formation des tuteurs et des maîtres d'apprentissage. Pour une intégration réussie des jeunes dans l'entreprise (1re édition – n° 106).

GUY SABON ET JEAN-MARIE JIVEL
L'entretien de recrutement. Des outils et des méthodes pour mieux recruter (2e édition – n° 96).

CHANTAL SELVA
La programmation neuro-linguistique appliquée à la négociation (4e édition – n° 86).

CHANTAL SELVA ET GUY MISSOUM
Savoir définir et gérer des objectifs. Une stratégie de la réussite (3e édition – n° 91).

LOUIS TIMBAL-DUCLAUX
La communication écrite scientifique et technique (épuisé – n° 84).
L'expression écrite. Écrire pour communiquer (6e édition – n° 42).

ARLETTE YATCHINOVSKY
L'approche systémique. Pour gérer l'incertitude et la complexité (3e édition – n° 133).
Accompagner et réussir les transitions (1re édition – n° 160).
Mieux vivre le changement. Accompagner et réussir les transitions (1re édition - n° 160).

ARLETTE YATCHINOVSKY, PIERRE MICHARD
Le bilan personnel et professionnel. Instrument de management (4e édition – n° 87).
Histoire de vie. Une nouvelle approche pour repenser sa vie autrement (1re édition – n° 110).

ACHEVÉ D'IMPRIMER EN SEPTEMBRE 2004 SUR LES PRESSES DE CORLET, IMPRIMEUR, S.A.
14110 CONDÉ-SUR-NOIREAU (FRANCE) - NUMÉRO D'ÉDITION : 2988 ED 2788
DÉPÔT LÉGAL : SEPTEMBRE 2004 – NUMÉRO D'IMPRESSION : 79816

Imprimé en France